조국의 위선

조국의 위선

초판 1쇄 발행 2024년 2월 10일

지은이 이종철
펴낸이 장길수
펴낸곳 지식과감성#
출판등록 제2012-000081호

교정 한장희
디자인 오정은
편집 오정은
검수 정은솔, 이현
마케팅 김윤길, 정은혜

주소 서울시 금천구 벚꽃로298 대륭포스트타워6차 1212호
전화 070-4651-3730~4
팩스 070-4325-7006
이메일 ksbookup@naver.com
홈페이지 www.knsbookup.com

ISBN 979-11-392-1667-7(03330)
값 16,700원

- 이 책의 판권은 지은이에게 있습니다.
- 이 책 내용의 전부 또는 일부를 재사용하려면 반드시 지은이의 서면 동의를 받아야 합니다.
- 잘못된 책은 구입하신 곳에서 바꾸어 드립니다.

지식과감성#
홈페이지 바로가기

조국의 위선

이종철 지음

역사를 되돌리려는 악당들의 시도는 늘 있어 왔다
역사의 악당을 물리치는 영웅은 역사의 참 주인인 국민
우리 아이들에게 자랑스러운, 건강한 사회
더 나은 대한민국을 위해

목차

프롤로그 10

조국

조국의 치욕은 윤석열의 영광? 16
I am 공정? 18
윤석열 탄핵? 19
울산시장 선거 개입 사건은? 21
탄핵 가능선 200석 희망? 23

조국의 뇌피셜

조국의 뇌피셜이야말로 쿠데타적 발상 26
그토록 이용하더니 27
은폐, 조작, 수사 조직 무력화 패턴 29

조적조

조적조 38
[논평] "폐를 끼쳐 미안하고 또 미안하다.", "난 떳떳하다." 43

조국 재판 내용

12개의 혐의 45
위조 스펙 만들기 46
청탁금지법 위반 55
법원, "잘못 눈감고 반성 안 해" 56
조국 딸과 최순실 딸 64

최강욱과 조국, 혐오 정치

    법정 밖에서 계속되는 거짓말 ·· 68

    뻔뻔스러움의 연대 ·· 71

    그들은 저급하게 가도 우리는 품위 있게 가자? ················· 73

    혐오 정치 ··· 76

조국과 사노맹

    남한사회주의노동자동맹 가입 ·· 78

    서울대 민간인 감금 폭행 사건 ··· 80

    피의자 윤호중을 소환한 민형배 ··· 82

    은수미와 정진상 ·· 85

조국의 데칼코마니 이재명

    위선의 데칼코마니 ·· 88

    [논평] '이대로 가면 토착비리범도 대통령이 된다'니! ······ 90

    홍위병의 진화(進化), 조국에서 이재명으로 ······················· 91

    이재명과 통합진보당 ··· 96

    '이종권 고문치사 사건'과 '이석 고문치사 사건' ················ 97

    학생운동 몰락의 정점에서 ·· 99

송영길과 86 청산

    86 운동권 청산 ··· 102

    새천년NHK 사건 ·· 105

    386의 정치 진출 ··· 108

    우당(友黨) 윤석열 퇴진당? ··· 110

    사쿠라 김민석 ··· 111

    한심한 박홍근, 김태년 ·· 113

유시민

가장 위선적인 ··· 115
가족 인질극? ··· 117
증거 인멸이 증거 보전! ··· 118
왜 마스크를 쓰나? ·· 120
고색창연한 항소이유서와 피해자의 절규 ························ 121

문재인

우리 총장님 ··· 123
밀어붙여라 ··· 124
검찰주의자가 아닌 헌법주의자 ··· 125
추미애로 윤석열 찍어 내기 ··· 126
박범계로 검수완박 ·· 128
조국을 낳은 문재인 ·· 129
[논평] 문재인 전 대통령 '조국 책 장사' 아닌 사과를 해야 한다 ········· 131

조국 사태

'그들이 사는 세상', '그들만 사는 세상' ···························· 133
조국 수석은 '경질' 대상이며, '법무부 장관 내정'은 문재인 대통령의 '국민 우롱'의 최정점이다 ····· 134
조국 후보자의 진실된 고백 들어야 한다 ························ 135
문재인 대통령의 '간보기' 결과 '기승전-조국'에 국민들은 더욱 실망할 것이다 ············· 137
쏟아지는 조국 후보자 의혹 '첩첩산중'이다 ···················· 138
조국 후보자는 해명할 수 없다면 당장 사퇴해야 한다 ············ 140
조국 후보자에게 필요한 것은 청문회가 아니라 검찰 수사이다 ········ 141
성난 민심을 가벼이 취급하지 말기 바란다 ···················· 143
조국 후보자 '위선의 탑 쌓기', '청문회 준비' 멈추기 바란다 ········ 144
사회 환원 '쇼'를 할 때가 아니다 ······································ 145
'조국 사태'의 핵심은 '조국'이 아니라 '문재인 대통령'이다 ········ 147

조국 입장문, 역겹다 ·· 149
엄정 수사로, 사회가 바로 서 있다는 것 보여 주어야 한다 ·························· 150
후안무치한 청와대는 속셈 걷어치우고, 여당을 탓해야 할 것이다 ················ 152
검찰 수사로 '문준용 취업 특혜설' 밝혀야 한다 ·· 153
청와대는 수사 개입 '폭거'를 당장 중단하라 ·· 155
조국 후보자 청문회 후 검찰로 갈지, 청문회 없이 검찰로 갈지는 여당과 청와대에 달려 있다 ···· 157
이인영 원내대표는 오신환 원내대표의 타협안을 받아 '조국 청문회' 해야 한다 ···· 158
달나라에 가 있는 대통령의 상황 인식, 기가 막힐 뿐이다 ··························· 161
'정치하겠다고 덤비는' 이낙연 총리는 당장 물러나라 ································· 162
조국 후보자 부인 정경심 씨에 대한 신속한 강제 수사가 이루어져야 한다 ··· 163
청와대의 위험한 개입 ·· 164
검찰은 유시민 이사장 즉각 수사하고,
    '특권 카르텔'의 반헌법 항명자들을 발본색원 처벌할 것을 국민이 명한다 ···· 165
어느 누구도 진실을 이길 수 없다 ·· 167
심상정 대표, 비겁하다 ·· 168
검찰 공격하는 위선적 권력의 추함, 멈추기 바란다 ···································· 170
문재인 대통령은 조국 후보자 지명을 즉각 철회하고,
    자연인 조국 씨는 수사에 성실히 임해야 한다 ······································· 172
정의당은 하심(下心)하여 국민을 보기 바란다 ·· 173
'법무법인 청와대'의 '김광진 변호사', 정무비서관 즉각 사퇴하라 ··············· 174
대통령은 국민에게서 '옳고 그름의 경계'를 앗아 갔다 ······························· 176
검찰이 엄정한 수사로 정의를 세워야 한다 ·· 178
'윤석열 배제 모의' 법무부 차관·검찰국장 즉각 경질해야 한다 ················· 179
문재인 대통령 법무부 '사법 농단' 왜 침묵하나 ·· 180
국민의 관심은 조 장관이고, 의혹의 중심도 조 장관이다. 검찰 속도 내야 한다 ···· 182
국민의 '정신'마저 망가트린 정부, 추석 민심 정직하게 듣고 환골탈태하지 않으면 안 된다 ···· 183
조 장관 후광 업은 5촌 조카 '꼬리 자르기' 안 된다 ································· 184
'조국 블랙홀'을 넘어서려면 '조국 시한폭탄' 내려놓아야 한다 ··················· 185
유시민의 적은 유시민이다 ··· 188
조국 장관과 '권력' 향한 수사 속도 내야 한다 ·· 189
조 장관 부인을 위한 '맞춤형' 법 개정, '맞는지' 문재인 대통령이 대답해야 한다 ···· 191

'기생충 가족', 영화가 아닌 현실이었다 ··· 192
조 장관 '쇼' 중단하고 근신하기 바란다 ··· 193
구제 불능 집단의 정신병리학적 기현상, 국민이 '루터'가 되어야 한다 ················ 194
조국 국정조사 관련 ··· 196
더불어민주당은 '조국 방탄'이 아닌 '조국 국정조사' 민의 즉각 수용하라 ·········· 197
압수수색 검사와 통화한 법무부 장관, 이게 검찰 외압이 아니면 무엇인가 ········ 198
반헌법적 수사 외압 실토한 강기정 수석은 당장 사퇴하라 ·························· 200
'국민의 대통령'이 아닌 '조국 장관의 대통령'인가 ·· 201
국민이 '위선 진보'·'가짜 진보'를 가려내고 있다 ·· 202
저급한 선동질로 민주사회의 국민을 이길 수는 없다 ··································· 204
'검찰 공격'에 '조국 장관 소환' 미뤄서는 안 되며,
　　'국민이 권력을 이긴다'는 진리 명심하기 바란다 ································ 206
이제 문재인 대통령은 국민에 대하여 책임을 져야 한다 ······························ 208
정 씨 '황제 소환' 문재인 대통령의 '맞춤 특혜'다 ·· 210
유은혜 교육부 장관, 공정한가 ·· 210
문재인 정부도 썩고 참여연대도 썩었다 ··· 212
'정면돌파해 총선 가자'는 '청와대 하명' 있었나 ·· 213
'VIP'가 직접 해명해야 한다 ·· 214
검찰은 국민만을 보고 정도를 가라 ·· 214
적반하장 청와대 염치없고 구제 불능이다 ··· 215
박범계 적폐청산위원장의 '적폐 커밍아웃'이자 '문 정권 신적폐'의 표본 ········· 216
얼굴이 두꺼워 죄의식이 없는 청와대 ··· 217
'불의'와 '불공정'의 홍위병이 민주당식 인재 영입인가 ································ 218
'정의당'의 '정의', 시궁창에 던져 버려라 ··· 219
권력을 사유화해 '국민에게 항명하고' 있는 이들, 용서받지 못할 것이다 ········ 220
압수수색 거부, 문재인 대통령의 '헌법 수호 의지' 드러나지 않는다 ············· 221
이낙연 총리는 법규를 깬 추미애 장관을 징계하라 ····································· 222
진보를 위해 진중권을 응원한다 ··· 223
무도한 권력의 검찰 포박, 민주주의 유린 행위를 경고한다 ························· 224
당장은 모면할지 몰라도 몰락할 때는 처참할 것이다 ································· 225
문재인 대통령 눈물겨운 빚 갚기가 국민의 가슴을 울린다 ·························· 226

국민이 용서하지 않을 것이다 ··· 227
조국 교수는 스스로 '기생충'이 되었다.
　　　물끄러미 보고 있는 대한민국의 학자적 양심도 썩고 있다 ······················· 228
만천하에 드러난 '하명 수사' 폭거, 문재인 대통령 관여했는지 밝혀야 한다 ········ 229
'나쁜 놈 벌주는' 게 검사다 ··· 230
얼마나 무서우면 공소장을 숨기는가 ··· 231
수사 '깜깜이' 자기들만 '예외', '법치 농단 정권' 참 뻔뻔하다 ······························· 232
진짜 몸통을 알아야겠다 ··· 233
불법이 불법을 낳는 상황, 추미애 법무부 장관은 당장 물러나라 ························ 235
대통령이 사과하고 고백해야 한다 ··· 236
민주주의를 빼앗아 간 이들로부터 민주주의를 되찾아 와야 한다 ························ 237
청와대와 대통령에 대한 후속 수사 무력화 시도 ··· 238

에필로그 ·· 240

프롤로그

역사를 되돌리려는 악당들의 시도는 늘 있어 왔다.

'조국 사태' 당시 나는 야당 대변인으로 '온몸으로' 맞섰다. 지금 보아도 참 옳은 소리를 했다. 그러나 문재인 대통령과 조국은 물러서지 않았다. 문재인 대통령은 끝내 조국을 장관으로 임명했다. 지금도 그들은 서로 만나 격려하며 환하게 웃고 있다. 게다가 조국은 2024년 총선에 나오겠다고 한다. 명색이 법학자라는 사람이 법의 처벌을 받으니까, "'본능'에 따라 '정치적 명예회복'을 하겠다."라고 한다. 그것도 재판이 끝난 것도 아니고 진행 중인 상황에서.

'본능'이란 표현은 조 전 장관이 쓴 것이다. 참으로 '조국스러운' 표현이 아닌가. 고급지고 품격 있으며 현학적이고 가식적인 표현이다. 그런데 보통 사람들의 본능은 결코 그렇지 않다. 조국이니까 가능한, 가진게 있는 기득권 집단이니까 그리고 몹시도 뻔뻔스러운 사람이니까 가능한 본능이 아닌가. 비법적이고 반민주적인, 황당하고 어처구니없는 발상이다.

다시금 조국 사태를 상기할 필요를 느낀다. 조국은 마치 국민들을, 모든 것을 금방 잊어 먹는 금붕어쯤으로[1] 생각하는 걸까. 국민들이 금방 다 잊어버린 줄, 조국 전 장관만 그리 알고 있는 것 같다.

조국 문제는 한국 사회 '진보'의 문제다. 한국 사회 진보가 바르게 갈 수 있을 것인가, 앞으로 계속 진보할 수 있을 것인가, 뒤로 퇴보할 것인가의 문제다. 조금 더 들어가면 소위 한국 사회 운동권의 문제다. 86 운동권과 97 운동권 그리고 그에 영향을 받는 후배 세대들의 문제다. 우리 사회 여론 주도층 역할을 하고 있는 운동권과 친(親)운동권들의 문제이면서 동시에 자신을 진보적 위치에 놓는, 적지 않은 사람들의 인식의 문제다. 그이들이 얼마나 잘못된 인식을 가지고 있는지, 얼마나 잘못된 우상의 포로가 되어 있는지 깨달을 필요가 있다. 조국은 그들에게 우상이 되어 있다. 그들은 이명박, 박근혜를 미워하고 증오하지만 조국은 아주 티끌만큼도 안 되는 이유를 가지고 가혹한 형을 받은, 아무 잘못이 없는 '희생양'이라고 생각한다. 조국이 저지른 그 많은 잘못들을 아무것도 아닌 것처럼 생각한다. 더욱이 결코 정의가 아니었으며 정의의 탈을 쓴 불의였던, 그러면서 마치 자기가 정의의 사도인 양 행세했던 그 위선에도 불구하고 그들은 조국에게 조금도 실망하지 않고, 조금도 지탄하지 않으며 오히려 동정하고 옹호하고 더 영웅시하며, 궁극에는 십자가에 못 박힌 순교자로 우상화한다. 어찌하여 조국의 위선이 영웅의 순교로 돌변할 수 있는가?

이런 현실을 극복하지 않고서는 우리 사회가 앞으로 나아가기 어렵다. 이 명확한 위선이 논쟁의 거리가 되고 갈등의 이유이자 원인이 되는 이 천박한 사상적, 지적 현실을 극복하지 못한다면 정의는 사라지고 진리는 혼탁해질 것이며, 대한민국 보통 사람들의 법과 상식은 무참히 무너지다 못해 끝없는 난도질을 당할 것이고 그런 대한민국은 결코 희망적이지 못할 것이다. 진보가 이 같은 질곡에 갇혀 허우적댄다면 이는 명백한 진보의 퇴보이다. 이는 진보에게 불행이며 곧 보수에게도 불행이고 한국 사회의 발전에도 불행이다.

나는 이 책을 조국에 대한 비판보다도 진보에 대한 비판이자 진보가 제대로 정신을 차리고 나아가 주기를 바라는 절박감에서 썼다. 『진보에서 진보하라』라는 나의 지난 책처럼 나는 진보가 진보답게 계속 진보하기를 바란다. 나는 진보도 바뀌어야 하고 보수도 바뀌어야 함을 일관되게 주장해 왔고, 행동으로서 일관되게 보여 왔다. 진보의 진보는 보수의 변화와 한국 사회의 발전을 위해서 꼭 필요한 것이다.

나는 1996년 고려대학교 총학생회장을 하는 등 대학 시절 학생운동을 했다. 2014년 통합진보당 해산 심판 당시 많은 고심 끝에 헌법재판소에 증인으로 나섰다. 나는 통합진보당 문제나 종북세력의 문제가 법적 청구의 방식보다는 우리 사회의 건강한 논쟁과 토론 속에서 자연스럽게 극복될 수 있기를 바랐다. 그래서 고사를 하고 고심을 했지만 끝내 법정에서 증언을 하기로 한 것은 무엇보다도 과거 함께했던 '동지'들의 삶의 정체성에 대한 뜨거운 물음이 가장 컸다. 나아가 나는 진보적 동시대인들이 함께 생각해 보길 간절히 바랐다. 과거 함께했던 동지들이 지금도 북한 독재정권을 추종하며 그 아래서 신음하는 북한 주민의 인권과, 억압과 압제로부터의 해방을 외면했을 때, 언젠가 통일의 문이 열리고 북한의 실상이 적나라하게 눈앞에서 펼쳐졌을 때 느낄 그 충격, "나는 민중이 주인 되는 '이상 사회'를 위해 투쟁하고 헌신했는데 사실은 민중을 억압하는 독재의 편에서 그 독재를 지키기 위해 온몸을 던지고 있었구나." 하는 그 심각한 자기 전도와 자기 궤멸의 절망에 직면하지 않기를 바란 것이, 너무나도 절실하게 컸다. 그러나 그런 나를 두고 통진당의 사람들은 논외로 하고 오히려 기성정당의 민주당에 있는 사람들이 더 비난하고 더 공격했고, 사회의 소시민으로 살아가고 있는 많은 선후배 동료들이 더 실망하고 비판했다. 그랬던 그들이 지금은 조국을 옹호하고 있고 조국을 영웅시하고 있다. 심지어 통진당 해산 사건 당시에도 견해는 다르지만 최소한 인간적으로는 나를 이해했던 사람들조차 조국 비판에 이르러서는 날을 세우며 비난하고, 서슴없이 결별을 선언하고 있다. 게다가 조국의 옹호는 이재명에 대한 옹호로 이어지고 절대화되고 있다. 도대체 이것이 온당한가. 조국의 위선은 왜 그들에게 영웅의 순교가 되는 것이며 이재명의 범죄는 왜 그들에게 정의가 되어 있는가? 참으로 기가 막힌 현실이 아닌가.

작금에 MZ에서부터 분출하는 86세대 청산과, 이재명을 중심으로 한 민주당의 비민주적 행태, 그 근저의 왜곡된 역사 사회 인식의 극복이 이루어지지 못한다면 이는 대단히 큰 사회적 불행이자 퇴보일 것이며, 진보와 보수의 건강한 발전은 요원할 것이라고 생각한다.

'조국의 적(敵)은 조국'이다. 조국이 그 적으로부터 해방되는 길은 스스로 정직해지는 것이다. 도무지 그럴 기미가 보이지 않는다. 게다가 대중들이 그를 영웅시하는 굴절과 왜곡이 중지되지 않는 한 조국은 조국 자신으로부터 해방되지 못할 것 같다. 안타까울 뿐이다. 이 책이 최소한의 외적 자극이 되기를 바랄 뿐이다.

이 책은 '조국의 적은 조국'인 조국의 위선에 대해 정리하였다. 자연스럽게 관련된 86 운동권들과 이재명, 일부 95 운동권, 문재인 등에 대해서도 다루게 되었다.

조국은 그 본래 모습대로 활발하게 활동하고 있고 총선에 나가겠다고 하며 지지자들은 열광하고 있고, '조국 신당'이 출현한다고도 한다. 이런 조국의 어처구니없는 행보를 보며 국민들이 '기억하고 있다'는 것을 최소한 확인할 필요는 있음을 느낀다. 그 사이 조국은 특유의 글재주로 계속 책을 내고 있는데 희한하게도 조국의 위선을 멈추게 할 다른 책은 단 한 권도 없었다. 사람들이 몰라서 가만히 있는 게 아니라 굳이 더 필요하지 않을 거라 생각해서 잠자코 있는 것일 게다. 보통 국민들은 조국이 반성하고 자성하리라 생각했으니까. 그러나 조국의 행동은 그렇지 않다. 시간이 갈수록 더더욱 그 반대로 가고 있다. 그래서 그런 조국을 비판하기 위한, 그런 조국을 국민들에게 상기시키기 위한 최소한의 자료가 필요하다는 생각이 들었다. 이 책을 통해 국민들이 조국을 견제할 수 있기를 바란다. 당신은 틀렸다는 것을 말할 수 있기를 바란다. 국민들이 잊지 않고 있다는 것을 당시 조국과 문재인 등이 어떻게 했는지, 조국의 범죄와 그 문제가 무엇이었는지 그 실상과 잘못된 과정을 잘 기억하고 있다는 것을 확인할 수 있기를 바란다.

이 책에는 조국 사태 당시 내가 야당 대변인으로서 국민의 생각을 대변하며 냈던 논평들을 함께 수록했다. 당시의 정밀한 '기록'으로서 그 의미가 있다. 조국 사태 당시 이어진 논평들은 사태 전개를 따라 파노라마처럼 그때그때의 상황을 알 수 있게 한다. 논평이라는 특성상 매 사안마다 날카로운 평가와 정의를 담아 완성도 있는 이해를 주기에 충분하다. 조국과 문재인 대통령이 어떤 식으로 대응하고 방향을 틀고 여론전을 펼치며 어떻게 강행했는지, 검찰을 압박하고 검찰에 보복하며 대한민국 법치주의를 어떻게 파탄 내려 했는지 등을 알 수 있다. 어떻게 말도 안 되는 행동과 모습으로 나아갔는지, 결국 조국과 문재인 대통령이 얼마나 무리하게 밀고 갔으며 그래서 결국 국민의 심판을 비껴갈 수 없었는지 알게 된다. 특히 당정청(당과 정부, 청와대)이 혼연일체가 되어 어떻게 비루하고 비열하게 저항했는지 적나라하게 알 수 있다.

결국 어떻게 국민이 승리할 수 있었는지, 바로 그때로 돌아가 지금 그 국민의 승리를 어떻게 뭉개고 조롱하고 없던 일로 만들어 버리려 하고 있는지를 더욱 명확하게 알 수 있게 한다.

역사의 악당은 온갖 사술(邪術)로 자신의 사악함을 가리고 대중을 현혹한다. 어떤 난관에도 불구하고 궁극에 역사의 악당을 물리치는 영웅은 역사의 참 주인인 국민임을 믿어 의심치 않는다.

* 일러두기

이 책에서는 인물의 이름을, 직위와 직책을 종종 생략하고 부른다. 이는 순전히 가독성을 위한 것임을 밝힌다.
SNS상 글을 옮기는 경우에는 띄어쓰기 등 맞춤법을 따로 고치지 않고 원문 그대로 제시하였다. 원글자의 전문을 보여 준다는 의미를 위해서이다.

조국

조국의 치욕은 윤석열의 영광?

 조국은 총선에 나가겠다는 의사를 드러냈다. 조국의 총선 출마는 기정사실이 되고 있다. 많은 국민들은 그가 과연 그럴 자격이 있는지 의심스럽게 바라본다.

 2023년 2월 3일 조국은 자녀 입시 비리와 청와대 감찰 무마 혐의 등으로 1심에서 징역 2년을 선고받았고 현재 항소심을 진행하고 있는 중이다. 2023년 11월 6일 조국은 김어준의 유튜브 채널에 출연하여 총선에 출마하느냐는 질문을 받았고, "현행 법체계 내에서 어떤 한 사람이 자신의 소명과 해명이 전혀 받아들이지 못했을 때 그 사람은 비법률적 방식으로, 예를 들어서 문화적·사회적, 또는 정치적 방식으로 자신을 소명하고 해명해야 할 본능이 있을 것 같고 그런 것이 또 시민의 권리"라고 대답했다.[2] 이 말이 전해지자 많은 비판이 나왔다. 총선이 개인의 명예회복을 하는 자리냐 등 그의 부적절한 인식을 질타한 것이다.

 이에 조국은 11월 10일, 자신의 SNS에 다시 한번 관련 입장을 피력한다. ""명예회복"이라는 표현은 저와 제 가족만을 염두에 둔 것이 아닙니다. '조국 사태'의 뒷면은 '윤석열 검란(檢亂)' 입니다. 조국의 고통은 윤석열의 희열이었습니다. 조국의 치욕은 윤석열의 영광이었습니다. 국민이 부여한 검찰권을 오남용하여 '대한검국'을 만든 윤석열 검찰독재정권에게 빼앗긴 대한민국의 명예도 회복해야 합니다."라며 "총선에서 민주당을 필두로 민주진보진영이 승리하여 윤석열 검찰독재정권을 정치적·법적으로 심판해야 한다고 생각합니다."라고 주장한다.

"조국의 고통은 윤석열의 희열이었습니다. 조국의 치욕은 윤석열의 영광이었습니다."라는 말은 결국 자신이 잘못한 것은 없다는 소리다. 그저 윤석열 때문에 자신이 고통을 받았다는 것이다. 자신이 잘못한 것은 온데간데없이 오직 자신의 치욕만 남았다는 것이고, 그것이 또 윤석열의 영광이라 치환한다. "'조국 사태'의 뒷면은 '윤석열 검란(檢亂)'"이라고 한다. '뒷면'이라는 말로 교묘하게 비틀지만 결국 '조국 사태'는 윤석열의 검란으로 인해 일어났다는 말이다.

'정치적 명예회복'이 여론의 뭇매를 맞으니 '대한민국 명예회복'으로 자기가 뱉은 말에 '마사지(massage)'를 하지만 결국 또 하는 말은, 자신의 사법 처벌이 윤석열 때문이라며 윤석열 정권을 공격하고 있고, 총선에서 윤석열 정권을 심판하자고 주장한다.

조국이 명예회복 수단으로 총선을 말하는 것은 무엇보다 법학자로서의 자격 미달이 아닌가. 법을 공부하고 가르치는 사람이 법으로 안 되니까 정치로 하겠다고 하는 말을 한다면 그 법을 누가 배우고 신뢰할 수 있을까. 법을 수용하지도 말고 따르지도 말라는 소리가 아닌가. 법으로 안 되면 "정치적 방식으로 자신을 소명하고 해명해야 할 본능이 있을 것 같고 그런 것이 또 시민의 권리"라는 조국의 말처럼 그런 본능을 보통 사람들은 결코 갖지 못한다. 그건 조국 전 장관의 본능이지 보통 사람의 것이 아니다. 여기에 본능이라는 원초적인 말을 가져와 원초적으로 정당한 것인 양 말하는 말재간도 참 놀랍기만 하다.

I am 공정?

11월 2일에는 자기가 쓴 '글'에 기가 막히게 마사지를 한다. 조국은 자신이 SNS에 쓴 'I am 공정' 밈(meme)으로 여론의 뭇매를 맞았다. 그런데 그때도 교묘하게 비틀며 윤석열 대통령을 공격하는 것으로 바꾸고, 비껴가려 했다.

조국은 SNS에 "I am 신뢰. I am 공정. I am 상식. I am 법치. I am 정의."라고 썼다. "I am ○○."은 최근 온라인에서 유행하는 밈인데, 펜싱 국가대표 남현희 씨 결혼 상대였던 전청조 씨의 화법을 흉내 낸 것이었다. 그러자 사람들의 비판이 빗발쳤다. 입시비리 혐의로 재판 중인 조국이 자신을 그렇게 지칭하는 게 부끄럽지 않냐는 것이었다.

그런데 조국은 얼마 있다 자신의 글을 고쳤다. 원래 글을 올린 게 오전 10시경이었는데 비난이 확산하자 오후 2시 30분경 글을 수정한 것이었다. 조국은 원래 있던 글에서 마지막에 "누가 떠오르나요?"라는 문구를 넣었다. 기막힌 작법이었다.

마지막 문구를 통해 앞서의 글이 자신을 지칭하는 게 아니며 다른 사람을 비꼬는 말이었던 것처럼 둔갑시키고 있는 것이다. 언론과 사람들이 보기에 이 다른 사람은 윤석열 대통령이었다. 조국이 문구를 보탬으로써 글의 의도는 윤석열 대통령을 떠올릴 수 있으며 윤석열 대통령을 비판하고 조롱하는 취지인 걸로 받아들여지게 하는 데 성공한 것이다.

이런 면에서 조국은 참 기술이 뛰어나다. 정확하게는 사술(邪術)일 것이다. 처음에는 자신을 지칭하는 글을 썼다가 비난이 빗발치니 교묘하게 윤석열 대통령을 연상시킬 수 있는 글로 비틀었으니 말이다. 이렇게 재간이 뛰어나다 보니 그렇게 사람을 홀리는 것이다. 또 그렇게 뻔뻔할 수 있는 게 아닐까. 가만히 들여다보면 우물에 비치는 그 그림자는, '참 비열함'이다.

윤석열 탄핵?

11월 18일에는 "대통령의 당무개입은 형사처벌 대상"이라며 "대통령의 지시나 공모가 확인되면, 기소는 임기 후 가능하지만 그 전이라도 탄핵 사유가 된다."라고 말한다.

국민의힘의 인요한 혁신위원장이 혁신안과 관련 대통령에게 할 말을 하라거나 혁신안에 대통령의 뜻이 실렸냐는 등 세간의 관심과 말들이 이어지는 상황에서 인터뷰를 했다. 질문에 대답을 하며 솔직히 말을 했다. "사실은 거침없는 얘기를 하려고 한 열흘 전에 제가 여러 사람을 통해서 (윤 대통령을) 뵙고 싶다고 그랬다", "대통령에게 직접 연락 온 건 아니고 돌아서 온 말씀이 만남은 오해의 소지가 너무 크다(는 것)", "그냥 지금 하고 있는 걸 소신껏 맡아서 임무를 끝까지, 우리 당에 필요한 것을 거침없이 하라는 신호가 (윤 대통령 측으로부터) 왔다", "지적할 건 지적하고, 아주 긍정적으로, 개입을 하지 않겠다(는 뜻으로 들었다)" 등의 말을 한 것이다.[3] 이 말이 나오기가 무섭게 조국은 대통령의 개입과 탄핵을 경고하고 나온 것이다.

곧바로 SNS를 쓰는 조국은, "11월 대통령의 당무개입은 형사처벌 대상이다. 예컨대, 박근혜 대통령은 20대 국회의원 선거를 앞두고 친박 의원들이 공천을 받도록 당시 현기환 정무수석에게 지시한 혐의로 공직선거법 위반으로 기소된 후 유죄판결을 받았다. 박 대통령을 기소한 책임자는 윤석열 당시 서울중앙지검장과 한동훈 중앙지검 3차장이었다."라며 ""살아있는 권력 수사" 운운했던 검찰은 자신들이 수행했던 박근혜 사건 그대로 윤 대통령이 대통령실을 통하여 공천에 개입했는지 여부(공직선거법 제57조의6, 제86조, 제255조 위반), 당대표 경선에 개입했는지 여부(정당법 제49조 위반) 등에 대하여 수사 착수해야 한다. 검찰이

하지 않으면 공수처가 해야 한다."라고 주장한다. 그러면서 "대통령은 재임 중 기소되지 않지만, 공모자 등 관련자는 수사는 물론 기소도 가능하다. 대통령의 지시나 공모가 확인되면, 기소는 임기후 가능하지만 그 전이라도 탄핵 사유가 된다."라고 덧붙인다.

대통령의 당무 개입과 '탄핵 사유'라는 것이 과연 조국이 할 얘기일까. 이미 참 재미있는 사건이 있다.

조국은 현재 재판이 진행 중인 울산시장 선거 개입 사건 연루 의혹을 강하게 받은 사람이다. 문재인 정부 당시 검찰은 조국을 무혐의 처분하면서도 "범행에 가담했다는 강한 의심이 든다."라고 밝혔다. 2021년 4월 13일 김도읍 국민의힘 의원실이 공개한 임종석 비서실장과 조국 민정수석에 대한 불기소 이유 통지서를 보면 검찰은 임 전 실장과 조 전 수석이 "순차 의사 전달을 통해 범행에 가담했다는 강한 의심이 들지만 현재까지 확인 가능했던 증거나 정황들만으로는 혐의를 입증하기 부족하다."라고 적고 있는 것이다.[4]

그사이 흥미로운 설화(舌禍)도 있었다. 울산시장 선거 개입 사건과 관련, 조국은 '법무부 장관 후보 지명 1년'을 맞아 SNS에 쓴 글에서 "작년 하반기 초입, 검찰 수뇌부는 4.15 총선에서 집권여당의 패배를 예상하면서 검찰 조직이 나아갈 총 노선을 재설정했던 것으로 안다. 문재인 대통령 성함을 35회 적시해 놓은 울산 사건 공소장도 그 산물이다. 집권여당의 총선 패배 후 대통령 탄핵을 위한 밑자락을 깐 것이다. 이상의 점에서 작년 말 국회를 통과한 검찰 개혁 법안은 역사적 의미를 갖는다. 서초동을 가득 채운 촛불시민 덕분입니다."라고 적었다. 이에 대해 하태경 의원은 "윤석열 검찰을 비판하려다 엉겁결에 천기누설했네요. 문재인 대통령이 울산시장 선거 개입했다는 것을 기정사실로 만들어 버렸습니다. 조국이 울산시장 선거 사건이 대통령 탄핵으로 연결될 수 있었다고 이 시점에 고백하는 이유는 뭘까요? 조국이 실수한 걸까요? … 만약 대통령이 절친 송철호 시장 당선 위해 선거 개입했다면 이건 분명 탄핵 논쟁 불러일으켰을 겁니다. 개입 안 했다면 당연히 걱정할 것이 없죠. 하지만 조국이 걱정할 정도였다면 대통령 직접 개입 의혹은 커지는 겁니다. 추미애 장관의 난동 수준의 인사를 대통령이 감싸는 이유도 설명이 되구요. …"라고 지적했다. '개입 안 했다면 걱정할 일이 아닌데 왜 걱정했냐'는 게 하 의원의 말인 것이다.[5]

조국은 기소를 면했지만 민정수석실에서 자신과 함께 일했던 백원우 민정비서관, 박형철 반부패비서관, 문모 행정관 등은 모두 기소되었다. 울산시장 선거 개입 사건은 문재인 대통령이 그 전에 "내 가장 큰 소원은 송철호의 당선"이라고 말했었고 그래서 문재인 대통령이 대통령이 된 후인 2018년 대통령의 뜻을 실현하기 위해 임종석 실장, 조국 민정수석 등 청와대(대통령실)가 직접 나서서 개입하고 지휘했다는 의혹 사건이다.

울산시장 선거 개입 사건은?

2013년 11월 29일 문재인 정부 청와대의 '울산시장 선거 개입 의혹 사건'에 대한 1심 판결이 나왔다. 공소 제기 후 3년 10개월 만이다. 재판부는 유죄를 인정했다. 공직선거법 위반 혐의로 송철호 전 울산시장은 징역 3년을 선고했다. 더불어민주당 황운하 의원에게도 총 3년의 실형이 선고됐다. 공직선거법 분리 선고 규정에 따라 선거법 위반 혐의에는 징역 2년 6개월, 직권남용권리행사방해 혐의에는 6개월이 선고됐다. 하명 수사에 개입한 혐의를 받은 백원우 전 청와대 민정비서관에게는 징역 2년, 박형철 전 반부패비서관에게는 징역 1년에 집행유예 2년, 문 모 전 민정비서관실 행정관에게는 징역 10개월에 집행유예 2년을 각각 선고했다. 재판부는 "국민 전체를 위해 봉사해야 할 경찰 조직과 대통령 비서실의 공적 기능을 자신들의 정치적 이익을 위해 사적으로 이용해 투표권 행사에 영향을 미치려 한 선거 개입 행위는 죄책이 매우 무겁다."라며 "엄중한 처벌로 다시는 이런 일이 일어나지 않도록 해야 할 공익사유가 매우 크다."라고 선고 이유를 밝혔다.[6]

법원은 "송 전 시장과 송 전 부시장은 김기현 전 울산시장의 비위를 황 의원에게 전달해 수사를 청탁한 점이 인정된다."라며 "송 전 부시장은 관련 정보를 수집하고 송 전 시장은 그 정보를 황 의원에게 전달했고, 황 의원은 김 전 시장의 측근 수사를 진행한 것으로 판단된다."라고 했다. 또 "송 전 시장과 황 의원, 백 전 비서관, 박 전 비서관은 순차 공모해 차기 시장에 출마 예정인 김 전 시장의 측근을 수사하게 함으로써 선거에 영향을 미치게 했다."라며 '하명 수사'와 관련한 공직선거법 위반 혐의를 전부 유죄로 판단했다.[7]

황운하 의원은 이 사건으로 유명세를 타 2020년 국회의원이 됐다. 의혹의 한가운데 있었음에도 더불어민주당은 황운하를 보란 듯이 공천했다. 하지만 재판부는 '하명 수사' 혐의를 인정했고, 황 의원은 유죄를 선고받았다. 이 결과대로라면 황 의원은 의원직을 상실한다. 그러나 황 의원은 4년 임기를 거의 다 채우고 있다. 만약 또 공천을 받아 출마해 당선이 된다면 2심과 대법원 3심이 진행되는 동안 또 임기를 채우게 될 것이다. 송철호 시장은 일찌감치 임기를 채웠고 그다음 지방 선거에 공천을 받고 나섰으며 낙선하였다.

이렇게 재판이 길어지는 동안 버젓이 임기를 다 채우는 사태가 잦아지자 '지연된 정의' 논란이 일었다. 통상 공직선거법 사건은 6개월 내 선고하게 되어 있다. 그런데 이 사건은 공소 제기 후 1심까지 3년 10개월이 걸렸다. 그동안 '김명수 사법부 체제'에서 재판이 고의 지연됐다는 지적이 많이 제기되었다. 공판준비기일만 여섯 차례나 진행되었고, 첫 증인신문이 기소 2년여 만에 이루어졌다. 진보 성향의 우리법연구회 출신 판사가 재판을 맡았는데 결정적인 순간에 휴가를 쓰는 등으로 공백이 발생하고 계속해서 재판이 이루어지지 못한 것이다.[8]

울산시장 선거 개입 의혹 사건의 피해 당사자인 김기현 국민의힘 대표는 1심 선고 뒤 국회에서 기자들과 만나 "너무 지연된 재판 때문에 참으로 많은 안타까움이 있지만, 더 늦기 전에 수사가 중단됐던 문재인 전 대통령과 임종석, 조국 이런 사람들에 대한 수사가 재개돼야 한다."라고 주장했다. 김 대표는 또 "헌정사상 유례가 없는 헌법 파괴 정치 테러에 대해 일부 나마 실체가 밝혀진 것은 다행"이라며 "그러나 배후 몸통을 찾아내 다시는 이런 헌정 파괴 행위가 생기지 않도록 발본색원하는 일이 남은 과제"라고 말했다. 박정하 국민의힘 수석대변인은 "이제 국민들의 시선은 이 모든 불법에 대한 최종 책임자, 문 전 대통령을 향하고 있다."라면서 "문 전 대통령이 답할 차례"라고 주장했다.[9]

탄핵 가능선 200석 희망?

10월 22일 조국은 페이스북에 "다양한 범민주진보세력, 그리고 국힘 이탈 보수 세력까지 다 합해 200석이 되길 희망한다."라고 썼다. 조국이 200석을 이야기하자 조국 친위대로 불리는 이탄희 의원도 200석을 주장하는 등 민주당에서는 자력으로 대통령 탄핵을 할 수 있는, 국회의원 3분의 2인 200석을 너도나도 말하고 나서고 있다.

조국은 현재 자신의 책을 들고 전국을 돌며 북콘서트를 이어 가고 있다. 많은 사람들이 모여 그를 응원하고 열광한다. 북콘서트는 지방을 옮길 때마다 대대적인 선전을 하고 거창하게 세팅을 하며 진행이 되고 있다.

조국은 SNS도 더욱 활발하게 하고 있다. 수시로 글을 올린다. 특히 그는 정권 비판에 앞장을 서고 있다. 그의 목표는 윤석열 대통령이다. 오직 윤석열을 공격하는 데 온 힘을 쏟고 있다. 윤석열 대통령에 대한 탄핵 주장까지 하고 있다.

조국은 자신의 책에서 시종일관 자신이 희생자이고, 윤석열 검찰총장이 "'배신의 칼'을 품고" 문재인 대통령을 속였고 자신이 대통령이 되기 위해 조국을 희생양 삼았다고 주장한다. 자신은 수사를 받은 게 아니라 '사냥'을 당했다고 한다. 그렇게 해서 '검찰공화국'이 만들어졌다면서 이를 비판하는 데 집중한다. 조국은 북콘서트로 성황을 이루는 자신의 책으로든 또는 자신의 SNS 선동으로든 오직 윤석열 대통령과 검찰을 공격하는 데 모든 초점을 맞추고, 총력을 쏟고 있다.

윤석열 검사가 박근혜 대통령에게 반발하고 박근혜 대통령을 수사할 때는, 조국은 박수를 쳤다. 윤석열 검사를 영웅시했다. 자신의 책에서 밝히듯이 "문재인 대통령은 취임 직후 2017년 5월 19일 윤석열 검사를 검사장으로 승진시키면서 서울중앙지검장으로 파격 발탁했다."[10] 그리고 이명박 대통령 수사를 하여 이명박 대통령을 구속시켰다. 문재인 정부는 5년 임기 내내 수사 동력을 살려 이른바 '적폐 수사'를 계속하였다. 그래서 전 정부의 약 2,000명의 사람들이 수사를 받고 200명 이상이 구속되었으며, 5명의 고위 인사는 수사 중에 자살하였다.[11] 그리고 문재인 대통령과 조국은 윤석열 서울지검장을 검찰총장에 임명하였다. 윤석열 서울지검장이 청와대로 임명장을 받으러 왔을 때 조국이 환하게 웃던 얼굴이 국민들 뇌리에는 또렷하다. 문재인 대통령은 "우리 총장님"이라면서 친근감을 표시했고 "우리 윤석열 검찰총장님, 살아 있는 권력도 수사해 주십시오."라고 너스레를 떨었다. 그랬던 그들이 이제는 윤석열을 향해 "배신의 칼을 품었다.", "검찰 쿠데타다."라며 비난하고 있다. 영웅은 온데간데없고 '악마'만 남았다. '군부독재'라는 말을 연상시키려 '검부독재'라 칭하거나, '검찰공화국', '대한검국'이란 말을 만들어 퍼트리고 있다.

조국의 뇌피셜

조국의 뇌피셜이야말로 쿠데타적 발상

조국은 『디케의 눈물』이라는 책을 써서 '검찰 쿠데타'라는 자신의 뇌피셜을 설파하는 데 여념이 없다. "이명박·박근혜 대통령 수사와 기소를 지휘했던 윤석열 검사는 검찰총장이 된 뒤 문재인 대통령과 문재인 정부에 맹공을 퍼부은 후 정치인으로 변신해 대통령이 되었다. 2019년 신동아 9월 호가 보도하기 전부터 시중에 떠돌던 대호(大虎) 프로젝트가 실현된 것이다. "살아 있는 권력" 수사라는 대의명분을 내걸고 수사권과 기소권이라는 쌍칼을 휘두른 후 자신이 "살아 있는" 권력이 되었다."라고 쓰고 있다.[12] "과거 정치권력의 하위 파트너에 불과했던 검찰이 정치 권력을 장악했다. 검찰은 대한민국 사회의 먹이사슬에서 최상위 포식자가 되었다. 전두환 정권 시절 육사 내부 사조직이었던 '하나회' 출신이 권력의 핵심 역할을 했다면, 윤석열 정권 아래서는 전현직 검사 카르텔이 권력의 핵심으로 자리 잡았다. '검찰공화국'이 수립되었고, 대한민국은 '대한검국'으로 변질된 것이다."라면서[13] "'군사쿠데타'가 총, 칼, 탱크를 사용한다면, 검찰 쿠데타는 수사권과 기소권이라는 검찰권을 사용한다는 차이가 있다. '검찰 쿠데타'의 완성은 검찰총장 출신 대통령의 배출, 그리고 검찰의 권력 장악이었다."라고 말한다.[14]

헌정 질서를 유린한 군부 쿠데타가 자신을 수사하고 기소한 검찰의 행위와 어찌 동일할 수 있으며, 검찰의 수사와 기소를 어찌 쿠데타라 말할 수 있는가? 이야말로 법률에 반하고 헌법에 반하는 쿠데타적 발상이 아닌가. '자기 혼자만의 생각을 공식적으로 검증된 사실인 것처럼 주장하는' 이 뇌피셜이 법을 가르치는 법학자라는 사람의 사고요, 논리라는 사실이 더욱 참담한 대목이다.

그토록 이용하더니

조국은 "윤석열 정권 아래에서 '법을 이용한 지배'는 '사냥식 수사'로 구현된다. 이러한 수사에서 대상자는 수단과 방법을 가리지 않고 잡아 죽여야 하는 '사냥감'에 불과하다. 이 '사냥'에는 검찰 인력만 동원되지 않는다. 피의사실유출은 범죄지만, 수사 중간중간 검찰 출입기자들에게 확정되지 않은 피의사실을 흘려 사냥감에 대한 적대적 여론을 조성한다."라면서 "사냥감의 가족, 친구, 지인들도 참고인 또는 피의자로 불러 조사하면서, 사냥감에 대한 불리한 진술을 하도록 회유 압박한다. 이러한 사냥이 집중적이고 반복적으로 전개되면 사냥감은 자포자기하게 된다. 심지어는 목숨을 끊는 일도 비일비재하다. 검찰 수사 도중 피조사자가 자살을 하는 이유가 여기에 있다."라고 말한다.[15]

이 말들을 듣고 있으면 떠오른 건 오히려 문재인 정권의 모습이다. 그때 청와대에서 검찰과 교감한 민정수석은 바로 조국 자신이었다. 소위 적폐 수사 당시 수없이 피의사실을 유출하여 수사 동력을 살리고, 한 사안이 지나가면 또 다른 사안을 터뜨려 정권 임기 내내 적폐 청산을 이어 가고자 했던 게 문재인 정권의 모습이라는 걸 국민들은 기억한다. 문 정권은 각 정부 부처마다 적폐청산위원회를 만들어 가동했다. 당시 더불어민주당 우원식 원내대표는 공무원들을 향해 "적폐 청산에 무감각하다"며 "부끄러운 과거에 대한 처절한 반성과 참회가 눈에 띄지 않는다"고 말했다.16 마치도 중국의 문화대혁명을 연상케 하는 발언이다. 문재인 대통령은 사회 원로들과의 대화에서 적폐 수사 그만하라는데 살아 있는 수사는 통제가 안 된다며 적폐 청산이 모두 이루어진 다음에야 여야 협치도 가능하다고 말했다. "살아 움직이는 수사에 대해서는 정부가 통제할 수도 없고 또 통제해서도 안 된다"고 말한 인물이 문재인 대통령이다.17

조국과 문재인 정권의 이중적인 모습에 이종철 대변인은 "'적폐 수사'를 할 때는 그렇게 정보를 흘리고 모욕을 주고 일일이 브리핑하며 여론을 이용하고 하더니, '무죄추정'이니 '공정한 재판 권리'니 '명예훼손'이니 하는 것은 하필 왜 자기들에 와서 적용하겠다는 것인가."라며 "조국 전 장관에 대한 수사가 진행되면서 정부 여당이 밀어붙인 각종 개정안들은 결국 수사를 '깜깜이'로 만드는 것이었다."라고 논평했다. "공보 준칙도 바꾸고 포토라인도 없애며 공개소환도 없애고 급기야 공소장의 국회 제출 거부까지, 죄다 자신들을 위한 '맞춤형 개정'이었다."라며 "언론의 접근을 원천 봉쇄하고 수사 내용을 철저히 틀어막은 최초 수혜자는 조국 전 장관의 부인 정경심 씨였으며, 결국 '선거 개입 하명 수사' 건까지 '막고 보자'는 식이다. 이런 게 '검찰 개혁'의 미명하에 이루어지고 있다."라고 비판한 바 있다.18 조국은 "왜 상대를 공격할 때는 하지 않던 걸 자신이 공격받을 때는 '검찰 개혁'이라며 하고 있는 것인가?", "상대를 공격할 때는 더 심하게 하던 걸 자신이 공격받을 때는 왜 죄악시하는가?" 이 같은 국민의 의문에 대한 정당한 대답이 있고서야 최소한 그 진정성이나마 인정되지 않겠는가?

은폐, 조작, 수사 조직 무력화 패턴

2021년 쓴 『조국의 시간』이라는 책에서도 마찬가지다. 조국의 일관된 논리는 자신이 검찰 개혁을 하다 검찰이 반발했고 그래서 자신과 가족이 '하이에나 검찰'의 수사가 아닌 '사냥'을 당했으며, 윤석열 총장이 살아 있는 권력 수사라는 '살권수' 프레임을 이용해 '정치 수사'를 하고 '검찰 쿠데타'를 통해 권력을 찬탈하였다는 것이다. 거기서 자신은 검찰이라는 괴물을 개혁하는 불쏘시개 장관이 되어 장렬히 산화했고, '서초대첩'의 장엄한 '촛불십자가'에 의해 죽지 않고 생환(生還)하였다는 것이다.

책의 서문은 "2019년 8월 9일 법무부장관으로 지명 된 후 저와 제 가족은 무간지옥(無間地獄)에 떨어졌습니다. 검찰·언론·야당은 합작해 멸문지화(滅門之禍)를 위한 조리돌림과 멍석말이를 시작했습니다. 검찰이 정보를 흘리면 언론은 이를 기초로 대대적으로 보도하고 야당은 맹공을 퍼부었습니다. 이에 따라 자신들의 의도대로 여론이 조성되면 다시 검찰이 수사를 확대하는 악순환이 무한반복되었습니다."[19]라며 시작한다. 그러면서 "검찰·언론·야당의 카르텔은 광장의 소추관(訴追官)이자 심판관이었습니다. 이들은 저와 제 가족의 항변을 경청하는 판사들에게도 비난의 화살을 날렸습니다. 이들에게는 보도하고 기소하고 공격한대로 판결이 나와야 정의였습니다. 검찰·언론·야당 카르텔에 비판적인 시민들은 '조빠' 취급을 받았습니다. 이 카르텔의 강변과 주장이 세상에 가득 찼습니다. 살수(殺手)들은 신이 났습니다. 도끼를 내리쳤고, 칼을 휘둘렀습니다."라고[20] 이어 간다.

조국은 "내가 자진사퇴하거나 장관 지명이 철회되었다면 보수야당과 언론은 검찰개혁에 동참했을까? 검찰은 검찰개혁법안 통과를 인정하고 받아들였을까? 역사는 가정을 허용하지 않는다."라고[21] 말문을 연다. 그리고 "윤석열에게는 촛불혁명보다 검찰 조직의 보호가 중요했다. 민주보다 검치(檢治)가 우위였다. 그는 영웅에서 반(反)영웅으로, 공무원에서 정치인으로 변신했다."라고[22] 규정한다. 심지어 "'살아 있는 권력에 대한 수사'는 정치적 중립성을 지킨 적이 없다. … 재임 중 논란이 많은 사건을 맡아 문재인 정부를 타격하는 수사를 지휘한 검찰총장이 벌인 '살아 있는 권력' 수사는 사실상 '정치적 수사'였다."라고[23] 주장한다.

조국의 책을 보고 있으면 역시 그만의 휘황찬란한 말재간이 난무한다. 보는 이를 홀리기에 마치 요술을 부리는 것 같다. 그러나 의문은 계속 떠나지 않는다. 그렇게 괴물이었고 그렇게 개혁하고 싶었다면 자신은 왜 그토록 영웅시하고 이용할 대로 이용하였던 걸까. 논리의 근거들도 죄다 선택적이다. 가령 검찰이 '살권수'를 쓴 것은 진보 정부에 대해서만이라는 것이다. 보수 정부에 대해서는 살아 있는 권력 수사를 하지 않고 노무현 정부, 문재인 정부 같은 진보 정부에 대해서만 살아 있는 권력 수사를 했다고 한다. 그러면서 "선택적 정의의 민낯"이라고 주장한다.[24] 박근혜 대통령은 죽은 권력이어서 수사한 것인가? 재임 중 친인척 수사가 이루어져 형제와 아들들이 구속된 이명박·김대중·김영삼 대통령은 살아 있는 권력이 아니었는가?

이른바 '조국 흑서'를 쓴 김경률 전 참여연대 공동집행위원장은 한동훈 법무부 장관 인사청문회에 나와서 "특히 말하고 싶은 것"이 있다면서 "우리나라 대한민국에서 시민사회의 전통이 꽤 오랜 기간 있어 왔다. 그러나 조국 사태를 계기로 해서 대한민국의 시민사회 이른바 진보적 시민사회는 깨끗이 초토화되고 말았다."라면서 "이에 대해서 조국 전 장관은 일말의 양심이라도, 그리고 미안해하는 마음을 가져야 될 것"

이라고 밝혔다.

　김경률은 이 자리에서 또 최강욱 의원의 성희롱 발언 의혹 사건을 예로 들며 "민주당의 전형적인 태도를 알 수 있다"면서 민주당은 첫 번째 은폐, 은폐가 실패하면 두 번째 조작, 세 번째는 수사 조직들을 무력화시킨다고 주장했다. 이는 문재인 정부 당시 1대, 2대 정책실장이 연루된 의혹을 받는 디스커버리 펀드 사기 사건과 VIK(밸류인베스트코리아)·라임·옵티머스 사건 등 4가지 금융 사기 범죄와 관련 남부지검 증권범죄합동수사단을 없애는 등 관련 모습에서 그대로 드러난다면서 "문재인 정부 내내 덮기 급급했다"고 밝혔다. 이재명의 대장동 사건과 관련해서도 이재명 본인이 단군 이래 최대 치적이라고 했다가 "언론과 시민단체의 지적에 의해서 드러나게 되니까, 은폐한 것이 드러나게 되니까 이제부터 조작을 한다. 대장동의 주범은 윤석열이다, 이런 뜬금없는, 말도 안 되는 이야기들을 지껄인다."라면서 "세 번째 3단계에서는 어떻게 하고 있나?"라고 반문한다.

조적조

 조국 사태 당시 '조적조'라는 말이 유행했다. '조국의 적은 조국이다'라는 말을 줄인 것이다. 즉 조국이 그동안 SNS 등을 통해 쏟아 낸 말들에 비추어 볼 때 그 행동이 정반대라는 것이다. 다름 아닌 자기가 뱉은 말이 바로 그 자신의 적이 되는 것이다. 조국이 뱉은 말들은 다 남을 공격하며 쏟아 낸 것들이었다. 남을 공격할 때 맹렬히 쏟아 냈던 말들이 정작 자신의 행동으로는 완전히 반대로 나타난 것이다. 남에게 쏜 화살이 자신을 공격하는 화살로 되돌아오고 있으니 '조국의 적은 곧 다름 아닌 조국 자신'이라는 비유이다.

 조국은 2013년 11월 3일 "3. 최종 판결 결과 나올 때까지 기다려야 한다는 주장은 초동 수사부터 대법원 판결때까지 시민의 입, 손, 발을 묶어놓고 국가기관 주도로 사건의 진실을 농단하려는 수작이다."라고 썼다.[25] 조국이 자신의 트위터에 이 트윗을 쓴 것은 앞선 10월 31일 박근혜 대통령이 청와대에서 열린 수석·비서관회의에서 국가정보원 불법 대선 개입 논란과 관련해 "책임을 물을 것이 있다면 물을 것이다. 진행 중인 사법부의 판단과 결과를 기다려야 한다."라고 한 말을 비판하기 위한 것이었다. 그런데 정작 자신이 징계를 받아야 할 상황에 처했을 때는 '판결이 나올 때까지 절차의 중지'를 요청한 것이다. 2023년 6월 13일 조국에 대한 1심 판결이 나오자 서울대학교는 조국 교수에 대한 징계 논의를 개시한다고 밝혔다. 이에 대해 조국은 변호인을 통해 서울대 측에 입장을 전달하며 "판결에 불복해 항소한 만큼 헌법이 보장한 무죄추정의 원칙을 존중해 최종 판단이 내려지기 전까지 징계 절차를 중지해야 한다."라고 밝혔다.

조국은 2020년 12월 16일 추미애 법무부 장관이 '윤석열 검찰총장 2개월 정직'이라는 검사징계위원회 결과 보고 후 사의를 표명하자 자신의 SNS에 "이유불문하고 정무적 책임을 지겠다는 선제적 결단을 내린 것 같다."라며 "법적 쟁송을 하겠다는 (윤석열) 검찰총장과 정무적 책임을 지겠다는 (추미애) 법무부 장관의 대조적 모습을 보고 있다."라고 썼다.[26] 그러나 조 전 장관은 2013년 11월 9일 트위터에 "한 번도 검찰에 대한 대화를 해본 적 없는 윤석열 형, 정직 3개월이 아니라 그 이상의 징계라도 무효입니다. 굴하지 않고 검찰을 지켜주세요. 사표 내면 안 됩니다."라는 박범계 더불어민주당 의원의 글을 공유하며 "더럽고 치사해도 버텨주세요."라고 써 당시 윤석열 검사를 응원하였다.[27]

조국은 자신의 딸이 성적이 낮았는데도 6학기 연속 총 1,200만 원의 장학금을 받았다. 이는 청탁금지법 위반으로 유죄를 받았다. 조국은 2013년 2월에 "윤병세딸, 가계곤란장학금 수혜. 난 장학생 신청하지 말라고 했는데…."라고 자신의 SNS에 썼다. 윤병세 외교부 장관의 딸 관련 논란이 일자 자신은 딸에게 장학생 신청하지 말라고 했다고 비교하고 있는 것이다. 그러나 조국의 딸 조민은 장학금을 받았고 조국 가족의 채팅방에서 조국 딸이 "제가 (장학금) 수상받으려 지나가는데 교수님들이 '아버지랑 많이 닮았네.'라고 말씀하셨다."라고 하자 조국은 "부담되겠지만 할 수 없느니라 ㅎ"라고 말한다. 또 딸이 "(부산대 의전원) 노환중 교수님이 장학금을 이번에도 제가 탈 건데 다른 학생들에게 말하지 말고 조용히 타라고 말씀하셨음!"이라고 하자 조국의 부인 정경심 교수는 "ㅇㅋ. 애들 단속하시나

보다. 절대 모른 척해라."라고 답을 하고 있다. 조국은 '반값등록금' 이슈가 한창이던 2012년 4월 15일에는 "7. 장학금 지급기준을 성적 중심에서 경제상태 중심으로 옮겨야 한다. 등록금 분할상환 신청자는 장학금에서 제외되는 제도도 바꿔야 한다."라고 쓴다.[28] 그러나 조국의 딸이 장학금을 받을 때 조국의 재산은 신고액만 약 50억이었다.

조국은 소위 금수저를 물고 태어나지 못한 청년들을 위로한다며 항상 나섰고 많은 말들을 했다. 그들의 분노에 공감하고 공정사회, 정의를 주장했다. 조국은 2016년 12월 한 강연에서 "'재(再)봉건화'의 시대, 정의를 말한다."라는 제목으로 강연을 하며, "나의 부모가 누구인가에 따라 나의 노력의 결과가 결판이 나는 식으로 흐름이 바뀌어 나간다는 거죠. 우리 사회의 가장 근원적 문제라고 봅니다."라고 말한다. 그러나 조국의 입시비리에서 온갖 인턴확인서를 허위 작성하고 위조한 조국은 조국이 아버지이기 때문에 가능한 모든 것을 딸을 위해 이용 및 사용하였고 "나의 부모가 누구인가에 따라 나의 노력의 결과가 결판이 나는 전형"을 몸소 보여 주었다.[29]

조국은 자신의 저서에서 "특목고는 원래 취지에 따라 운영되도록 철저히 규제해야 한다."라고 주장한다.[30] 하지만 조국은 자신의 딸은 외고에 보냈고 외고를 나온 딸을 원래 취지와 다르게 의전원에 보냈다. 사람들은 이 같은 조국의 모순에 '조로남불'이라고도 비판했다. 원래 내로남불이라는 말이 있다. '내가 하면 로맨스요, 남이 하면 불륜'이라는 말의 줄임말로 서로 표리부동하거나 모순된 언행을 일컬을 때 대중적으로 쓴다. 이 말을 바꾸어 조로남불이라는 말이 세간을 떠돌았다. 조국이 하면 로맨스고 남이 하면 불륜이라는 것이다. 비판을 받자 조국은 "아이가 외고생이면 교육체제를 비판할 수 없냐."라고 반박했다. 2011년 3월 조국은 "아이가 외

고생이면 현 교육체제를 비판할 수 없다고 생각하세요?"라고 말했다.[31]

박근혜 대통령 탄핵의 도화선이 된 것은 최순실 씨 딸 정유라 부정 입학 사건이었다. 청년들의 가슴에 불을 지른 이 사건 당시 조국은 앞장서서 그들의 민낯이라고 그 불에 기름을 끼얹기 바빴다. 조국은 정유라의 옛날 트윗을 가져와 이렇게 썼다. 2017년 1월 2일 최순실 씨의 딸 정유라가 체포되었다는 소식이 전해지기가 무섭게 "'능력 없으면 니네 부모를 원망해. 있는 우리 부모 가지고 감놔라 배놔라 하지 말고. 돈도 실력이야.' 바로 이것이 박근혜 정권의 철학이었다."라고 트윗을 날렸다. 2019년 8월 19일 이준석 바른미래당 최고위원은 당시 조국 법무부 장관 후보자를 향해, 조국이 정유라의 트윗을 인용하며 박근혜 정권의 철학이라 단언했던 조국의 트윗을 캡처해 보여 주며 "이제 본인이 문재인 정부의 철학을 보여 줄 차례인 것 같다."라고 말했다.[32] 2016년 12월 앞의 강연에서 "자기가 돈을 적게 쓰더라도 아이에게 투자를 하게 돼 있습니다. 그건 비난받을 바가 아니죠."라고 설파하기도 했다.[33]

조국은 교수로서 2012년 4월에는 논문 표절 관행을 질타하며 "학계가 반성해야 한다. 지금 이 순간도 잠을 줄이며 한자 한자 논문을 쓰고 있는 대학원생들이 있다."라고 했다. 2012년 10월 6일에는 "교수님이 번역해 준것 만으로 논문의 공동저자가 될 수 있다면 영문과 출신들은 논문 수천편의 공동저자로 이름 올릴 수 있고 그것이 바로 연구 업적으로 등재될 수 있다."라는 트윗에 "참 무지한 소리다! KIN!"이라고 써 리트윗하며 비꼬았다. 그러나 조국의 딸은 고등학생이 단 2주 만에 의학 논문에 제1저자로 등재됐고, 이유는 영문 번역을 도와줬기 때문이었다.[34]

2019년 9월 2일 조국 법무부 장관 후보자에 대한 각종 의혹이 걷잡을 수 없이 커져 가자 조국은 국회에서 기자간담회를 자청, 개최하였다. 이 자리에서 조국은 "잘 모르겠습니다.", "한 바가 없습니다.", "처음 듣는 것이고요." 등 모르쇠로 일관하며 대부분을 자신은 모르며 부인 정경심 교수가 했다는 식으로 대답했다. 조국은 2년 전엔 박근혜 전 대통령이 모르쇠로 혐의를 부인한다며 구속영장이 불가피하다고 쏘아붙인 바 있다.[35] 2017년 3월 22일 "피의자 박근혜, 첩첩히 쌓인 증거에도 불구하고 '모른다'와 '아니다'로 일관했다. 구속영장 청구할 수밖에 없다. 검찰, 정무적 판단 하지 마라."라고 일갈했던 것이다.

　간담회에서 조국은 각종 특혜 의혹에 휩싸인 딸의 사생활 침해를 언급하며 눈시울을 붉히기도 했다. 조국 후보자는 "딸아이 혼자 사는 집 앞에 야밤에는 가 주지 말아 주십시오. 밤에 입장 바꿔 놓고 한번 생각해 보십시오."라고 말했다.[36] 그런데 조국은 2012년 국정원 댓글 관련 국정원 여직원 오피스텔 감금 상황이 발생하자 "긴급 속보"라면서 오피스텔 거주지 주소를 실시간으로 SNS에 올렸다. 조국은 "긴급속보! 국가정보원 제3차장실 소속 직원이 오피스텔에서 근무하며 문재인 비방 글을 올리는 현장을 민주당이 급습. 문을 열어주지 않아 경찰신고 후 대치 중", "추가속보! 대치 중인 곳은 ○○동 ○○초교 건너편 ○○오피스텔", "3차 소식! 오피스텔에 민주당원 외 선관위 직원과 경찰 도착. 그러나 여전히 문을 열지 않고 버티는 중"이라며 연속해서 트윗을 날렸다.

　간담회에서는 장관으로 있으면서 각종 의혹 수사를 받을 수 있겠느냐는 질문이 나왔다. 이에 대해 조국은 "가족이 검찰수사를 받고 있는 와중에서 개혁을 추진할 수 있겠느냐. 이런 질문이신 거죠? 저는 불가능을 가능으로 만들어 보겠습니다."라고 말했다. 그러나 조국은 박근혜 대통령 탄핵 사태 당시인 2017년 1월 11일 "도대체 조윤선은 무슨 낯으로 장관직을 유지하면서 수사를 받는 것인가? 우병우도 민정수석 자리에서 내려와 수사를 받았다."라고 트위터에 썼다.[37] 2015년 4월 12일 조국은 "조선 시대 언관(言官)에게 탄핵당한 관리는 사실 여부를 떠나 사직해야 했고, 무고함이 밝혀진 후 복직했다. '성완종 리스트' 주인공들의 처신은 무엇일까?"라고 썼다. 하지만 자신은 의혹만으로 사퇴해서는 안 된다는 입장을 밝히고 있다. 2015년 음주운전 전력이 있던 이철성 경찰청장 후보자에 대해 조국은 청문회 대상 자체가 될 수 없다고 비판했다. 조국은 "음주운전 사고를 냈으나 신분을 숨겨 징계를 피했다는 이철성을 기어코 경찰청장에 임명했다. 다른 부서도 아닌 음주운전 단속의 주무부처 총책임자가 과거 이런 범죄를 범하고 은폐까지 하였는데도 임명한 것이다. 미국 같으면 애초 청문회 대상조차 될 수 없는 사람이다. 경찰, 이제부터 이철성과 유사한 행위를 한 시민을 단속할 자격이 없다."라고 밝혔다. 이 후보자가 음주운전을 했던 만큼, 음주운전 단속을 총괄하는 경찰청장 후보자가 될 수 없다는 의미인데 조국은 검찰의 수사를 받는 법무부 장관 후보자가 되어 청문회를 받겠다고 하고 있다.[38] 나아가 "저는 불가능을 가능으로 만들어 보겠습니다."라고 말하고 있는 것이다.[39]

이 외에도 2010년 10월 "'폴리페서'는 본업을 방기한 채 자리 얻으려고 정치권을 드나드는 교수", 2011년 9월 "위장전입은 가볍기는 하나 범죄에 해당한다.", 2010년 8월 "(위장전입이) '인지상정'? 좋은 학군으로 이사하거나 주소를 옮길 여력이나 인맥이 없는 시민의 마음을 후벼 파는 소리다."[40] 등 자신이 뱉은 수없이 많은 말들이 그대로 자신에게 돌아오고 있지만 그 비판에 대해 자신은 정반대로 반응하며 행동하고 있다.

조적조

S# 1

3. 최종 판결 결과 나올 때까지 기다려야 한다는 주장은 초동 수사부터 대법원 판결 때까지 시민의 입, 손, 발을 묶어놓고 국가기관 주도로 사건의 진실을 농단하려는 수작이다.

2013년 11월 3일

↕

판결에 불복해 항소한 만큼 헌법이 보장한 무죄추정의 원칙을 존중해 최종 판단이 내려지기 전까지 징계 절차를 중지해야 한다.

2023년 6월 13일 조국 1심 판결로 서울대학교 조국 교수 징계 논의 개시 입장에 대한 조국 입장

S# 2

법적 쟁송을 하겠다는 검찰총장과 정무적 책임을 지겠다는 법무부장관의 대조적 모습을 보고 있다. 이유불문하고 정무적 책임을 지겠다는 선제적 결단을 내린 것 같다.

2020년 12월 16일

↕

"한 번도 검찰에 대한 대화를 해본 적 없는 윤석열 형, 정직 3개월이 아니라 그 이상의 징계라도 무효입니다. 굴하지 않고 검찰을 지켜주세요. 사표 내면 안 됩니다." 글 공유하며 "더럽고 치사해도 버텨주세요."

2013년 11월

S# 3

윤병세딸, 가계곤란장학금 수혜. 난 장학생 신청하지 말라고 했는데…

2013년 2월

7. 장학금 지급기준을 성적 중심에서 경제상태 중심으로 옮겨야 한다. 등록금 분할상환 신청자는 장학금에서 제외되는 제도도 바꿔야 한다.

2012년 4월 15일

↕

그러나, 자신은 딸이 1,200만 원 장학금 수령. 재산신고액만 약 50억

S# 4

"딸아이 혼자 사는 집 앞에 야밤에는 가 주지 말아 주십시오. 밤에 입장 바꿔 놓고 한 번 생각해 보십시오."

2019년 9월 2일 국회 기자간담회

↕

긴급속보! 국가정보원 제3차장실 소속 직원이 오피스텔에서 근무하며 문재인 비방글을 올리는 현장을 민주당이 급습. 문을 열어주지 않아 경찰신고 후 대치 중

추가속보! 대치 중인 곳은 00동 00초교 건너편 00오피스텔

3차 소식! 오피스텔에 민주당원 외 선관위 직원과 경찰 도착. 그러나 여전히 문을 열지 않고 버티는 중

2012년 12월 국정원 여직원 오피스텔 감금 사건 당시

S# 5

"잘 모르겠습니다.", "한 바가 없습니다", "처음 듣는 것이고요."

2019년 9월 2일 국회 기자간담회

피의자 박근혜, 첩첩히 쌓인 증거에도 불구하고 '모른다'와 '아니다'로 일관했다. 구속영장 청구할 수밖에 없다. 검찰, 정무적 판단 하지 마라.

2017년 3월 22일

S# 6

"가족이 검찰수사를 받고 있는 와중에서 개혁을 추진할 수 있겠느냐. 이런 질문이신 거죠? 저는 불가능을 가능으로 만들어보겠습니다."

2019년 9월 2일 국회 기자간담회

도대체 조윤선은 무슨 낯으로 장관직을 유지하면서 수사를 받는 것인가? 우병우도 민정수석 자리에서 내려와 수사를 받았다.

2017년 1월 11일

조선 시대 언관(言官)에게 탄핵당한 관리는 사실 여부를 떠나 사직해야 했고, 무고함이 밝혀진 후 복직했다. '성완종 리스트' 주인공들의 처신은 무엇일까?

2015년 4월 12일

S# 7

"나의 부모가 누구인가에 따라 나의 노력의 결과가 결판이 나는 식으로 흐름이 바뀌어 나간다는 거죠. 우리 사회의 가장 근원적 문제라고 봅니다."

2016년 12월 강연

"'능력 없으면 니네 부모를 원망해. 있는 우리 부모 가지고 감놔라 배놔라 하지 말고. 돈도 실력이야.' 바로 이것이 박근혜 정권의 철학이었다."

2017년 1월 2일 최순실 씨의 딸 정유라의 트윗을 리트윗

그러나, 자신은 딸, 아들을 위해 수많은 스펙 위조

S# 8

특목고, 자사고, 국제고 등은 원래 취지에 따라 운영되도록 철저히 규제해야 한다.

2009년 저서 『왜 나는 법을 공부하는가』

그러나, 자신의 딸은 외고를 나와 의학전문대학원 진학.

비판이 일자,

"아이가 외고생이면 현 교육체제를 비판할 수 없다고 생각하세요?"

2011년 3월

S# 9

학계가 반성해야 한다. 지금 이 순간도 잠을 줄이며 한자 한자 논문을 쓰고 있는 대학원생들이 있다.

2012년 4월

참 무지한 소리다! KIN! RT 교수님이 번역해준것 만으로 논문의 공동저자가 될 수 있다면 영문과 출신들은 논문 수천편의 공동저자로 이름 올릴 수 있고 그것이 바로 연구업적으로 등재될 수 있다.

2012년 10월 6일

↕

그러나, 자신의 고등학생 딸은 영문 번역 도와 단 2주 만에 의학 논문 제1저자.

S# 10

'폴리페서'는 본업을 방기한 채 자리 얻으려고 정치권을 드나드는 교수

2010년 10월

↕

그러나, 교수로서 쉴 새 없는 SNS와 끊임없는 정치 참여.

S# 11

(위장전입이) '인지상정'? 좋은 학군으로 이사하거나 주소를 옮길 여력이나 인맥이 없는 시민의 마음을 후벼 파는 소리

2010년 8월

위장전입은 가볍기는 하나 범죄에 해당한다

2011년 9월

↕

그러나, 자신의 딸은 위장전입.

[논평] "폐를 끼쳐 미안하고 또 미안하다.", "난 떳떳하다."

2일 생활고에 시달리던 70대·40대 모녀가 "폐를 끼쳐 미안하고 또 미안하다"는 유서를 남기고 극단적인 선택을 한 사실이 뒤늦게 알려졌다.
3일 법원은 조국 전 장관에 대한 유죄 판결을 선고했다.

생활고에도 모녀는 공과금 한 번 밀린 적이 없었다. '체납 거름망'을 피해 간 복지 사각지대였다.
모녀는 가장 낮은 곳에서 가장 어려운 삶을 살면서도 공동체와 타인에게 조금도 피해를 주지 않겠다며, 그 '이타성'의 극단으로 자신의 목숨마저 끊는 비극적 선택을 하고 말았다. "보증금 500만 원으로 월세를 처리해 달라"며 마지막까지 집주인의 월세를 걱정했다.

조금은 이기적이어도 되는데 너무나 이타적인 삶을 살았다.

조 전 장관은 가장 높은 곳에 있으면서 입으로는 항상 가장 낮은 곳을 말했지만 몸으로는 더 높이 날아오르기 위해 가장 이기적인 삶을 살았다.
낮은 자의 인권, 복지, 정의, 공정… 더불어 함께 살아가는 공동체의 '이타성'을 말하며 대중의 존경을 한몸에 받고 인기를 얻었지만, 정작 스스로는 자신의 위치와 지위, 가진 것을 이용해 공동체의 룰을 파괴하기를 주저하지 않았고, 조그만 이득도 아낌없이 추구했다.

6일 조 전 장관의 판결문이 공개되어 그 적나라한 사실들이 충격을 주고 있는 가운데, "난 떳떳하다"는 말이 나왔다.

"폐를 끼쳐 미안하고 또 미안하다.",
"난 떳떳하다."

과연 우리는 어떤 삶을 보듬고 어떤 사회, 어떤 세상을 추구해야 하는가.
우리 사회의 정의와 공정은 과연 누구를 위해 존재해야 하는가.

가장 낮은 곳에 있는 이가 진정 떳떳할 수 있는 세상,
가장 높은 곳의 위선과 허위가 능히 단죄되는 세상,

어느 국민도 "폐 끼쳐서 미안하다" 말하지 않아도 되는 공동체를 우리는 만들어야 한다.
한 사람의 생명만큼이나 무거운, 온 힘을 다해.

2023. 2. 7.

국민의힘 안철수 170V 캠프 수석대변인 이종철

조국 재판 내용

12개의 혐의

조국은 재판에서 징년 2년과 추징금 6,000,000원을 선고받았다. 1심 재판부는 조 전 장관에게 실형(實刑)을 선고하며 "법정에 이르기까지 객관적 증거에 반하는 주장을 하면서 잘못에 대해서는 여전히 눈을 감은 채 진정한 반성의 모습을 보이지 않는다."라면서 "죄책에 상응하는 중한 처벌이 불가피한 것으로 판단된다."라고 밝혔다.

재판에서 조국에게 제기된 혐의는 총 12개이다. 뇌물수수, 위조공문서행사, 허위작성공문서행사, 위계공무집행방해, 업무방해, 사문서위조, 위조사문서행사, 청탁금지법 위반, 공직자윤리법 위반, 증거위조교사, 증거은닉교사, 직권남용권리행사방해 등이다. 재판부는 이 가운데 뇌물수수, 증거위조교사, 증거은닉교사, 공직자윤리법 위반 등에 대해 무죄를 선고했다. 일부 위계공무집행방해나 직권남용권리행사방해, 사문서위조 및 행사 혐의에 대해서도 무죄가 선고됐다.[41] 조국이 무죄를 받은 사항들은 주로 부인인 정경심 전 동양대 교수와의 공모 공범 관계에서 조국은 무죄로 빠져나갔지만 정 교수가 유죄를 받았다고 할 수 있다.

조국은 아들 학사 및 입시 관련 부정행위에서 아들의 고3 출결 사항 허위 인정과 관련 유죄를 받았다. 고려대학교 대학원과 연세대학교 대학원 부정 지원 그리고 조지워싱턴대학교 성적 평가와 관련 업무방해 혐의가 인정되었다. 충북대학교 법학전문대학원에 제출한 최강욱 명의 인턴 활동 확인서는 사문서위조와 위조사문서행사에서 조국은 무죄를 받고 부인인 정경심 교수는 유죄를 받았고 부정 지원에 따른 위계공무집행방해는 두 사람 다 유죄를 받았다.

딸 입시 관련 부정행위에서 서울대 의학전문대학원 지원 관련 조국은 서울대 공익인권법센터 인턴십 확인서로 위조공문서행사, 공주대 생명공학연구소장 명의 체험 활동 확인서로 허위작성공문서행사, 동양대 총장 명의 최우수봉사상 표창장으로 위조사문서행사 등 유죄를 받고, 부정 지원에 따른 업무방해로 유죄를 받았다.

딸의 장학금 명목 금품 제공 및 수수와 관련해서는 조국과 부산대 의학전문대학원 노환중 교수가 뇌물 수수와 뇌물 공여로는 무죄를 받고 청탁금지법 위반으로 유죄를 받았다.

사모펀드 투자 관련은 허위 재산 신고 및 소명으로 위계공무집행방해 유죄를 받았다. 청와대 특감반 감찰 무마와 관련해서는 특별감찰반 관계자들에 대한 권리행사방해로 조국과 백원우가 직권남용권리행사방해 유죄를 받았고 박형철은 무죄를 받았다.

위조 스펙 만들기

조국은 자신이 있는 서울대학교 공익법인권센터를 아들과 딸의 허위 경력을 만드는 데 수차례 지속적으로 이용하였다. 아들의 고등학교 출결 조작을 위해 허위로 인턴십 활동 예정 증명서를 만든 게 시작이었다. 관련 내용이 판결문에는 아래와 같이 나와 있다.[42] 법원은 판결문에 등장하는 인물이나 단체명 등을 인권 보호 차원에서 영어 철자로 지칭해 표기한다. 이를 존중해 대부분 그대로 두고 이미 대중에게 잘 알려진 최소한의 인물들에 대해서만 명칭 소개를 한다. 여기서 피고인 A는 조국, 피고인 B는 정경심이다. F는 조국 아들이다.

나. 피고인 A, 피고인 B의 각 업무방해

 1) F의 2013. 7. 15.자 H대 I연구소 J센터 인턴십 활동예정증명서 허위 발급

위 피고인들은 2013. 7.경 F이 해외대학 진학을 위한 SAT 등 시험 준비 및 학원 수업 수강 등을 위해 학교 수업을 빠져야 하는 상황에서 학교생활기록부에 무단결석으로 처리될 경우 향후 대학 등 진학 과정에서 불리한 영향을 받을 것을 우려하여 출석 인정을 받기 위한 증빙서류가 필요하게 되자 피고인 A이 H대 I연구소 J센터(이하 'J센터'라고 한다)에서 활동하고 있는 것을 기화로, F이 J센터에서 인턴 활동을 할 예정인 것처럼 증명서를 허위로 만들어주기로 하였다.

피고인 A은, F이 J센터에서 인턴으로 활동을 할 의사나 계획이 없다는 사실을 잘 알면서도, 2013. 7.경 J센터장인 H대 법대 동료 교수 Y에게 F의 인턴십 활동 예정 증명서 발급을 부탁하여, Y을 통해 "F이 2013. 7. 15.부터 2013. 8. 15.까지 인턴으로서 '학교폭력 피해자의 인권 관련 자료 조사 및 논문 작성' 등 활동을 할 예정임을 증명한다."라는 취지의 허위 내용이 기재된 J센터 명의의 2013. 7. 15.자 '인턴십 활동 예정 증명서'를 발급받았다.

 2) F의 출결사항 허위 인정 [업무방해]

그 무렵 피고인 B은 F의 G고 3학년 담임교사 BD에게 'F이 내일부터 H대 J센터에서 인턴쉽을 하게 되었습니다'라는 취지의 문자메시지를 보낸 다음 "F이 2013. 7. 15.부터 2013. 8. 15.까지 H대 J센터에서 J센터장(Y교수)께 지도하에 '학교폭력 피해자 인권 관련 자료 조사 및 논문 작성' 등을 할 것"이라는 취지가 기재된 A 명의의 '체험활동 신청서'와 함께 위와 같이 허위로 발급받은 J센터 명의의 '인턴십 활동 예정 증명서' 등 관련 서류를 제출하여 그 사실을 전혀 알지 못하는 BD으로 하여금 F이 2013. 7. 15.부터 2013. 7. 19.(여름방학식)까지 5일 동안 G고에 출석하지 않았음에도 출석한 것으로 처리하도록 하였다.

이로써 위 피고인들은 F 등과 공모하여 위계로써 G고 교사 BD의 학생 출결관리 업무를 방해하였다.

조국은 아들이 대학교를 가서는 아들의 시험을 대신 치렀다. 관련 내용은 판결문에 아래와 같이 나온다.

1. 피고인 A, 피고인 B의 K대 업무방해

F은 2016학년도 가을 학기에 K대의 'Global Perspective on Democracy' 과목을 수강 중이었는데, 위 과목의 온라인 시험(이하 '이 사건 온라인 시험'이라 한다) 규정에 의하면 지정된 기간 동안 제한된 시간 내에 시험을 완료해야 하고, 수강생은 단독으로 응시해야 하며, 수업 노트나 관련 서적을 참고하는 것은 허용되나 외부의 자료나 도움을 받는 것은 금지되어 있다.

가. 2016. 11. 1. 온라인 시험 부정행위

위 피고인들은 2016. 10. 31. 미국에 있는 F으로부터 "내일 Democracy 시험을 보려고 한다."라는 연락을 받고, 이 사건 온라인 시험 시간에 맞추어 대기하고 있다가 F 대신 그 문제를 풀어 답을 보내주면 F이 그 답을 기입하는 방법으로 위 온라인 시험에 임하기로 F과 모의하였다.

위 피고인들은 2016. 11. 1. 이 사건 온라인 시험 시작 무렵 F에게 "준비되었으니 시험문제를 보내라."라고 지시하였고, F은 위 피고인들에게 위 온라인 시험문제(객관식 총 10문항)를 촬영한 사진을 아이메시지(i-message)를 통해 전송하였다.

이에 따라 위 피고인들은 이 사건 온라인 시험문제를 각각 분담하여 나누어 푼 다음 F에게 그 답을 전송해주었고, F은 위 피고인들로부터 전송받은 답을 기입하여 제출하였다.

나. 2016. 12. 5. 온라인 시험 부정행위 계속하여, 위 피고인들은 2016. 12. 5. 미국에 있는 F으로부터 "오늘 오후 Democracy 시험을 보려고 하니, 모두 대기하고 있어 달라."라는 연락을 받고, 지난번과 마찬가지로 이 사건 온라인 시험 시간에 맞추어 대기하고 있다가 F 대신 그 문제를 풀어 답을 보내주면 F이 그 답을 기입하는 방법으로 위 온라인 시험에 임하기로 F과 모의하였다.

위 피고인들은 같은 날 오후경 이 사건 온라인 시험 시작 무렵 F에게 "준비되었으니 시험문제를 보내되, 스마트폰으로는 가독성이 떨어지니 이메일로도 보내라."

라고 지시하였고, F은 위 피고인들에게 위 온라인 시험문제(객관식 총 10문항)를 촬영한 사진을 이메일과 아이메시지를 통해 전송하였다.
이에 따라 위 피고인들은 이 사건 온라인 시험문제를 각각 분담하여 나누어 푼 다음 F에게 그 답을 전송해주었고, F은 위 피고인들로부터 전송받은 답을 기입한 후 제출하여 당해 학기에 위 과목에서 A학점을 취득하였다.

다. 결론

이로써 위 피고인들은 F과 공모하여 위계로써 미국 K대 담당 교수의 성적평가 업무를 방해하였다.

조국은 서울대 공익인권법센터를 아들이 대학을 졸업하고 대학원을 진학하고자 할 때 또 적극 활동한다. 특히 놀라운 대목은, 상황이 뜻대로 안 되자 아들이 고등학교 때 조국 자신이 허위로 발급하였던 인턴십 활동 예정 증명서를 이용한다. 조국은 센터에서 아들을 인턴 활동을 하게 하고자 하였으나 당시 센터장인 BE 교수가 인턴 자리가 없다며 이를 거부하자, 아들이 고등학교 때 허위의 인턴십 활동예정증명서를 발급받은 것을 이용하여 마치 아들이 센터에서 정상적으로 인턴 활동을 한 것처럼 인턴십 활동증명서를 발급받기로 계획하고 실행에 옮긴다.

관련 내용은 판결문에 아래와 같이 나온다.

나. 허위 경력 작출

1) F 의 2017. 10. 16.자 J센터 인턴십 활동증명서 허위 발급

위 피고인들은 2017. 10.경 F의 대학원 지원을 앞두고 입학원서에 기재하고 첨부서류로 제출할 경력이 필요하여 F으로 하여금 J센터에서 인턴 활동을 하게 하고자 하였으나 당시 센터장인 BE 교수가 인턴 자리가 없다며 이를 거부하자, 위 1.나.1) 항과 같이 2013. 7.경 허위의 J센터 인턴십 활동예정증명서를 발급받은 것을 이용하여 마치 F이 J센터에서 정상적으로 인턴 활동을 한 것처럼 인턴십 활동증명서

를 발급받기로 하였다.

피고인 A은 J센터장 재직 당시 직접 선발하여 함께 근무했던 J센터 사무국장 BF에게 2017. 10. 16.경 F의 인턴십 활동증명서 발급을 요청하고, 피고인 B은 F으로 하여금 BF에게 증명서 발급을 재차 확인해보라고 하였다.

그 후 BF은 피고인 A 및 F의 요청에 따라 F이 실제 J센터에서 인턴 활동을 하였는지를 확인하지 않은 채 J센터 컴퓨터에 저장되어 있던 F에 대한 2013. 7. 15.자 '인턴십 활동 예정 증명서'의 제목을 '인턴십 활동 증명서'로, '소속: G고등학교 3학년 11반'을 '주소: 서울특별시 서초구 BG아파트 BH'으로 각각 변경한 후 "F이 2013. 7. 15.부터 2013. 8. 15.까지 인턴으로서 학교폭력 피해자의 인권 관련 자료 조사 및 논문 작성 등 활동을 하였음을 증명한다."라는 취지의 허위 내용이 기재된 J센터 명의의 2017. 10. 16.자 '인턴십 활동 증명서'를 전산 작성하여 이메일로 F에게 전달하였다.

조국은 서울대 공익인권법센터 활동만으로는 부족하다고 생각하여 최강욱을 통해 추가로 허위 인턴 활동 확인서를 만든다. 관련 내용은 판결문에 아래와 같이 나온다. 여기서 BI는 최강욱이다.

2) F의 2017. 10. 11.자 변호사 BI 명의 확인서 허위 발급

위 피고인들은 상의하여 2017. 10.경 F의 대학원 지원을 앞두고 F이 다양한 인턴 활동을 한 것처럼 하기 위하여 피고인 A의 대학 후배이자 피고인들과 친분이 두터운 법무법인 BJ(이하 'BJ'라 한다) 소속 BI 변호사에게 부탁하여 허위 인턴 활동 확인서를 발급받기로 하였다.

피고인 B은 F이 2017년경 BJ에서 문서정리 및 영문번역 등 업무를 보조한 사실이 없었음에도 불구하고, 2017. 10.경 BI 변호사에게 F이 BJ에서 인턴 활동을 한 것처럼 확인서를 작성해 달라고 부탁하며 이메일로 "F이 2017. 1. 10.부터 같은 해 10. 11. 현재까지 매주 2회 총 16시간 동안 변호사 업무 및 기타 법조 직역에 관하여 배우고 이해하는 시간을 갖고, 문서정리 및 영문번역 등 업무를 보조하는 인턴

으로서의 역할과 책무를 훌륭하게 수행하였음을 확인한다. 2017. 10. 11. 법무법인 BJ 지도변호사 BI"이라는 허위 내용이 기재된 활동확인서 파일을 송부하여 BI 변호사로 하여금 위 확인서 말미 '지도변호사 BI' 이름 옆에 인장을 날인하도록 한 다음 이를 전달받아 2017. 10. 11.자 변호사 BI 명의의 확인서(별지1 기재 확인서, 이하 '이 사건 확인서'라 한다)를 허위로 발급받았다.

조국은 대학원 합격에 유리하게 하기 위해 아들이 대학에서 받은 장학금도 거짓으로 부풀려 작성한다. 관련 내용은 판결문에 아래와 같이 나온다.

> 3) 2017. 11. 3.자 2015~2016년 K대 장학증명서 허위 조작
> 위 피고인들은 F의 대학원 지원을 앞두고 F이 미국 K대 재학 기간 내내 우수한 성적으로 학교로부터 많은 장학금을 받은 것처럼 하기 위하여 장학금 수령 내역 및 금액 등을 부풀리는 방법으로 장학증명서를 허위로 작성하기로 하였다.
> 위 피고인들은 F과 공모하여 사실은 F이 2015~2016년도 총장장학금(Presidential Academic Scholarship)으로 합계 12,000달러만을 수령하였음에도 불구하고, 2017. 11. 3.경 마치 대학·동문 장학금(University And Alumni Award) 13,400달러를 포함하여 장학금으로 합계 25,400달러를 받은 것처럼 2017. 11. 3.자(Award Date: 11/03/2017 02:57 AM REVISION) 2015~2016년 K대 장학증명서(Award Notification 2015-2016 for F)를 허위로 작성하였다.

조국은 딸에게도 서울대 공익인권법센터 인턴 경력을 허위로 만들어 주기로 하고 '인턴십 확인서'를 위조한다. 관련 내용은 판결문에 아래와 같이 나온다.

III. 피고인 A의 O 관련 H대 의전원 부정지원

1. 허위 경력 작출

가. O 등의 2009. 5. 30.자 J센터 인턴쉽 확인서 위조

피고인 A은 B, O과 공모하여, 자신이 활동하고 있는 J센터에서 2009. 5. 15.경 'BK' 국제학술회의 세미나를 개최하게 된 것을 기화로, O의 대학 진학을 위한 허위 경력을 만들어주는 한편, O의 Z대 체험활동과 논문 제1저자 등재를 도와준 BL 교수에 대한 보답으로 O의 G고 동기인 BL의 아들 BM, 피고인의 지인 아들로서 BN고에 재학 중인 BO에게도 J센터 인턴 경력을 허위로 만들어주기로 하였다.

피고인 A은 O, BM, BO이 위 세미나를 위해 2009. 5. 1.부터 2009. 5. 15.까지 인턴으로 활동한 사실이 없음에도 불구하고, 2009. 7.경 B으로부터 O, BM, BO의 주민등록번호를 전달받은 후 H대 교수실에서 컴퓨터를 이용하여 O, BM, BO이 위 세미나 준비 과정에서 실제 인턴으로 활동한 것처럼 각각의 성명, 주민번호, 소속과 함께 "H대학교 법과대학 J센터가 주최한 2009년 5월 15일 국제학술회의 〈BK〉를 위하여 2009. 5. 1. ~ 5. 15. 기간 동안 고등학생 인턴으로 활동하였음을 증명합니다."라는 내용을 기재하고, 이를 "H대학교 법과대학"이라고 인쇄되어 있는 레터지에 출력한 후 J센터장 교수 Y의 허락을 받지 않고 J센터 사무국장 BP으로 하여금 위 출력물에 J센터장 교수 Y의 직인을 날인하게 함으로써 공문서인 J센터장 교수 Y 명의의 2009. 5. 30.자 O, BM, BO의 '인턴쉽 확인서'를 위조하였다.

조국의 서울대 공익인권법센터 인턴 경력 허위 작성 및 위조와 관련해서는 센터의 사무장이 중간에서 실무를 처리하는 당사자로서 계속 등장한다. 이 사무국장은 조국의 요구에 충실히 응하고 있는데 추후 자리를 옮겨 영전한 것으로 전해졌다. 조국이 딸의 서울대 공익인권법센터 허위 인턴십 확인서를 발급해 줄 당시 센터 사무국장은 조국의 요구에 충실히 응하고 있는데 추후 자리를 옮겨 영전한 것으로 전해졌다. 이 사무국장은 '조국 사태'가 벌어진 후인 2020년 6월 서울대 공익인권법센

터에서 문화관광부 산하 독립기구인 스포츠 윤리센터로 이직했다. 보도에 따르면 당시에도 이 사무국장이 '정부 이너서클' 특혜로 자리를 옮겼다는 비판이 나왔다고 한다.[43]

조국은 딸이 호텔경영 관련 학과 지원에 관심을 보이자 호텔 인턴 관련 경력을 허위로 만든다. 관련 내용은 판결문에 아래와 같이 나온다. 여기서 피고인 A는 조국, 피고인 B는 정경심, O는 조국 딸이다.

> 나. O의 2009. 10. 1.자 P 호텔 실습수료증 및 인턴쉽 확인서 허위 발급
> 피고인 A은 B과 상의하여 대학진학을 앞둔 O이 호텔경영 관련 학과 지원에 관심을 보이자 호텔 인턴 관련 경력을 허위로 만들기로 하였다.
> 피고인 A은 B, O과 함께, O이 G고 1학년인 2007. 6.경부터 3학년인 2009. 9.경까지 부산 수영구 BQ에 있는 P 호텔에서 경영 실무를 배우는 등 인턴으로 활동한 사실이 없음에도 불구하고, 2009. 7.경 H대 교수실 등에서 컴퓨터를 이용하여 P 호텔 대표이사 BR 명의로 실습기간이 '2007. 6. 9.부터 2009. 9. 27.까지(2년 3개월)', 발급일자가 '2009. 10. 1.'로 된 '실습수료증' 및 '인턴쉽 확인서'를 만든 다음 P 호텔 관계자를 통해 대표이사 BR의 인장을 날인받아 2009. 10. 1.자 '실습수료증' 및 '인턴쉽 확인서'를 허위로 발급받았다.

조국은 딸이 의학전문대학원에 합격하도록 기존에 마련해 둔 허위 경력 자료를 활용하는 한편, 추가로 허위 경력 자료를 만들어 제출하기로 한다. 관련 내용은 판결문에 아래와 같이 나온다.

2. O의 H대 의전원 부정지원 [위조공문서행사, 허위작성공문서행사, 위조사문서행사, 업무방해]

2014학년도 H대 의전원 수시모집은 입학사정 첫 단계인 서류전형 평가를 위해 학사 과정 전학년 성적증명서 외에 자기소개서와 비교과영역 성취 업적 기재서 및 관련 증빙서류를 제출하여야 한다.

그런데, 합격권 학생들 사이에서 정량평가인 성적에는 큰 차이가 없어 모든 입학사정 인자에서 미세한 차이로도 합격 여부가 좌우되므로 비교과영역에서 객관적이고 공정한 평가가 매우 중요하였다.

(중략)

피고인 A은 B과 공모하여, O이 2013. 3.경 AY대 우선선발 전형에서 불합격하자 2013. 6.경 2014학년도 H대 의전원 수시모집에 지원함에 있어 서류평가에서 높은 점수를 받기 위해 기존에 마련해 둔 허위 '경력' 자료를 활용하는 한편, 추가로 허위 '경력' 자료를 만들어 제출하기로 하였다.

피고인 A은 B과 함께 2013. 6. 16. O의 자기소개서를 작성하면서 ① "2007. 6. 9.~2009. 9. 27. 호텔 P 인턴", ② "2007. 7. 27.~2007. 8. 3. Z대학교 의료원 의과학연구소 인턴", ③ "2008. 3.~2009. 8. AA대학교 생명공학연구소 인턴", ④ "2009. 5. 1.~2009. 5. 15. H대학교 법과대학 J센터 인턴", ⑤ "2011. 7. 11.~2011. 7. 29. AB 인턴", ⑥ "2013. 3. 1.~현재 AD대 AT교육원 보조연구원" 등 허위 경력 사실을 기재하고, 그 증빙자료로 위조된 J센터장 교수 Y 명의의 인턴쉽 확인서, P 호텔 대표이사 명의의 2009. 10. 1.자 허위 실습수료증 및 인턴쉽 확인서와 함께 B이 마련한 ① Z대학교(이하 'Z대'라 한다) 의과대학 소아청소년과학교실 교수 BL 명의의 허위 인턴쉽 확인서, ② AA대학교(이하 'AA대'라 한다) 생명공학연구소장 BS 명의의 허위 체험활동확인서 및 O이 제3저자로 등재된 논문 초록, ③ AB BT연구소장 BU 명의의 허위 확인서, ④ AD대 AT교육원장 B 명의의 허위 연구활동 확인서, ⑤ AD대 총장 AF 명의의 위조된 표창장 등을 첨부하였다. O은 2013. 6. 17.경 H대 의전원 교학행정실에 지원서류를 제출함에 있어 자기소개서의 내용이 사실이라는 서약서에 서명을 한 후, 위와 같이 허위로 작성한 자기소개서와 허위 또는 위조된 증빙서류들을 제출하여 2013. 7.경 서류평가 등으로 진행되는 1단계 전형에서 합격하였다.

이로써 피고인 A은 B, O과 공모하여, 위조한 공문서인 J센터장 교수 Y 명의의 인턴쉽 확인서, 위조한 사문서인 AD대 총장 명의의 최우수봉사상 표창장과 허위로 작성된 공문서인 AA대 생명공학연구소장 명의의 허위 체험활동확인서를 각 행사하고, 위계로 써 H대 의전원 입학담당자들의 입학사정업무를 방해하였다.

청탁금지법 위반

조국은 딸이 부산대학교 의학전문대학원에서 공부하는 동안 노환중 교수로부터 6차례에 걸쳐 딸의 장학금을 받는다. 이 중에서 3차례는 조국이 문재인 대통령실의 민정수석으로 임명된 후이다. 이에 매 200만 원씩 총 1,200만 원을 받았으나 민정수석으로 공무원 신분이 된 다음부터를 적용하여 청탁금지법 위반에서 유죄를 받았으며 추징금도 600만 원을 부과하였다. 조국의 딸이 학교에서 장학금을 받던 상황과 관련 판결문에는 아래와 같은 내용이 나온다. 여기서 피고인 C는 부산대학교 의학전문대학원 노환중 교수이다.

> 마. 2017. 5. 17. O의 장학금 명목 200만 원 지급 및 수수
>
> 피고인 C은 O이 2016학년도 2학기도 가까스로 유급을 면하였음에도, 2017. 3. 3. O만을 2017학년도 1학기 장학금 수혜자로 재차 지정하여 2017. 5. 17. 자신의 개인 자금으로 O에게 장학금 200만 원을 지급하였다.
>
> 그 과정에서, 피고인 C은 그 무렵 학내에서 성적이 저조한 O에게 계속 장학금이 지급되는 것에 대해 학생들의 불만이 제기되는 사실을 알고 O에게 장학금을 다른 면담 조 학생들에게 말하지 말고 조용히 타라고 하였다.
>
> 피고인 A 또한 오랜 대학교수 재직 경험상 성적이 우수하지도 않고 가계가 곤란하지도 않은 O이 위와 같이 연속적으로 장학금을 지급받는 데다가, 그 무렵 O을 통해 피고인 C이 '장학금을 다른 면담조 학생들에게 말하지 말고 조용히 타라'고 말한 사실까지 알게 되었기 때문에, O에 대한 장학금 지급이 정상적이지 않다는 사

실을 충분히 인식하고 있었음에도, 2017. 8. 24.경 O에게 2017년 2학기 등록금 중 위 200만 원을 뺀 450만 원을 송금하여 O으로 하여금 장학금과 합쳐 2017년 2학기 등록금을 납부하도록 하였다.

조국의 딸이 2017년 3월 16일 가족 채팅방에서 어머니인 정경심 교수에게 "(부산대 의전원) 노환중 교수님이 장학금을 이번에도 제가 탈 건데 다른 학생들에게 말하지 말고 조용히 타라고 말씀하셨음!"이라고 하자 정경심 교수가 "ㅇㅋ. 애들 단속하시나 보다. 절대 모른 척해라."라고 답하는 등 조국과 정경심, 조국 딸이 주고받은 관련 메시지가 증거로 제시되고 있다. 조국은 노환중 교수에게 2017년 추석 무렵 청와대 표식이 있는 전통주 선물 세트를 선물하였고, 이를 조국 딸에게 "만나 뵈면 아빠가 보낸 추석 선물 받으셨는지 슬쩍 여쭈어보거라."라며 확인하도록 한다.

노환중 교수는 조국 딸에게 장학금을 지급하던 중 양산부산대병원장을 연임한다. 그 와중에 본원인 부산대병원장에 지원하는데 그때 조국이 민정수석으로 있는 "민정수석실에 '조민에 대한 장학금 지급 등 특혜의혹'에 관한 투서가 접수되고 학내에서도 민정수석 딸인 조민에 대한 특혜 제공 문제가 불거지는 등의 상황에서 부산대병원장 후보자 추천 이사회 표결 후보자로 추천되지 못하였다."라고 판결문에 나온다.

법원, "잘못 눈감고 반성 안 해"

재판부는 선고를 하면서 조국에 대해 "고려하는 양형 사유"를 "자녀 입시비리와 관련한 범행은 당시 저명한 대학교수로서 큰 사회적 영향력을 가지고 있던 위 피고인에게 요구되던 우리 사회의 기대와 책무를 모두 저버린 채 오로지 자녀의 입시에서 유리한 결과만을 얻어 낼 수 있다면 어떠한 편법도 문제 될 것이 없다는 그릇된 인식에서 비롯되었던 점, 피고인 A은 대학교수라는 자신의 사회적 지위를 이용하여 두 자녀의 입시가 이어진 수년간 동종 범행을 반복하였고, 위 피고인이 직접 위조하거나 허위로 발급받은 서류들을 제출하는 위계를 사용하고 이 사건 온라인 시험 부정행위에 적극적으로 가담하는 시간이 갈수록 그 범행 방법이 더욱 과감해져 갔던 점을 고려하면 위 범행의 동기와 죄질이 불량하다. 또한, 위 범행으로 인해 각 교육기관들의 입학사정 업무가 실제로 방해되었고, 입시제도의 공정성에 대한 우리 사회의 신뢰가 심각하게 훼손되었음은 물론, 위 피고인의 가족을 둘러싼 의혹들로 인해 극심한 사회적 분열과 소모적인 대립이 지속되었던 점을 고려할 때 그 범행으로 인한 결과와 이에 대한 피고인 A의 죄책 역시 매우 무겁다."라고 밝히고 있다.

또, "청탁금지법위반 범행과 관련해서는, 피고인 A은 대통령을 가장 가까이서 보좌하고 국정에 광범위한 영향력을 미칠 수 있는 Q수석의 지위에서 그 어느 공직자보다도 공정성과 청렴성에 있어 모범을 보였어야 할 책무가 있었던 점, 그럼에도 자녀에게 주어지는 장학금이라는 명목으로 적지 않은 금원을 반복적으로 수수하여 스스로 직무상 공정성과 청렴성을 의심받을 행위를 하였던 점에서 그 책임이 결코 가볍지 않다."라고 밝히고 있다.

직권남용권리행사방해 범행과 관련해서는 "대통령비서실의 사정업무를 총괄하는 민정수석의 지위에서 CB을 통해 고위공직자 등의 비리를 예방하고, 비리가 발견되면 이를 엄정히 감찰하여 그에 합당한 조치를 취해야 할 책무가 있었다. 그럼에도 피고인 A은 이 사건 감찰 과정에서 지속적으로 제기된 정치권의 부당한 청탁과 압력을 막아달라는 CB

의 요청에 눈감고 오히려 그 청탁에 따라 자신의 권한을 남용하여 정상적으로 진행되던 이 사건 감찰을 중단시켰다. 이로 인해 비리가 드러났던 감찰대상자는 별다른 불이익 없이 국회 JV으로 영전하는 받아들이기 어려운 결과가 발생하였다. 이는 사정권한을 부여받은 피고인 A 스스로가 공정의 잣대를 임의로 옮겨 국가기능의 공정한 행사와 사정기관에 관한 국민의 신뢰를 심각하게 훼손시킨 것으로서 그 죄질이 불량하고 죄책도 무겁다."라고 지적한다.

마지막으로 재판부는 "그럼에도 피고인 A은 이 법정에 이르기까지도 객관적인 증거에 반하는 주장을 하면서 그 잘못에 대해서는 여전히 눈을 감은 채 진정한 반성의 모습을 보이지 않는다. 이에 따라 피고인 A에게는 그 죄책에 상응하는 중한 처벌이 불가피한 것으로 판단된다."라고 설명하고 있다.

판결문에 제시된 최종 양형 사유는 아래와 같다. 여기서 피고인 A는 조국, 피고인 B는 정경심, 피고인 C는 노환중, 피고인 D는 백원우이다.

양형의 이유

1. 피고인 A

  가. 법률상 처단형의 범위: 징역 1개월 이상 15년 이하

  나. 양형기준에 따른 권고형의 범위: 판시 범죄사실 「2020고합2」 제Ⅲ.2항의 위조공문서행사죄, 허위작성공문서행사죄, 위조사문서행사죄 상호간 상상적 경합범으로 양형기준이 적용되지 않고, 「2020고합2」 청탁금지법위반죄 및 「2020고합55」 직권남용죄에 대하여는 양형기준이 설정되어 있지 않다.

  다. 선고형의 결정

   1) 유죄가 인정된 범행의 개요

가) 자녀 입시 관련 범행

피고인 A은 피고인 B, 딸 O과 공모하여 H대 의전원 지원서에 허위경력을 기재하고, 위조되거나 허위작성된 문서를 첨부하여 행사함으로써 H대 의전원 평가위원들의 입학사정 업무를 방해하였다.

피고인 A은 피고인 B, 아들 F과 공모하여 허위 발급된 문서로 출석을 인정받아 G고 학생출결관리 업무를 방해하고, F의 미국 K대 재학 중 이 사건 온라인 시험에서 부정행위를 하여 위 대학 담당 교수의 성적평가 업무를 방해하였으며, 대학원 진학과정에서는 지원서에 허위경력을 기재하고 위조되거나 허위발급된 경력자료를 첨부하는 위계를 사용하여 L대, M대 대학원 및 N대 법전원 입학담당자들의 입학사정 업무를 방해하였다.

나) 청탁금지법위반

피고인 A은 공직자로서 그 명목에 관계없이 동일인으로부터 1회에 100만 원을 초과하는 금품을 제공받아서는 아니됨에도 피고인 C으로부터 O의 장학금 명목으로 1회에 200만 원씩 총 3회에 걸쳐 금품을 수수하였다.

다) 직권남용권리행사방해

피고인 A은 피고인 D와 공모하여 청와대 CB에 대한 지휘·감독권을 남용하여 CM의 비위 혐의와 관련하여 진행 중이던 감찰을 중단시킴으로써 CB 관계자들의 권리 행사를 방해하였다.

2) 고려하는 양형 사유

가) 피고인 A의 자녀 입시비리와 관련한 범행은 당시 저명한 대학교수로서 큰 사회적 영향력을 가지고 있던 위 피고인에게 요구되던 우리 사회의 기대와 책무를 모두 저버린 채 오로지 자녀의 입시에서 유리한 결과만을 얻어낼 수 있다면 어떠한 편법도 문제될 것이 없다는 그릇된 인식에서 비롯되었던 점, 피고인 A은 대학교수라는 자신의 사회적 지위를 이용하여 두 자녀의 입시가 이어진 수년간 동종 범행을 반복하였고, 위 피고인이 직접 위조하거나 허위로 발급받은 서류들을 제출하는 위계를 사용하고 이 사건 온라인 시험 부정행위에 적극적으로 가담하는 시간이 갈수록 그 범행 방법이 더욱 과감해져 갔던 점

을 고려하면 위 범행의 동기와 죄질이 불량하다. 또한, 위 범행으로 인해 각 교육기관들의 입학사정 업무가 실제로 방해되었고, 입시제도의 공정성에 대한 우리 사회의 신뢰가 심각하게 훼손되었음은 물론, 위 피고인의 가족을 둘러싼 의혹들로 인해 극심한 사회적 분열과 소모적인 대립이 지속되었던 점을 고려할 때 그 범행으로 인한 결과와 이에 대한 피고인 A의 죄책 역시 매우 무겁다.

나) 청탁금지법위반 범행과 관련해서는, 피고인 A은 대통령을 가장 가까이서 보좌하고 국정에 광범위한 영향력을 미칠 수 있는 Q수석의 지위에서 그 어느 공직자보다도 공정성과 청렴성에 있어 모범을 보였어야 할 책무가 있었던 점, 그럼에도 자녀에게 주어지는 장학금이라는 명목으로 적지 않은 금원을 반복적으로 수수하여 스스로 직무상 공정성과 청렴성을 의심받을 행위를 하였던 점에서 그 책임이 결코 가볍지 않다.

다) 직권남용권리행사방해 범행과 관련하여 살펴본다. 피고인 A은 대통령비서실의 사정업무를 총괄하는 Q수석의 지위에서 CB을 통해 고위공직자 등의 비리를 예방하고, 비리가 발견되면 이를 엄정히 감찰하여 그에 합당한 조치를 취해야 할 책무가 있었다. 그럼에도 피고인 A은 이 사건 감찰 과정에서 지속적으로 제기된 정치권의 부당한 청탁과 압력을 막아달라는 CB의 요청에 눈감고 오히려 그 청탁에 따라 자신의 권한을 남용하여 정상적으로 진행되던 이 사건 감찰을 중단시켰다. 이로 인해 비리가 드러났던 감찰대상자는 별다른 불이익 없이 국회 JV으로 영전하는 받아들이기 어려운 결과가 발생하였다. 이는 사정권한을 부여받은 피고인 A 스스로가 공정의 잣대를 임의로 옮겨 국가기능의 공정한 행사와 사정기관에 관한 국민의 신뢰를 심각하게 훼손시킨 것으로서 그 죄질이 불량하고 죄책도 무겁다.

라) 그럼에도 피고인 A은 이 법정에 이르기까지도 객관적인 증거에 반하는 주장을 하면서 그 잘못에 대해서는 여전히 눈을 감은 채 진정한 반성의 모습을 보이지 않는다. 이에 따라 피고인 A에게는 그 죄책에 상응하는 중한 처벌이 불가피한 것으로 판단된다.

마) 다만, 피고인 A이 과거 국가보안법위반죄로 1회 처벌받은 전력 이외에 다

른 범행전력이 없는 점, 자녀들 입시비리 범행은 피고인 B이 주도한 범행에 배우자로서 일부 가담하게 된 것으로 보이는 점 등은 피고인 A에게 유리한 정상으로 참작하고, 그 밖에 이 사건 각 범행의 경위, 범행 후의 정황 등 이 사건 재판 과정에서 나타난 모든 양형 조건을 종합적으로 고려하여 주문과 같이 형을 정한다.

라. 법정구속 피고인 A에 대하여는 주문 기재와 같이 실형을 선고하나, 이 사건 재판 진행 및 심리 경과에 비추어 볼 때 주요 증거에 대한 조사가 완료되어 더 이상 증거인멸의 염려가 있다고 보기 어려운 점, 피고인 A의 사회적 유대관계와 이 사건 재판에 성실하게 임했던 태도 등에 비추어 볼 때 위 피고인이 도주할 우려가 있다고 보기도 어려운 점, 배우자인 피고인 B이 수감 중인 사정 등을 고려하여 위 피고인을 법정구속하지는 않는다.

2. 피고인 B

가. 법률상 처단형의 범위: 징역 1개월 이상 7년 6개월 이하

나. 양형기준에 따른 권고형의 범위: 판시 각 죄가 형법 제37조 후단 경합범으로 양형기준이 적용되지 않는다.

다. 선고형의 결정

 1) 유죄가 인정된 범행의 개요

  가) 자녀 F의 입시 관련 범행

   피고인 B은 피고인 A, 아들 F과 공모하여 허위 발급된 문서로 출석을 인정받아 G고 학생출결관리 업무를 방해하고, F의 미국 K대 재학 중 이 사건 온라인 시험 부정행위에 적극적으로 가담하여 위 대학 담당 교수의 성적평가 업무를 방해하였으며, 대학원 진학과정에서 지원서에 허위경력을 기재하고 위 피고인이 직접 위조하거나 허위발급된 경력자료를 제출하는 위계를 사용하여 L대, M대 대학원 및 N대 법전원 입학 담당자들의 입학사정 업무를 방해하였다.

  나) 위계공무집행방해 범행

   피고인 B은 자신의 투자와 차명 주식취득 사실을 숨기기 위해 피고인 A의 재

산신고 과정에서 채권을 허위로 신고하고 허위 소명자료를 제출하여 공직자윤리위원회 위원들의 재산신고에 대한 심사업무를 방해하였다.

2) 고려하는 양형 사유

가) 자녀 F의 입시와 관련한 피고인 B의 범행은, 자녀에게 유리한 입시결과를 얻기 위해 지원서의 경력 사항을 허위로 부풀리고, 대학교수로서의 지위를 이용하여 직접 허위경력에 부합하는 문서를 무차별적으로 위조하거나 허위 작성한 후 이를 행사한 것인바, 그 범행의 내용과 방법, 수단 등에 비추어 볼 때 죄질이 매우 불량하고 비난가능성도 크다. 이와 같은 범행으로 실제로 각 교육기관들의 입학사정 업무가 방해되었고, 그 결과 F이 합격한 입시전형에서 합격할 수 있었을 다른 지원자가 탈락하는 피해가 발생하였으며, 나아가 입시제도의 공정성과 기회균등에 대한 우리 사회의 신뢰와 기대도 심각하게 훼손된 점에서 이 사건 각 범행으로 인한 결과도 중하다. 또한, 피고인 B은 피고인 A 및 F과 공모하여 범행하는 과정에서 그 범행을 모두 기획하고 주도적으로 실행하였던 점에서 그 죄책 또한 무겁다.

나) 피고인 B은 공직자윤리법에 따른 재산공개, 주식 백지신탁 의무 등을 부담하는 고위공직자의 배우자였음에도 재산증식 목적으로 위법한 투자를 계속하였고, 이를 은폐하기 위해 적극적으로 허위의 차용증 등 문서까지 작출하여 공직자윤리위원회에 허위의 재산신고를 하였으며, 그와 같은 범행은 수년간 반복적으로 이루어졌다. 이와 같은 피고인 B의 범행은 고위공직자의 청렴성을 담보하기 위해 사회적 합의로 마련한 공직자재산신고 제도를 무력화시키고, 공직의 청렴성에 대한 사회적 기대를 무너뜨리는 중대한 위법행위로서 그 죄질이 불량할 뿐만 아니라 죄책도 가볍지 않다.

다) 다만, 피고인 B이 판결이 확정된 범죄사실 모두 기재 범행 이외에는 과거 어떠한 범죄로도 처벌받은 전력이 없는 점, 위 범행과 이 사건 범행을 동시에 판결하였을 경우와의 형평을 고려해야 하는 점, 건강이 매우 좋지 않은 상태인 점 등을 유리한 정상으로 참작한다. 그 밖에 피고인 B의 성행, 환경, 범

행의 동기와 경위, 범행 후의 정황 등 이 사건 재판 과정에서 나타난 모든 양형 조건을 종합적으로 고려하여 주문과 같이 형을 정한다.

3. 피고인 C

   가. 법률상 처단형의 범위: 징역 1개월 이상 4년 6개월 이하

   나. 양형기준에 따른 권고형의 범위: 청탁금지법위반죄에 대하여는 양형기준이 설정되어 있지 않다.

   다. 선고형의 결정

   이 사건 범행은 피고인 C이 사회적으로 저명한 피고인 A과의 우호적인 관계를 유지하기 위해 AG대 의전원 내부의 문제 제기에도 불구하고 장학금 지급의 명목으로 청탁금지법이 금지하는 금품을 제공한 것인바, 이는 고위공직자로서의 청렴성 유지의무를 장학금 지급이라는 편법적 수단을 통해 회피하려 한 것으로서 죄질이 좋지 않으며, 그에 따른 책임 역시 가볍지 않다.

   다만, 피고인 C에게 1회의 벌금형 전과 이외에 다른 처벌 전력이 없는 점 등을 유리한 정상으로 참작하고, 그 밖에 피고인 C의 성행, 환경, 범행 후의 정황 등 이 사건 재판 과정에서 나타난 모든 양형 조건을 종합적으로 고려하여 주문과 같이 형을 정한다.

4. 피고인 D

   가. 법률상 처단형의 범위: 징역 1개월 이상 5년 이하

   나. 양형기준에 따른 권고형의 범위: 직권남용죄에 대하여는 양형기준이 설정되어 있지 않다.

   다. 선고형의 결정

   피고인 D는 BZ비서관으로서 대통령과 Q수석의 국정운영이 헌법과 법률에 따라 공정하게 작동되도록 보좌할 책무가 있었음에도 이와 같은 의무를 저버리고 감찰대상자에 대한 정치권의 청탁을 대통령비서실 내부로 전달하였고, 위 피고인 스스로도 이와 같은 청탁에 가담하여 이 사건 감찰중단의 원인을 제공하

였다. 피고인 D는 피고인 A과 공모하여 이 사건 감찰을 중단시키고 감찰대상자에게 가해지는 불이익을 최소화할 구체적인 실행방안을 마련하는 등 이 사건 직권남용권리행사방해 범행을 사실상 주도하였는바, 그 가담의 정도와 범행의 결과를 고려할 때 죄책이 무겁다. 그럼에도 피고인 D는 이에 대한 반성의 모습을 전혀 보이지 않고 자신의 책임을 회피하는 태도로 일관하고 있다. 피고인 D에 대하여는 그 죄책에 상응하는 처벌이 불가피하다.

그 밖에 피고인 D의 성행, 환경, 범행의 동기와 경위, 범행 후의 정황 등 이 사건 재판 과정에서 나타난 모든 양형 조건을 종합적으로 고려하여 주문과 같이 형을 정한다.

라. 법정구속

피고인 D에 대하여는 주문 기재와 같이 실형을 선고하나, 이 사건 재판 진행 및 심리 경과에 비추어 볼 때 주요 증거에 대한 조사가 완료되어 더 이상 증거인멸의 염려가 있다고 보기 어렵고, 피고인 D의 사회적 유대관계와 이 사건 재판에 성실하게 임했던 태도 등에 비추어 볼 때 위 피고인이 도주할 우려가 있다고 보기도 어려운 점 등을 고려하여 위 피고인을 법정구속하지는 않는다.

조국 딸과 최순실 딸

조국의 딸 조민은 '조국 사태' 당시인 2019년 10월 4일 TBS '김어준의 뉴스공장'에 직접 출연해 "봉사활동이나 인턴을 하고 나서 받은 것을 학교에다가 제출했다. 위조를 한 적도 없다."라고 밝혔다. 그러면서 "어머니가 수사를 받고 있는 저를 보호하려고 자신이 하지도 않은 일들도 다 했다고 할 수도 있다고 한다. (어머니가) 저 때문에 책임을 지는 것은 견딜 수가 없다.", "언론 보도만 보면 어머니는 이미 유죄인 것처럼 보인다. 그런데 어머니는 이제 어머니의 진실을 법정에서 꼭 밝히실 거라고 생각한다."라고 말했다.[44] 그러나 조민의 어머니 정경심 교수 재판과 조국의 재판에서 그 모든 것은 허위로 결론이 났다. 이는 '조민의 7대 허위 스펙'으로 관심을 모았다. 조민이 직접 인터뷰를 하며 부인을 하고 나서자 조민에 대한 관심이 커져 갔다. 조민의 스펙이 허위인 것으로 밝혀졌기 때문에 이를 이용한 조민의 합격과 입학이 취소되어야 한다는 주장도 이어졌다. 하지만 교육부나 각 대학의 조민에 대한 추가적인 조치는 없었다. 이에 최순실의 딸 정유라 부정 입학 사태 당시와 비교하며 당시는 정유라 입학 취소 등이 바로바로 이어졌던 상황과 비교되었고 비판이 이어졌다.[45]

조민은 조국 재판 결과가 난 직후 유튜브 채널 '김어준의 겸손은 힘들다 뉴스공장'에 출연해 "부끄럽지 않게 살았다. 그래서 조국 딸이 아닌 조민으로 당당하게 숨지 않고 살고 싶다는 결심을 하게 됐다.", "사람들이 어떻게 생각할지는 모르겠지만 저는 자신에게 떳떳하다. 친구들과 가족들도 변함없이 있다."라고 밝혀 많은 뉴스를 탔다.[46] 조민은 인스타그램에 자신의 근황을 전하는 사진을 올리고 아버지 조국의 북콘서트에도 동행하고, 유튜브 채널을 개설해 활동하고 있으며 책을 내 작가로 변신하였고 자신의 책이 아버지의 『디케의 눈물』을 제치고 온라인 판매 1위에 오르기도 했다.[47]

정유라 · 조민 타임라인

2016년 9월 26일	국회 국정감사에서 정유라 이화여대 부정입학 의혹 제기
10.28	교육부, 이화여대 특별감사 착수 발표
10.31	이화여대 특별감사 착수
11.17	서울시교육청, 청담고·선화예종·경복초 중간 감사 결과 발표
11.18	교육부, 이화여대에 정유라 입학취소 요구
12.2	이화여대, 정유라 입학취소
12.5	서울시교육청, 정유라 청담고 졸업 취소
정유라: 71일 만에 졸업까지 취소	
2019년 8월 말	조민 부정입학 의혹 제기
8.27	검찰, 부산대 등 압수수색
2020.12.23	법원, 정경심씨에 대한 1심 선고 (조씨의 입학 스펙 7가지 허위 판결)
2021.3.24	교육부, 부산대에 조씨 입학부정 자체 조사 지시
조민: 약 2년째 진행 중	

출처: 남궁민 기자, "정유라 두달만에 '중졸' 됐는데…조민 19개월만에 조사 시작", 중앙일보, 2021.3.31.

조민 '7대 허위스펙' 1·2·3심 재판부 판단

	주요 허위 스펙 의혹	판단 이유(1·2·3심)	1·2·3심
1	동양대 총장 표창장	정경심 교수가 동양대 휴게실 PC로 위조	유죄
2	동양대 보조연구원	실제 근무 안 해	유죄
3	단국대 의과학연구소 인턴 및 논문 1저자	실제 논문 작성 기여 안 해	유죄
4	공주대 생명공학연구소 인턴	관련 연구나 실험 참여 안 해	유죄
5	KIST 인턴	이모 전 KIST 소장이 정 교수와 친분으로 허위 작성	유죄
6	서울대 공익인권법센터 인턴	조민씨 실제 인턴 안 해 조국 전 장관 허위발급 공모 세미나 동영상 女 조민 여부 허위성 영향 없다(2심)	유죄
7	부산 아쿠아팰리스 호텔 인턴	실제 인턴 안 해 조국 전 장관 허위작성	유죄

출처: 강광우 기자, "정경심 징역4년 확정…대법, 조민 7대 스펙위조 다 인정했다", 중앙일보, 2022.01.27.

최강욱과 조국, 혐오 정치

법정 밖에서 계속되는 거짓말

최강욱 의원은 조국 전 장관 아들에 대한 허위 인턴 확인서를 발급해 2023년 9월 18일 대법원에서 징역 8개월에 집행유예 2년을 선고받은 2심이 확정돼 의원직을 상실했다.

이와 관련 조국 전 장관은 계속해서 거짓말을 하고 있는 것을 알 수 있다. 조국은 인턴 활동을 실제로 했는데 한 시간 길게 해 줘서 문제가 된 것처럼 말한다. 이 대목에서 조국이 계속해서 거짓말을 하고 있고 국민을 우롱하고 있으며 얼마나 뻔뻔한 태도를 보이고 있는지 목격한다. 이는 조국 판결문의 내용을 보면 알 수 있다.

조국은 2023년 10월 11일 유튜브 채널 '새날'에 출연해 "(최 전 의원은) 저하고는 개인적으로 친한 선후배 관계였고, 자녀들도 저보다 최 의원을 더 좋아했다."라며, "아이들이 적은 인턴 근무시간보다 (실제 일한 것은) 한 시간 짧은 것은 맞는 것 같다."라면서도 "고등학생이 인턴으로 오면 시간을 더 써 주는 게 관례였는데 그것보다 적게 일했다고 처벌받았던 사례가 없다."라고 말한다. 그러면서 "최 의원이 끊어 준 인턴 증명서의 시간이 (실제와) 맞지 않다는 것인데 아마 최 의원은 계산해 보지도 않았을 것"이라며 "그 일로 아들의 대학원 입학은 취소되고 최 의원의 국회의원직도 박탈됐다."라고 한다. 그리고 이어 "최 의원도 판결에 동의하지는 않지만 감당하면서 새로운 길을 열어 나가지 않을까 생각한다."라고 덧붙였다.[48]

조국이 이야기하는 것처럼 시간을 한 시간 길게 써 주어 문제가 되었다는 내용은 조국의 판결문 어디에도 없다. 조국과 최강욱은 이런 내용을 주장하지 않는다. 최강욱은 계속해서 인턴한 것은 사실이라고 주장한다. 다만 과정에서 언제 몇 번 왔는지 몇 시간 일했는지를 계속해서 번복하며 오락가락 진술을 한다. 최강욱 의원의 말처럼, 당시 근무하였던 변호사나 직원들은 최강욱 의원 밑에서 인턴으로 일하는 학생을 보거나 그런 사람이 있다는 말을 들어본 적이 없다는 취지로 말하고 있다. 판결문은 조국 아들 스스로도 구체적인 일시, 교통수단 등을 특정하지 못하고 있다고 밝히고 있다. 그런데 조국은 법정에서는 하지 않던 말을 법정 밖에서 하면서 거짓말을 하고 있는 것이다.

아래는 판결문에 나와 있는 관련 내용 전문이다. 여기서 BI는 최강욱이고, F는 조국 아들이고 '위 피고인들'은 조국과 정경심이다.

나) BI은 2017. 5. 12. B, F과 전화통화를 한 후 B에게 "F 목소리도 오랜만에 들었네요."라는 문자메시지를 보냈다.

다) 위 피고인들은 2018. 2.과 3.경 F의 법전원 지원을 준비하며 지원서에 기재할 경력이 H대 J센터 인턴 외에 없다고 걱정하는 문자메시지를 주고받았다.

라) 위 피고인들과 F 및 BI은 수사기관과 이 사건 재판 및 관련 재판에서 이 사건 확인서의 작성 경위, 작성 방법, 위 확인서에 기재된 F의 인턴 활동 기간 및 시간, 활동 내용 등에 관하여 주장을 수차례 번복하거나 위 확인서의 기재 내용과 모순된 주장을 하였고, F이 BJ 사무실에 방문한 구체적 일시, 교통수단 등을 특정하지 못하고 있으며, 위 확인서에 기재된 활동내역 등을 뒷받침할 수 있는 객관적인 소명자료를 제출하지 못하고 있다[위 피고인들의 변호인은 2022. 1. 10. F이 2017년경 BJ에서 인턴 활동을 하였다는 소명자료로 BI이 2021. 6. 30.경 의

원회관 집무실에서 발견한 자료라고 주장하며 증가 제35호증(BI의 2017년 다이어리)을 제출하였다. 위 다이어리 1. 24.란에 "F 전화", 3. 23.란에 "신우변경 W 도움 E", 4. 14.란에 "F 연기", 5. 27.란에 "F 기록", 6. 16.란에 "F 기록 확인", 9. 19.란에 "F 주말연락"이라고 손글씨로 기재되어 있다. 그러나 위 다이어리의 대부분이 공란으로 되어 있고, 같은 날 다른 필기구로 기재되어 있는 부분도 있어 위와 같은 기재가 각 해당 날짜에 사실에 부합하게 작성되었는지 불분명한 점, 각 기재 내용 자체도 의미가 불분명하여 F의 인턴 활동에 관한 기재인지 알 수 없는 점, 각 기재 내용을 선해하더라도 'F이 2017. 1. 10.부터 2017. 10.11.까지 매주 2회 총 16시간 동안 변호사 업무 및 기타 법조 직역에 관하여 배우고 이해하는 시간을 갖고, 문서정리 및 영문번역 등 업무를 보조하는 인턴으로서의 업무를 수행하였다'는 취지의 이 사건 확인서의 기재 내용에 부합하지 않는 점 등을 고려하면, 위 증가 제35호증(BI의 2017년 다이어리)이 위 확인서에 기재된 활동내역 등을 뒷받침할 수 있는 객관적인 소명자료라고 인정하기 어렵다].

마) F은 2019. 9. 24. 검찰에서 조사를 받으며 BJ에서 인턴 활동을 하였다고 주장하며 "1주일에 2번 정도 BI의 사무실에 가서 인턴을 하였는데, 한번 가면 2~4시간 활동하였고, 청소를 하거나 서류정리, 오·탈자 검수, 복사, 커피 타는 잡무 등을 하였다."라고 진술하였다. 그러나 2017년경에 BJ에서 근무하였던 변호사나 직원들은 '그 무렵 정기적으로 사무실에 나와 직원들의 업무를 보조하거나 BI 밑에서 인턴으로 일하는 학생을 보거나 그런 사람이 있다는 말을 들어본 사람이 없다'는 취지로 진술하고 있다.

바) BI은 수사 초기에는 F이 '평일 18시 이후 야간 및 공휴일 중심 주 3회 정도' 활동하였다고 진술하였다가, 그 후 '평균 주 2회 이상, 1회당 평균 2시간 정도' 활동하였다고 진술하였다. 이후 업무방해 혐의로 기소된 관련사건 1심에서는 이 사건 확인서에 기재된 '총 16시간'은 F의 누적 활동 시간을 기재한 것이라는 취지로 그 진술을 번복하였다가, 항소심에서는 이는 법률 사무를 처리한 시간만을 합하여 기재한 것이고 복사, 청소, 잔심부름 등 잡무를 한 시간은 제외한 것이라고 다시 진술을 번복하였다.

뻔뻔스러움의 연대

　최강욱 의원은 형이 확정되자 "정치검찰이 보여 왔던 마구잡이 사냥식 수사, 표적수사, 날치기 기소… 그 부분에 대한 판단이 일체 없어서 많이 아쉽고요."라고 말했다.[49] 이는 변호사라는 사람이 하는 말로서는 더더욱 어울리지 않는다. 사실 관계에 대한 법리적 판단이 기본이 되어야 할 판결에 대해 판사가 정치적 판단을 하라는 말이 아닌가. 최강욱 의원이 이런 말을 소감으로 밝히고 있을 때 그 옆에는 김의겸 의원이 고개를 끄덕이거나 침통한 표정을 지으며 서 있었고 뒤에는 고민정 의원이 서 있었다. 끼리끼리 위해 주는 아름다운 풍경이지만 분명한 거짓을 두둔하며 얼굴을 내밀고 있는 모습은 극명한 '뻔뻔스러움의 연대'를 그대로 보여 준다. 그 외에도 민주당의 많은 젊은 의원들이 도열을 하여 법정으로 들어서는 최강욱 전 의원을 맞이하고 있었다. 뻔뻔스러움의 연대는 그들에게는 흔하고 자연스러운 모습이고 그들만의 전매특허지만 그들을 제외한 보통 국민들에게는 결코 찾아보기 어렵다.

　재판에서 최강욱은 정경심 교수 컴퓨터의 증거 능력 여부를 주장하며 빠져나가려고 했다. 실제 인턴 활동이 이루어지지 않았음이 법원의 판단이었지만, 정경심 교수가 컴퓨터에서 위조를 한 것도 있기 때문에 그 점에서 증거 능력이 인정이 되지 않으면 그 일부분을 가지고 파기 환송을 얻어내려는 재판 전략이었던 것이다. 그러나 그 전략은 받아들여지지 못했다.

　최강욱 의원은 재판이 3년 9개월이 걸렸다. 결국 4년의 국회의원 임기를 거의 다 채운 셈이 된 것이다.

　조국 아들의 허위인턴증명서를 최강욱이 발급해 준 사안은, 최강욱이 허위로 발급한 것을 이용해 정경심 교수가 최강욱의 직인을 위조해 새로운 활동 확인서를 위조하는 행위에 이르러서는, 죄책감이나 주저함이라고는 일체 찾아볼 수 없는 그 행위의 대범함에 놀라움을 금할 수가 없다. 허위 발급과 위조를 어찌 이렇게 아무렇지 않게 할 수 있을까. 정경심 교수가 위조를 한 것은 한두 건이 아니다. 직인을 오려 붙여 활동확인서와 상장 등을 위조하는 행위를 어떻게 이렇게 아무렇지 않게 할 수 있을까 의아하기만 하다.

아래는 최강욱 의원의 허위인턴확인서에 국한해 정경심 교수가 한 행위의 관련 판결문 전문이다. BI는 최강욱이고, F는 조국 아들이고 피고인 A는 조국, 피고인 B는 정경심이다.

   2) F의 2017. 10. 11.자 변호사 BI 명의 확인서 허위 발급
      위 피고인들은 상의하여 2017. 10.경 F의 대학원 지원을 앞두고 F이 다양한 인턴 활동을 한 것처럼 하기 위하여 피고인 A의 대학 후배이자 피고인들과 친분이 두터운 법무법인 BJ(이하 'BJ'라 한다) 소속 BI 변호사에게 부탁하여 허위 인턴 활동 확인서를 발급받기로 하였다.
      피고인 B은 F이 2017년경 BJ에서 문서정리 및 영문번역 등 업무를 보조한 사실이 없었음에도 불구하고, 2017. 10.경 BI 변호사에게 F이 BJ에서 인턴 활동을 한 것처럼 확인서를 작성해 달라고 부탁하며 이메일로 "F이 2017. 1. 10.부터 같은 해 10. 11. 현재까지 매주 2회 총 16시간 동안 변호사 업무 및 기타 법조 직역에 관하여 배우고 이해하는 시간을 갖고, 문서정리 및 영문번역 등 업무를 보조하는 인턴으로서의 역할과 책무를 훌륭하게 수행하였음을 확인한다. 2017. 10. 11. 법무법인 BJ 지도변호사 BI"이라는 허위 내용이 기재된 활동확인서 파일을 송부하여 BI 변호사로 하여금 위 확인서 말미 '지도변호사 BI' 이름 옆에 인장을 날인하도록 한 다음 이를 전달받아 2017. 10. 11.자 변호사 BI 명의의 확인서(별지1 기재 확인서, 이하 '이 사건 확인서'라 한다)를 허위로 발급받았다.

4. 피고인 A, 피고인 B의 N대 법전원 부정지원

 가. 허위 경력 작출

  1) BI 명의의 2018. 8. 7.자 활동확인서 위조 [피고인 B의 사문서위조]

   피고인 B은 2018. 10.경 F이 N대 법전원 입시에 지원함에 있어 대학교 재학 시절 법무법인 등 변호사 사무실에서 장기간 인턴 활동을 한 경력이 있는 경우 법전원 입시에 유리할 것으로 판단하고 위 3.나.2)항과 같이 허위로 작성된 이 사건 확인서를 이용하여 F이 장기간에 걸쳐 법무법인에서 인턴 활동을 한 것처럼 새로운 활동확인서를 위조하기로 하였다.

   피고인 B은 2018. 10.경 주거지에서 컴퓨터를 이용하여 "활동확인서, F은 2017. 1. 10.부터 2018. 2. 28.까지 주당 8시간씩 46주간 총 368시간 법무법인 BJ에서 문서정리 및 영문번역 등 업무를 보조하는 인턴으로서의 역할과 책무를 훌륭하게 수행하였음을 확인합니다. 2018년 08월 07일"이라고 작성하고, 이 사건 확인서를 스캔한 다음 말미에 기재된 '위 확인인 법무법인 BJ 지도변호사 BI' 및 인장 부분만을 캡처 프로그램으로 오려 위와 같이 작성한 활동확인서에 붙여 넣고 출력하는 방법으로 BI 직인을 임의로 날인하여 BI 명의의 2018. 8. 7.자 활동확인서(별지 2 기재 활동확인서, 이하 '이 사건 활동확인서'라 한다)를 만들었다.

   이로써 피고인 B은 행사할 목적으로 권한 없이 사실증명에 관한 사문서인 BI 명의의 이 사건 활동확인서를 위조하였다.

그들은 저급하게 가도 우리는 품위 있게 가자?

 이렇게 허위와 위조를 아무렇지 않게 범하고도 잘못에 대한 인정과 뉘우침이라고는 눈곱만큼도 찾아 볼 수 없는 최강욱 의원은 자신의 대법원 판결이 나오던 날인 2023년 9월 18일 자신의 SNS에 글을 쓰며, "참담하고 무도한 시대"라며 "When They Go Low, We Go High"라는 말을 쓴다. 이 영어는 "그들은 저급하게 가도 우리는 품위 있게 가자."라는 말로 미국의 버락 오바바 대통령의 부인인 미셸 오바마가 2016년 9월 19일 민주당 전당대회에서 공화당 대통령 후보였던 도널드 트럼프를 향해 했던 유명한 연설이다. 범죄자가 판결을 받고 "그들은 저급하게 가도 우리는 품위 있게 가자."라는 말을 하고 있으니 정말 그 역겨움이 뱃속에서부터 올라오지 않는가. 사람이 뻔뻔해도 어떻게 이런 지경까지 갈 수 있을까. 최강욱은 조국의 북콘서트를 쫓아다니며 마치도 조국의 꼬붕처럼 붙어서 웃고 있다. 두 범죄자가 세상 가장 고상한 사람들인 양 근사하게 말하고 행동하고 있는 것이다. 그리고 많은 사람들은 그 고상함에 박수 치고 열광하고 있다. 최강욱은 같은 SNS 글에서 "그럴 리 없겠지만, 혹여 저 때문에 낙담하시거나 포기하시는 일이 절대 없으시길 바랍니다. 양심세력이, 민주시민이 모여 결국 이 나라를 제자리로 돌릴 것입니다."라고 말하고 있다. "When one door closes, another one opens."라면서 "품격있게 다른 문을 열어 젖히는 길을 생각할 때라고 여깁니다."라고 쓰고 있다. 도대체 이 고상함을 가장하는 뻔뻔스러움과 가증스러움이란 어디서, 누구로부터 연유하는 것일까?

최강욱은 2013년 11월 19일 광주에서 열린 민형배 의원의 『탈당의 정치』 출판기념회에서 "동물농장에도 보면 그렇게 암컷들이 나와서 설치고 이러는 거는 잘 없다."라고 말했다. 이 말은 대통령 부인을 조롱하고자 한 것이었다. 옆에 있던 민형배 의원과 김용민 의원은 박장대소를 하였다. 박구용 교수가 윤석열 정권을 가리켜 "이제 검찰 공화국이 됐다고 봐야 한다."라고 말하자 최 전 의원은 "그렇다. 공화국도 아니고 동물의 왕국이 된 것"이라고 말했다. 박 교수가 "위험한 발언 아니냐."라고 되묻자, 최 전 의원은 "아니, 공화국이란 말은 그런 데다 붙이는 게 아니다."라고 지적했다. 박 교수는 "'동물농장'이란 책을 보면 지금 현실 정치와 비슷하다."라며 "동물농장은 원래 스탈린 정치를 비판하기 위해 쓴 것인데 비슷하다."라고 말을 이어 갔다. 그러다 "동물농장에도 보면 그렇게 암컷들이 나와서 설치고 이러는 거는 잘 없다."라고 말한 것이다. 여성 혐오 발언이었다.50

당연히 국민적 비난과 비판이 쏟아졌다. 22일 정의당 류호정 의원은 "진짜 인간 되기는 틀렸다."라고 비판했다.51 21일 배현진 의원은 자신의 SNS에 "'김대중의 민주당'은 그래도 품격이 있었고 '노무현의 민주당'은 그래도 열정과 진솔함이 있었다. '이재명의 민주당'은 그냥 저급하다."라고 말했다.

21일 이재명 당대표는 "국민의 공복으로서 부적절한 언행에 대해서는 관용 없이 엄정하게 대처하겠다."라고 밝혔다. 논란에도 불구하고 당사자를 지칭하지도 않은 두루뭉실한 발언이었다. 이날 밤 민주당 의원들의 카톡방에서는 설전이 오갔다. 강선우 대변인은 당사자도 가만히 있는데 대신 애매모호한 사과를 했다. 민주당 여성 의원들의 비판 성명은 사건 사흘이 지난 후에야 나왔다.

국민들의 반감과 여론이 매우 안 좋게 돌아간다는 것이 감지되자 22일 최 전 의원에 대한 긴급 징계가 이루어졌다. 민주당 최고위원회는 6개월 당원권 정지라는 비상 징계를 내렸다. 최강욱 전 의원은 조국 아들 허위 인턴 확인서 발급 건으로 국회의원 출마가 불가능한 상태이다. 하기에 6개월 당원권 정지는 구색을 위한 약한 솜방망이라는 평가가 따랐다.

혐오 정치

최강욱 옆에서 물개 박수를 치며 박장대소했던 김용민 의원과 민형배 의원은 그 후 막말 파문을 낳았다. 11월 26일 김용민 의원은 자신의 SNS에 "윤석열 정권이 권력을 사용하는 대범함을 놓고 보면, 22대 총선에서 조금만 유리한 결과가 나와도 계엄을 선포하고 독재를 강화하려고 할 것"이라고 썼다. 그러면서 "민주당은 '계엄 저지선'을 확보하기 위해 최소 단독 과반 확보 전략을 써야 한다."라고 주장했다. 그는 또 "반검찰독재 연합을 만들면 범야권의 큰 승리를 기대할 수 있다."라며 "21대 국회에서 윤석열 대통령에 대한 탄핵을 공동으로 발의하고, 대통령 임기 단축을 포함한 헌법 개정안을 공동으로 발의하면 연합에 대한 신뢰성을 확보할 수 있다."라고 말했다. 민형배 의원은 26일 오후 친명(친이재명) 성향의 유튜브 채널 '새날'에 출연해 "탄핵으로 '발목때기'를 분질러 놨어야 한다."라는 거친 말을 쏟아 냈다. 그는 "헌법이 규정한 탄핵 얘기를 안 하면 오히려 직무 유기다. (탄핵하면) 무슨 큰 난리라도 납니까."라며 "(윤 대통령이 검찰총장으로 재직하던 2020년 말) 여기 나와서 '윤 총장을 탄핵해도 역풍은 오지 않는다'고 얘기하지 않았나. 새 정부 출범할 때도 마찬가지다. (국민의힘이 지난해 4월 '검찰 수사권 완전 박탈' 법안에 대한) 합의를 파기했을 때 발목을 잡아서, 발목을 잡는 게 아니라 '발목때기'를 분질러 놔야 된다니까."라고 말했다. 민 의원은 한동훈 법무부 장관에 대해서도 거론하며 "한 장관이 탄핵감이 아니라고? 내 감으로는 검찰 세습 정권을 만들려고 한다."라고 했다.[52]

민형배 의원은 '검수완박' 법안 통과 당시 스스로 탈당하여 결정적 역할은 한 후 복당함으로써 '위장 탈당'이라는 논란을 낳았다. 더불어민주당은 '검수완박'을 강행하기 위해 전 민주당 소속인 양향자 무소속 의원을 법사위에 포함하는 방안을 세웠다. 한 명은 무소속에 안배해야 했기에 알맞은 사람으로 유리한 정족수를 만들려 했던 것이다. 그러나 양 의원이 '검수완박' 처리에 중립적인 의견을 내비치자 전략을 바꿨다. 2022년 4월 20일 법사위 소속 민형배 민주당 의원이 '검수완박' 강행을 위해 탈당을 진행한 것이다.[53] 민 의원이 찬성 의결함으로써 안건조정위원회를 무력화시키고, 법안은 통과되었다. 위장 탈당 논란에 대해 민 의원은 반발하였다. 하지만 2023년 4월 26일 위장 탈당이 아니라고 반박한 지 9일 만에 민주당에서 특별복당을 요청하는 형태로 복당하였다.

조국과 사노맹

남한사회주의노동자동맹 가입

조국은 울산대학교 교수를 거쳐 서울대학교 교수로 자리를 잡았다. 조국이 울산대학교 교수로 있을 당시 '남한사회주의노동자동맹' 사건이 발생했고 조국도 이에 연루되었다.

1990년 10월 30일 국가안전기획부는 '남한사회주의노동자동맹'을 적발하였다고 발표한다. 6·25전쟁 이후 남한에서 자생적으로 성장한 최대의 비합법 사회주의 혁명조직이었다. '남한사회주의노동자동맹'은 줄여서 사노맹으로 불리고 있다. 1991년 4월 3일 중앙상임위원 박기평(필명 박노해) 등 11명이 구속되었다. 1992년 4월 29일 중앙상임위원장 백태웅 등 39명이 구속되었다.

조국은 사노맹 산하 조직인 남한사회주의과학원에서 활동했다. 법원은 남한사회주의노동자동맹은 반국가단체로 규정했고, 남한사회주의과학원은 이적단체로 규정했다. 조국은 이 활동 전력으로 국가보안법 위반 죄를 적용해 구속되었으며 5개월의 형을 살고 나온다.

조국은 대학교 다닐 때 학생운동을 그리 적극적으로 한 것 같지는 않다. 자신이 쓴 책에서도 그렇게 말하고 있다. 그것은 주변의 증언을 통해서도 확인이 된다. 한 서울대 법대 82학번 동기는 "조국 그 친구는 '운동'을 열심히 하지는 않았다. 경력을 봐도 알겠지만 운동한 사람이 교수가 되는 코스를 그렇게 쉬지 않고 밟을 수 없다."라며 "조국은 법대 내에서 운동권이라고 확실히 말할 수 없는 반(半)운동권이었다."라고 회고

했다. "조국의 사노맹 활동은 사노맹 교재 만들고 책 읽은 정도라 사실 별 게 없다."라며 "사노맹 이력이 과장돼 알려지면서 오히려 훈장이 된 격"이라는 얘기도 나왔다.[54]

조국은 대학생 시절 활동에 대해, "당시 용어를 빌리자면, 나는 서울대 학생운동의 '전위'에 속하진 않았다. 주요 시위에 참가하고, 매년 여름 방학 동안 농촌활동에 참여하고, 나아가 학년 대표도 하고, 법대 학술지 편집실 편집위원에 이어 편집장도 했지만 학생운동에 온몸을 바친 쪽은 아니었다. 매 순간 갈등과 흔들림이 있었다."라고 피력한다.

조국은 대학원에 들어가 "별도로 사회주의 이론과 실천을 공부했다." 라면서, "1991년 말 소련은 자체 모순으로 붕괴했지만, 세계적 차원에서 자본주의의 모순은 여전했으며 한국 자본주의의 모순은 확대 재생산되고 있었다. 페레스트로이카를 통해 드러난 소련의 모습은 사회주의와는 거리가 멀었기에, 소련 붕괴의 충격은 그다지 크지 않았다. 한국의 진보와 개혁을 위해서는 자유주의―반공수구 자유주의가 아닌 진보적 자유주의라고 하더라도―만으로는 불충분했다. 한 걸음 더 나아가야 했다. '좌 클릭'이 필요하다고 판단했다."라고[55] 당시의 고민을 말한다.

조국이 사노맹에 가입하게 된 경위에 대해서는 "대학원 박사 과정을 수료한 후, 1992년 3월 울산대학교 법학과 전임강사로 채용됐다. 울산은 고향 부산에서 멀지 않은 곳이라 마음 편했고, 노동 운동의 메카라는 점도 끌렸다. … 울산행을 결심하면서 직간접적으로 노동운동을 도울 수 있을 것이라 생각했다. 당시 몇몇 지인들도 노동운동을 하러 울산에 가 있었다. 대학에서 학생을 가르치고 논문을 쓰면서, 종종 노동운동 단체의 요청에 응해 전공도 아닌 노동법 등에 대해 야간 강의를 했다. 대학원 시절에 부천 지역에서 1년 이상 노동야학을 한 경험이 있었기 때문에 별로 어색하지 않았다. 대학 졸업장을 포기하고 직업적 노동운동가가 된 여러 선배들의 길을 따를 용기는 없었지만, 할 수 있는 범위 내에서 '노학연대'를 하려 했던 것이다."라고 밝히고 있다.56 그러면서 "사노맹과 인연을 맺게 된 것은 백태웅 선배(현 미국 하와이 대학 로스쿨 교수) 때문이었다. 백 선배는 법대 1년 선배인 데다 고향 선배이자 동아리 선배이기도 했다. 이런 인연으로 대학 생활 내내 가깝게 지냈다. 대학원 박사과정에서 공부할 무렵, 백 선배가 사노맹을 만들어야겠다고 의지를 표시했다. 나도 자본주의 모순을 분명히 드러내고 독점재벌과 대결하는 운동은 반드시 필요하다는 신념을 가지고 있었기에 손을 잡기로 했다. 당시 나는 주체사상과 선을 그은 후 레닌주의 이론과 페레스트로이카 이론을 연이어 접하면서 자본주의 문제점과 극복 방안을 고민하고 있었다."라면서 "사노맹이 추구하는 사회주의와 내가 생각하는 사회주의 사이에는 차이가 있었다. 그러나 당시에는 이러한 차이가 중요하지 않았다. 소련은 붕괴했지만 한국에는 사회주의 운동이 필요하다고 판단해 동참한 것이다. 또 공부가 행동으로 이어져야 한다는 신념도 있었다."라고 설명한다.57

서울대 민간인 감금 폭행 사건

백태웅은 1984년 서울대학교 학도호국단장을 했다. 백태웅과 윤호중, 유시민 등은 서울대 프락치 사건 혹은 서울대 민간인 감금 폭행 사건의 가해자들이다. 윤호중은 이 사건으로 징역형을 선고받았다. 추후 정치권에 들어가 4선 국회의원이 되었으며 더불어민주당의 원내대표를 역임했다. 유시민은 이 사건의 '항소이유서'로 유명해졌다. 추후 정치권에 들어가 2선 국회의원을 하고 보건복지부 장관도 하는 등 화려한 이력을 거쳤고 TV 등에 지속 출연하면서 대중에게 많은 영향을 끼치고 있다.

'서울대 민간인 감금 폭행 사건'은 1984년 9월 17일부터 27일까지 백태웅 등 서울대학교 학생들이 학교 내의 타 학교 학생과 민간인 등 4명을 정보기관의 프락치로 판단하여 감금하고 폭행한 사건이다. 백태웅, 윤호중 등 서울대 학생들은 22시간에서 6일에 걸쳐 4명의 민간인들을, 옷을 벗기고 눈을 가린 채로 각목으로 구타하고 물고문까지 하는 등 폭행했다.[58] 피해자는 "물이 담긴 세면대에 머리를 처박거나, 바닥에 눕히고 주전자로 얼굴에 물을 붓는 등 물고문도 했다."라며 "나는 당시 누가 누구인지도 몰랐고, 눈을 가린 채 폭행을 당했기 때문에 사건의 전말을 몰랐다. 판결문에 따르면 유 이사장(유시민)은 피해자 소지품을 뒤져 신분을 확인하는 등 직접 프락치 색출작업을 했다. 유 이사장은 피해자들을 신문하면서 '계속 다른 말을 하면 나중에 두고 보자'는 등 협박성 발언도 했다. 가해자들은 유 이사장 앞에서 피해자들을 폭행했다."라고 전한다.[59]

피해자의 증언에 따르면 유시민 등 관련자들은 지금까지 단 한 번도 사과를 하지 않았다. 피해자 전기동 씨는 언론 인터뷰에서 "지난 1997년 유 이사장이 자기 책에서 '서울대 프락치 사건'이라는 명칭을 써서 소송을 걸었다. 피해자들은 프락치가 아니라 민간인들이었다. '서울대 프락치 사건'이 아니라 '서울대 민간인 고문 사건'이다. 판사가 합의를 권유하면서 유 이사장에게 사과하라고 하더라. 그때 처음이자 마지막으로 유 이사장이 제게 사과했다. 진심 어린 사과가 아니었다. 그 이후로도 소송 때문에 유 이사장을 만난 적이 있는데 사과는커녕 아는 체도 안 하더라."라고 말하고 있다. 기자가 "가해자인 유시민 이사장이 지난 4월 한 방송에 나와 서울대 민간인 고문 사건 때 쓴 항소이유서에 대한 얘기를 나누던 중 '울분을 풀기 위해 쓴 글인데 아직도 회자된다. 문장이 길고, 고색창연한 글'이라고 자랑하듯 말했다."라며 질문하자 피해자는, "피해자들은 아직도 고통받고 있는데 반성을 모르는 사람이다. 당시 사건은 민주화 운동과는 전혀 관련 없는 민간인 고문 사건이다. 유 이사장이 지난 2003년 국회의원 보궐선거에 출마하면서 선거 홍보물에 '이 사건 관련자들이 민주화 운동 유공자로 이미 명예회복을 하였다.'라고 적어 소송을 통해 바로 잡은 적도 있다. 유 이사장이 사건을 왜곡하는 발언을 할 때마다 고발이나 언론중재위 제소 등을 통해 바로 잡으려고 노력했다. 유 이사장이 TV에 나오는 걸 볼 때마다 그때 기억이 떠오른다. 요새는 유 이사장이 자주 나와서 TV를 거의 안 보는데 주변에서 또 그런 말(사건을 왜곡하는 발언)을 했다고 알려 주더라. 이제는 생업이 바빠서 일일이 바로잡지도 못하고 있다."라고 말하고 있다.[60]

피의자 윤호중을 소환한 민형배

이 사건은 최근 국회에서 한동훈 법무부 장관 후보자와 민형배 의원의 설전 과정에서 소환이 되기도 했다.

다음은 2022년 5월 9일 법무부 장관 후보자 인사청문회 중에 오고 간 설전이다.[61]

민형배: 노무현 대통령의 죽음이든 조국 전 장관 일가족에 대한 도륙이든 사과할 의사가 없다는 말씀이시죠?

한동훈: 노 전 대통령 사건에 대해서는 제가 알지 못하고 제가 관여한 바가 없고요. 조국 전 장관 사건은 제가 관여했는데요. 그것은 사과할 사건이 아니라고 생각합니다.

민형배: 당시 검찰의 그런 행위에 대해서 사과할 의사가 있냐고 묻는 거예요.

한동훈: 위원님, 제가 한 말씀 올려도 되겠습니까?

민형배: 네, 짧게 하세요.

한동훈: 과거에 민주화 운동을 하던 경우에도 민간인을 고문하던 분도 계셨습니다. 그렇지만 그런 일을 가지고 옛날에 그런 일이 있었다고 해서 민주화 운동 전체를 폄훼하지 않지 않습니까? 그런데 과거에 있었던, 어떤 저희가 관여하지 않았던 특정한 사안을 들어서 어떤 기관 자체를 폄훼하고 그리고 그 기능 자체를 없애야 한다고 하는 것에 동감하기 어렵습니다.

민형배: 조금 전에 후보자께서 민주화 운동을 하던 분들도 민간인을 고문했다고 그러셨나요?

한동훈: 저는 그렇게 알고 있는 사례가 있습니다.

민형배: 그거 자료로 제출해 주시고요.

한동훈: 그렇게 하겠습니다.

참으로 실소를 금할 수 없는 것이, 이때 민형배 의원이 소속한 더불어민주당의 원내대표이자 비상대책위원장인 윤호중이 바로 한동훈 장관이 말한 민간인 고문 사건의 주동자였다. 바보 같은 민형배는 자당 대표를 소환하는 부끄러운 사건을 눈치채지 못하고 오히려 부각시키며, 자료로 제출해 달라는 황당한 소극(笑劇)을 연출하고 있었던 것이다.

백태웅은 서울대 민간인 감금 폭행 사건으로 징역형을 선고받고 1년간 복역하였다. 이후 노동운동에 참가하였던 그는 1989년 박노해와 함께 남한사회주의노동자동맹 조직을 결성한다. 사노맹 사건으로 구속된 사람들 중에는 성남시장을 지낸 은수미도 있다.

조국은 법무부 장관 후보자로 지명된 후 이 사노맹 활동 전력이 논란이 되었다. 그는 법무부장 장관 후보자 인사청문회에서 "그때나 지금이나 전 자유주의자인 동시에 사회주의자다. 이는 모순되지 않는다고 생각한다."라고 말했다. "사회주의가 우리 사회에 필요하다."라며 "지금도 우리가 사회주의 정책을 충분히 받아들일 수 있다고 생각한다."라고 설명했다.[62]

조국은 2019년 8월 14일 인사청문회 사무실에 출근하며 "과거 독재정권에 맞서고 경제민주화를 추구했던 저의 1991년 활동이 2019년에 소환됐다."라며 "저는 28년 전 그 활동을 한 번도 숨긴 적이 없다. 자랑스러워하지도 않고 부끄러워하지도 않는다."라고 말했다.[63]

당시 바른미래당 하태경 의원은 조국의 이 발언을 두고, "한국의 좌파 운동권 출신들은 본인들의 과거사를 심하게 왜곡한다. 조국도 마찬가지"라며, "참 비겁하다."라고 지적했다. 하 의원은 "80년대 좌파운동엔 민주화 운동 측면뿐 아니라 대한민국 전복 운동이라는 두 가지 성격이 함께 있다."라며 "이 중에 좌파들은 민주화 운동만 인정한다. 한국의 과거사를 바로잡아야 한다고 그토록 절규하던 사람들이 본인의 과거사는 조작하고 은폐하는 것"이라고 밝혔다. 하 의원은 이어 "사노맹은 그중에서도 급진 과격했던 그룹에 속했다."라며 "집회 현장에 뿌려졌던 급진적 계급투쟁과 사회주의를 강조한 유인물은 학생운동권 사이에서도 외면 받았다."라고 했다. 그러면서 1989년 11월 사노맹 출범선언문에는 "40여 년 동안 허공을 떠돌던 붉은 악령, '혁명적 사회주의자'들이 마침내 남한 땅에 출현하였다.", "이제 전 자본가 계급을 향해 정면으로 계급전쟁을 선포한다."라는 내용이 들어갔다고 설명했다. 하 의원은 "20대 뜨거운 심장을 가졌던 시기 세상에 대한 이해가 부족해 잘못된 길을 갈 수도 있다."라며 "그러나 과거 자신의 활동을 대한민국 전복이 아니라 경제민주화 활동으로 포장하는 건 국민과 자기 자신에 대한 기만행위이며, 공직자에게 위선은 중대한 결격사유"라고 강조했다.[64]

은수미와 정진상

조국과 함께 같은 사노맹의 조직원이었던 은수미 성남시장은 관련 논란에 대해 조국을 적극 옹호하고 나섰다. 은수미 시장은 자신의 SNS에, "야당이 조국은 안 된다며 사노맹 마녀사냥을 또 시작했다."라면서 "조국은 안 된다는 야당 정치인에게 묻는다. 왜 당신은 그때 독재와 인권유린, 다시 떠올리기 힘든 죽음과 같은 고통에 저항하지 않았느냐. 왜 사람들의 아픔을 외면했냐."라고 썼다. 은 시장은 "사노맹과 연관된 모든 사람은 담담히 그 대가를 치렀다. 때가 되면 터지는 빨갱이 사냥의 무례함에도 눈을 감았다. 그리고 묻지도 않았다."라며 "그러면 당신은 왜 그때 저항하지 않았느냐. 독재가 정당하다고 생각했냐고 되묻고 싶다."라고 말했다. 또 "박노해, 백태웅, 은수미, 조국만이 사노맹이 아니다. 사람의 고통에 공감했던 수많은 젊은 영혼이 사노맹이었다."라며 "이들에게 더 이상 무례하게 굴지 말라."라고 경고했다. 은 시장은 "저항을 한 조국은 안 되고 가만히 있거나 동조한 당신은 된다고 생각한다면 당신은 부끄러움도 염치도 없는 것"이라며 "당신 자신부터 되돌아봐라."라고 목소리를 높였다.[65]

오신환 바른미래당 원내대표는 조 후보자를 향해 "사노맹이 경제민주화 운동을 벌였다니 사노맹이 경실련이냐."라고 쏘아붙였다. 오 원내대표는 "사노맹은 민주화 운동을 위해 결성된 조직이 아니라 사회주의

혁명을 위해 계급전쟁을 선포했던 '사회주의 운동' 조직"이라며 "사노맹 출신 인사들이 계급혁명 투쟁을 반독재 운동의 아름다운 추억쯤으로 포장·미화하는 것은 비양심적 자기 부정"이라고 성토했다. 은수미 시장의 옹호에 대해서도 "돼먹지 않은 질문"이라고 반박했다. 오 원내대표는 "그때 무엇을 했느냐는 돼먹지 않은 질문은 성찰적 고백과 거리가 먼 부적절한 언행"이라며 "왜 사회주의 혁명가로서 자신의 신념을 버리게 됐는지 국민과 당시 동지들에게 진솔하게 고백하고 해명하는 게 보다 떳떳한 자세"라고 했다.[66]

은수미는 이재명 성남시장이 2018년 경기도지사로 나가며 성남시장이 비었을 때 그 자리에 온 사람이다. 은수미는 조국이 대통령실 민정수석으로 있던 2017년 6월에서 2018년 3월까지 대통령비서실 여성가족비서관으로 있다가 성남시장에 출마한 것이었다.

특히 이재명이 유동규를 자신의 측근이 아닌 것으로 부정하며 자신의 측근이라 불리려면 "정진상, 김용 정도는 돼야 하지 않나."라고 직접 거명했던 정진상이 사노맹 조직원 출신인 것으로 알려지고 있다. 정진상은 1987년 부산 경성대 행정학과에 입학해 학생운동에 가담했고, 1989년 사노맹이 결성된 후 조직원이 된다. 1990년경 사노맹 지도부는 경성대학교 총학생회 노동분과위원장을 맡고 있던 정진상을 사노맹 학생위원회 위원장으로 임명한다.[67] 정진상은 혁명가 체 게바라를 좋아해 가명으로 '체'를 사용했다고 한다.[68]

은수미는 성남과 아무런 연고가 없다. 그럼에도 순조로이 낙하산으로 내려올 수 있었던 데는 조국 민정수석의 영향력과 이재명 측근 정진상으로 연결되는 사노맹의 연결고리가 작용했을 것으로 추정이 되고 있다.

조국은 자신의 책에서 박종철 군이 '고문살해' 됐다고 말하면서 "나는 '고문치사'란 언론용어나 판결에 동의하지 않는다. 물고문 등 각종 고문을 했을 때는 이미 살인의 '미필적 고의'가 인정된다고 보기에."라고 강조한다. 옷을 벗기고 눈을 가린 채 각목으로 폭행하며 물고문까지 했던 서울대학교 민간인 감금 폭행 사건의 가담자들, 얼마 전 더불어민주당의 원내대표이자 비상대책위원장이었던 윤호중, 그리고 유시민 같은 인사들에 대해서는, 무어라고 할까. 그들의 '살인의 미필적 고의'에 대해서는, 조국은 어떻게 생각할까. 그동안의 모습을 보면 묻지 않아도 이미 알겠지만, 적어도 한 번쯤은 스스로에게 진실된 물음을 던져 보아야 할 것이다.

조국의 데칼코마니 이재명

위선의 데칼코마니

 더불어민주당이 '조국 사태'를 겪고 그에 버금가는 사태로 '이재명 사태'를 겪고 있다. 조국과 이재명은 완전히 닮은꼴이다. 조국과 이재명은 '위선의 데칼코마니'다. 조국이 자신은 잘못한 것이 전혀 없으며, 오로지 윤석열의 희생양이라 주장하고, 개혁이라는 미명하에 검찰을 공격하는 것이 이재명 대표가 하는 말들과 완전히 판박이다.

 이재명은 위례·대장동 개발 특혜 비리, 백현동 개발 특혜 비리, 성남FC 후원금 의혹, 쌍방울그룹 대북 송금 의혹, 법인카드 유용 의혹 등 각종 범죄 혐의가 셀 수가 없을 정도로 많다. 여기에 선거 당시 허위 사실 공표 혐의도 있다.

 검찰은 국회에 이재명에 대한 체포동의안을 청구했다. 이는 2023년 2월 27일 국회 표결에서 부결되었다. 이후 수사가 진행된 백현동 특혜 의혹 및 쌍방울 대북 송금 의혹 사건으로 검찰의 체포동의안 2차 청구 가능성이 제기되었다. 이재명은 8월 31일 취임 1주년 기자 간담회에서 무기한 단식을 선언하고 단식에 들어갔다. 9월 19일 검찰은 이재명 체포동의안을 국회에 제출하였다. 2차 체포동의안은 2023년 9월 21일 표결에서 가결되었다. 이재명에 대한 영장 실질 심사가 9월 26일 진행되었고, 법원은 이재명에 대한 구속영장을 기각하고 불구속 상태로 재판을 받도록 했다.[69]

 이재명 구속에 실패한 검찰은 이재명을 불구속 기소하였고, 이재명은 불구속 상태에서 총 7가지 사건의 10가지 혐의로 수사와 재판을 받고 있다.[70] 이재명에 대한 체포동의안 국회 부결, 이재명의 단식 등 이재명이 검찰의 수사에 저항하자 이에 대한 국민 여론이 악화하면서 '이재명 리스크'가 되었다. 하지만 이재명 대표는 검찰 수사가 '정치 보복'이라면서 저항했고 이를 민주당의 지도부와 의원들 및 지지자들이 동조하여 검찰에 대한 압박을 계속하고 있다.

이재명은 대선 후보 시절은 물론 줄곧 국회의원 불체포 특권 포기를 주장했다. 그런데 정작 자신에 대해서는 이를 뒤집고 정반대로 행동하고 있다.
2023년 2월 23일 이재명은 기자 간담회를 갖고, "강도·깡패가 날뛰는 무법천지가 되면 당연히 담장이 있어야 하고 대문을 닫아야 한다."라며 자신을 향해 제기된 '불체포특권 포기' 요구를 거부했다. "대선 당시 불체포특권 폐지를 공약했는데 특권을 내려놓고 영장실질심사를 받을 계획이 없느냐."라는 기자들의 질문에 "(당시엔) 지금처럼 없는 사건을 만들어서 조작하는 걸 대놓고 할 것까지는 예상 못 했다."라며 "상황이 참으로 엄혹하게 본질적으로 바뀌었다."라고 밝혔다. 그는 "평화시대, 모두가 규칙을 지키고 예측 가능한 사회에는 담장도 없애고 대문도 열어놓고 사는 게 맞다고 생각한다. 그러나 정말 강도·깡패가 날뛰는 무법천지가 되면 당연히 담장이 있어야 하고 대문을 닫아야 한다."라고 덧붙였다. 또, "법치의 탈을 쓴 사법사냥이 일상이 되어 가고 있는 폭력의 시대"라며 "경제·민생이 어렵고 한반도 전운을 드리우는 위기 상황에서도 (정부가) 문제 해결보다는 '어떻게 야당을 파괴하고 정적을 제거할까, 어떻게 하면 다음 선거를 유리하게 하기 위해 구도를 바꿀까'에 골몰한다."라고 주장했다. 또 "국경을 넘어 오랑캐가 불법 침략을 하면 열심히 싸워 격퇴해야 한다. 저는 그걸 정치 과정이라고 생각한다."라며 "사법리스크가 아닌 검찰리스크다."라고 강조했다.[71]

2023년 2월 14일 이재명은 자신에 대한 검찰의 구속영장 청구가 임박했다는 전망과 관련 "제가 어디 도망간답니까?"라고 반문했다. 그러나 이재명 대표는 과거 박근혜 전 대통령이 국정농단 사건과 관련 구속 전 피의자신문을 받을 때 "언제 도망갈지 모른다."라며 "구속되는 게 당연한 사안"이라고 말했었다. 당시 성남시장이었던 이재명 대표는 국회에서 기자들을 만나 해당 발언을 하며 "박근혜 전 대통령 구속 여부가 사법이 살아있는지 죽었는지 보여 주는 바로미터"라고 주장했다. 이재명을 대선 주자로 부상시킨 사건이 박근혜 탄핵이었다. 일개 소도시 시장에 지나지 않았던 이재명이 박근혜 하야와 탄핵을 선창하여, '사이다'라면서 같은 편의 인기를 얻었고, 이후 "통치 권한을 사이비 교주 딸에게 넘겼다.", "대한민국이 원시 샤머니즘 무당통치국으로 전락했다." 등[72] 박근혜 대통령을 조롱하는 온갖 선정적인 말들을 만들어 선점하고 독점하면서 인지도를 확 끌어올렸다. 그렇게 박근혜를 향해 인정사정없던 사람이 자신에게 이르러서는 '정치 보복'이라며 '내가 어디 도망가냐'고 대꾸하고 있는 것이다.

[논평] '이대로 가면 토착비리범도 대통령이 된다'니!

더불어민주당 이재명 대표에 대해 검찰이 금명간 구속영장 청구 여부를 결정할 것이라고 한다.

마침 이재명 대표의 최측근인 정성호 의원이 정진상 전 대표실 정무조정실장을 면회하고, "이대로 가면 이재명이 대통령이 된다."라며 입막음을 한 사실이 전해졌다.

> 결국 이 대표에 대한 수사는 '토착비리범'을 밝혀내서 단죄를 받게 하느냐 아니면 '토착비리범도 잘만 하면 대통령이 될 수 있다'는 것을 국민들이 보게 하느냐의 싸움일 수 있다.
>
> 성남시장과 경기도지사의 지방권력을 이용해 정치자금을 '저수지'에 묻고 심지어 중견기업을 이용해 대북 공작까지 서슴지 않았음이 그간의 조사를 통해 밝혀지고 있다.
>
> '이대로 가면 이재명이 대통령이 된다'는, 결국 '이대로 가면 토착비리범도 대통령이 된다'는 말이나 다름없지 않은가.
>
> 토착비리로 승승장구해 중앙권력의 괴물이 된 자,
> 과연 어디가 종착지인지
> 검찰은 법과 정의를 엄중히 보여 주어야 한다.
>
> 2023. 2. 14.
> 국민의힘 안철수 170V 캠프 수석대변인 이종철

홍위병의 진화(進化), 조국에서 이재명으로

이재명과 조국은 다양한 측면에서 얽혀 있다. 민주당에서 이재명을 옹호하는 데 앞장서면서 강경한 목소리를 내는 대표적인 집단이 '처럼회'이다. 처럼회는 민주당 내 강성 초선 의원 모임으로 알려져 있다. 최강욱, 김남국, 김용민, 김의겸, 장경태, 민형배, 황운하 등이다.

최강욱 의원은 조국에게 조국 아들의 인턴 활동 확인서를 발급해 준 당사자이다. 앞에서 다루었지만 최강욱에 대해서는 굳이 설명이 필요

없다. 김남국은 이른바 '조국 수호 활동'으로 유명세를 탔다. 이른바 '조국 백서' 필자로 언론에 대서특필됐으며 그때마다 '친 조국 지지자', '친 조국 성향' 등의 수식어구가 따라붙었고 주요 언론의 스포트라이트가 쏟아졌다. 그런데 정작 조국백서가 나왔을 때 10명의 집필진 명단에 김남국은 없었다. 이른바 '조국흑서'『한 번도 경험해보지 못한 나라』의 공저자인 서민 교수는 "조국백서를 처음 읽었을 때 나도 김 의원 글이 빠져 있어 황당했다. 방송인 김어준도 저자로 들어간다고 했는데 빠져 있더라."라며 "정경심 교수와 조국 교수가 법원에서 유죄판결이 나온 것만으로도 조국백서 저자들은 사과해야 한다."라고 밝혔다. 서 교수는 김남국에 대해 "문재인 당시 정부 인사들에게 잘 보여 공천을 받았고, 조국백서 필자로 알려진 덕을 본 것도 맞다."라며 "그 책에 참여한 누구든 현재 반성해야 하는 게 맞다."라고 한다. 김남국은 '60억 코인 논란'의 당사자인데 이와 관련해서도 "조국 교수의 사모펀드 투자나, 이번 김 의원 코인 투자 등 대부분 규제 대상인데, 법이 현실을 늦게 따라가는 것은 정치인들이 이를 사적으로 악용하고 있기 때문"이라고 지적했다. 서 교수는 김남국의 코인 투자와 관련, "코인시장은 주식시장과 달리 24시간 돌아가는 것을 고려할 때, 코인에 투자하는 인사는 정치에 제대로 집중하지 못한다고 본다."라며 "김 의원의 경우 한두 푼도 아니고 상당한 재산이 들어갔는데, 최근에 청문회에서 '두 시간 잤다'고 언급한 적 있다, 100% 코인했다고 본다."라고 꼬집었다.[73]

김남국은 한동훈 장관 청문회 때 가져온 자료를 보며 질문하는 과정에서 "이 모(李某) 교수"를 "이모(姨母) 교수"로 오독하고서는 한동훈 장관에게 "딸이 이모하고 같이 논문을 썼다."라고 말하며 한 장관을 추궁하는 황당한 장면을 연출하기도 했다. 듣고 있던 한 후보자는 혼잣말로

"내 딸이 이모가 있었어?"라고 말하기도 했다.74 김남국이 "… 이 논문을 1저자로 썼습니다. 이모하고 같이. 공저자가 아니라 1저자로."라고 추궁하자, 한 후보자는 "누구와 같이 썼다구요?"라고 반문하고 김남국은 "이모하고요, 이모!"라고 강조하고, 한 후보자가 "제 딸이요?"라고 거듭 반문하자 김남국은 "그렇습니다!"라고 잘라 말한다. 한 후보자는 "이모하고 제… 이모…. 누구의 이모 말씀이신가요?"라며 말을 잇지 못하며 의아해한다. 보고 있던 국민들은 한숨을 쉬고 혀를 찼다. 이 장면은 아마도 자질 미달 국회의원의 레전드급 표본으로 길이 남지 않을까. 국민들은 서민 교수 말처럼 김남국이 코인하다 밤을 샜나 보다 여겼다. 실제로 김남국은 국회 상임위 회의 시간대에 200번 넘게 코인 거래를 했으며, 바로 이때도 김남국의 전자 지갑에서는 코인 거래가 이뤄졌다고 한다.75

김남국의 60억 코인 의혹은 조국 사태와 닮은 점이 있었다. 특히 2030을 중심으로 한 공정과 정의에 대한 상실감이 컸던 것이다. 민주당에 대한 민심의 악화, 특히 젊은 층을 중심으로 한 심각한 민심 이반이 초래되자 민주당 안에서도 "조국의 강을 건넜더니 '남국의 바다'에 빠졌다."라는 말이 나왔다.76

2023년 11월 27일 김용민은, 윤석열 탄핵안을 발의하고 '반윤연대'를 명확히 하자고 목소리를 높였다. 김용민은 "윤석열 정권이 권력을 사용하는 대범함을 놓고 보면 22대 총선에서 조금만 유리한 결과가 나와도 계엄을 선포하고 독재를 강화하려고 할 것"이라며 "민주당은 최소 단독 과반 확보 전략을 통해 윤 정권 심판과 계엄저지선을 반드시 확보해야 한다."라고 했다. "범야권의 '반검찰독재 연합'을 만들어 낼 선거제도를 설계할 수 있다면 그렇게 가야 한다."라며, "그러나 신뢰성 확보가 관건"이라며 "21대 국회에서 윤석열 대통령 탄핵을 공동으로 발의하고, 대통령 임기 단축을 포함한 헌법개정안을 21대 국회에서 공동으로 발의하는 것"을 두 가지 전제조건으로 주장했다.[77] 김용민은 진중권과 소송을 벌이기도 했다. 2020년 6월 22일 진중권은 김용민을 '조국 똘마니'라고 했다. 김용민이 윤석열 당시 검찰총장을 향해 "사상 최악의 검찰총장"이라고 한 기사 내용을 링크하며 진중권은 "누가 조국 똘마니 아니랄까 봐. 사상 최악의 국회의원입니다."라고 썼다. 이에 김용민은 진중권을 명예훼손으로 고소했다. 2021년 3월 24일 1심 판결은 김용민의 패소로 결론이 났다.[78] 김용민은 항소를 포기했다.

장경태는, 송영길 돈봉투 의혹 사건과 관련 "국회의원이 300만 원에 지지 바꾸겠나.", "50만 원은 한 달 밥값도 안 돼." 발언으로[79] 큰 비난을 받는 등 수많은 발언과 가짜뉴스 논란의 주인공이다. "조국 딸이 스카이캐슬이라면 한동훈 딸은 '아이비캐슬'"이라거나[80] "조국 전 장관이 평가받을 방법은 결국 정치밖에 없다."라는[81] 등 조국 옹호에 앞장서고 있다.

틈날 때마다 조국과의 친분을 과시했던 김의겸은 '윤석열-한동훈 청담동 술자리 허위 의혹 제기' 등 수많은 허위 의혹과 가짜뉴스의 대명사가 되어 있다. 조국은 김의겸의 북콘서트에 참석해 "언론에서도 김 의원을 보고 헛발질을 하는 것을 가지고 조롱도 하고 희화화를 하던데 저는 웃긴다고 생각한다."라며 "손흥민 선수가 슛할 때 다 골이 되지 않는다. 아마 확률도 계산해 보시면 10번에 1번 들어갈지 모르겠다.", "대홈런 타자라고 하는 이대호 매번 홈런 쳤나? 아니다."라며 두둔했다.[82] 얼토당토않은 비유에 당연히 국민들의 비난이 빗발쳤다.

한동훈 법무부 장관이 국회에서 이재명 대표 2차 체포동의안을 설명할 당시 민주당 의원들의 계속된 고성과 제지로 인해 중단이 되고 결국 축약해 보고를 마쳐야 했을 때 앞장섰던 인물들이 역시 양이원영, 김남국, 김용민 등이었다.[83] 진중권은 그들의 고성이 "저 공천 주세요!"로 들렸다고 일갈했다.[84] 국민을 짜증 나게 한 그 소란이 곧 있을 4월 총선 공천을 위한 아우성이었다는 비유다. 2022년 4월 윤석열 총장이 대통령이 되자 민주당이 다급하게 '검수완박'을 밀어붙일 당시도 처럼회가 주축이었다.[85]

이재명을 옹호하는 데 앞장서고 있는 민주당의 의원들은 조국 옹호로 유명세를 탔고 총선에서 공천까지 받은 경우가 대부분이다. 조국을 옹호하면서 검찰을 공격하던 조국의 '홍위병'들이, 이재명을 옹호하면서 검찰을 공격하는 이재명의 홍위병으로 진화(進化)해 있는 것이다.

"누가 3류고 누가 깡패고, 누가 악인인지…"

이재명 대표가 단식의 이유를 제 입으로 이실직고했다.
국민들이 다 알고 있는 사실과 일치한다.

"체포동의안의 가결은 정치검찰의 공작 수사에 날개를 달아줄 것"이라며,
"검찰 독재의 폭주 기관차를 국회 앞에서 멈춰 세워달라"고 말한다.

자신의 체포동의안을 부결시키기 위해 단식을 했다는 본색이 아닌가.

검찰 조사를 두고는 "3류 소설 스토리라인도 못되는 수준"이라고 말한다.
그렇다면 왜 민생 팽개치고 '생떼 단식'을 시작했는가? 정정당당하게 사법부의 판단을 구하면 됐지 않은가?

그렇다면 왜 민생 팽개치고 '생떼 단식'을 시작했는가? 정정당당하게 사법부의 판단을 구하면 됐지 않은가?

불체포특권 포기하겠다고 호언하더니 말은 왜 또 뒤집는가?

'정치검찰'이니 '민주주의'니 하지만,
이미 한동훈 장관이 밝혔듯이,
검찰의 공소장에는 '민주당 대표 이재명'의 범죄혐의는 없다.
오직 '성남시장 이재명'의 '지역토착비리' 범죄혐의만 있을 뿐이다.

이재명 대표는 검찰이 아니라 국민을 3류로 보고 있다.
이 대표가 갖은 꼼수를 써도 국민은 안다.

누가 3류고 누가 깡패고, 누가 악인인지…

2023.9.24. 이종철 SNS

이재명과 통합진보당

조국이 대학교 다닐 때 학생운동을 그리 적극적으로 하지는 않은 것처럼 이재명도 비슷했던 것 같다. 이재명은 자신의 자서전에서 학생운동과 거리를 두었다고 회고한다. 그런데 돌을 던지며 시위를 하는 투석전에만 참가했다고 밝히고 있다. "나는 집회에는 참여하지 않았다. 감옥 갈 각오를 하고 싸우는 친구들 옆에서 고시공부만 하는 내가 구호를 외치는 건 양심이 허락하지 않았다. 대신 학생들이 집회 후 투석전에 나서면 그때는 나도 뛰어들었다. 뒤통수 바로 위에서 최루탄이 터져 최루가스를 하얗게 뒤집어쓰고 몇 주간 두피가 벗겨지기도 했다."라고 자신의 자서전에 쓰고 있다.[86] 양심이 허락하지 않아 구호도 외치지 않았다면서 투석전에는 뛰어들었다는 황당한 이야기다. 이재명의 거친 성격에 투석전은 재미가 있었던 건지, 참 맥락이 없는 소리가 아닌가. 학생운동을 하지 않고도 조국이 86운동권들과 얽혀 있는 것처럼 이재명 주위에도 운동권들이 모여들어 있다.

우선 성남은 역사적으로 운동권 세력이 많이 발달했던 곳이다. 경기동부총련으로 일컬어지는 통합진보당 세력이 바로 성남을 근거지로 해서 발전한 것도 같은 맥락이다. 이재명은 통합진보당 세력과 직간접적으로 연결되어 있는 성남의 시민사회 진영의 도움으로 성남시장이 되고 경기도지사가 되었으며 대통령 후보까지 되었다고 해도 과언이 아닌 듯하다.

2010년 이재명이 성남시장이 될 때 이재명과 같이 손을 번쩍 들고 있는 사람이 통합진보당 의원 김미희이다. 당시 민주노동당 후보였던 김미희는 민주당 이재명 후보와 야권후보단일화를 했다. 이재명이 당선된 후 김미희는 선대본부장과 시장인수위원장을 맡았다. 그리고 2012년 총선에서 민주당과 통합진보당이 야권연대를 할 때 민주당은 통합진보당의 후보인 김미희를 야권단일후보로 민다. 그리하여 김미희는 성남 중원구의 국회의원에 당선된다.

'이종권 고문치사 사건'과 '이석 고문치사 사건'

이재명의 외곽조직 '민주평화광장'의 좌장격이라는 황인오는 '남한조선노동당 중부지역당 사건'의 핵심 인물이다. 1992년 당시 공안당국은 '남노당 이후 최대 간첩단 사건'이라고 밝혔다. 이재명 주위에는 기존의 86운동권들과 달리 95운동권들이 새로이 집결하고 있는 것으로 알려진다. 즉 전대협의 86 운동권에 이어 1990년대 학생운동을 했던 사람들로 '한총련 세대'라는 95 운동권들이다. 한총련은 전대협을 확대 재편해 이름을 바꾼 조직이다.

최근 이재명의 측근임을 내세워 총선을 준비하고 있는 사람들 중 눈에 띄는 인물들이 있다. 우선 정의찬이라는 인물이 나온다.

정의찬은 2023년 10월 22일 해남군 문화예술회관에서 자신의 책의 출판기념회를 했다. 그는 이재명 대표의 특보 명함을 큼지막하게 내세우고 있다. 2021년 8월 26일 정의찬은 경기도수원월드컵경기장관리재단 사무총장으로 임명이 되었다.

정의찬은 1997년 한총련의 산하조직인 남총련(광주전남지역 총학생회연합) 의장을 했다. 당시 '이종권 치사 사건'이 발생한다. 전남대학교 문학 동아리에 이종권이라는 사람이 들어왔는데 학생들이 겪어 보니 행적이 불분명했다 한다. 이에 총학생회실로 끌고 가 경찰의 프락치가 아니냐고 추궁하였고, 그 과정에서 때려서 죽인 것이다. 폭행 관련자가 18명이나 되었다. 특히 호흡 정지 상태에서도 구급차를 부르지 않았으며, 사망자가 다른 장소에서 우연히 발견된 것처럼 은폐하려 하고, 알리바이를 확보하기 위한 대책회의까지 했다 한다. 이들의 거짓말로 인해 사건은 보름이나 지나서야 실체가 밝혀진다. 여기서 주동자가 정의찬이다. 그는 1998년 2월 징역 6년을 선고받았고, 김대중 정권을 마감하던 2002년 12월 특별 사면 복권되었다.

또 한 명의 이재명 당대표 특보가 있다. 강위원이다. 이 사람은 전남대학교 총학생회장으로 1997년 한총련 의장을 했다. 강위원은 민주당 기본사회위원회 부위원장을 맡고 있다. 원외 친명계 대표 기구인 '더민주

전국혁신회의' 사무총장도 하는 등 이재명의 친위부대로 종횡무진 활약하고 있다. 강위원은 이재명에 대한 국회 체포영장 표결을 앞두고 "이번에 가결표 던지는 의원들은 끝까지 추적, 색출해서 당원들이 그들의 정치적 생명을 끊을 것"이라고 발언해 유명세를 타기도 했다.[87]

강위원은 '선반기능공 이석 치사 사건'과 관련돼 있다. 사건은 1997년 6월 3일, 한양대학교 내에서 5기 한총련 출범식을 준비하던 중 발생했다. 대학생들이 근처에서 배회하던 이석 씨를 경찰의 프락치로 몰아 15시간 동안 폭행하고 고문해서 죽인 것이다. 코에 최루탄 가루를 뿌려 고문하고, 침낭으로 싸서 물을 뿌리며 경찰 진압봉으로 때려 흔적을 남기지 않으려고도 했다 한다. 이석은 그 뒤 병원으로 옮겨졌으나 내상과 과다출혈로 이미 사망한 상태였다. 강위원은 이 사건 당시 한총련 의장이었다. 가담자들은 처음에 이석이 왜 죽었는지 모른다고 발뺌했으나 실제로는 사건을 축소 조작하는 대책회의까지 한 것으로 밝혀졌다.[88] 강위원은 직접 가담하지는 않았다며 피해 갔지만[89] 국가보안법 위반 등으로 5년형을 선고받았고,[90] 감옥에 있던 중 김대중 정권이 들어서면서 사면을 받고 2년 만에 풀려났다. 강위원은 그 뒤 운동권 시절 있었던 성폭력 혐의로 '미투 고발'을 당한 적도 있다.[91] 그를 잘 아는 인사에 따르면, 강위원은 광주에서 시민사회 운동을 했고 민형배 의원을 통해 이재명과 연결되었다고 한다. 이재명은 그에게 경기도농수산진흥원 원장을 맡겼고, 지난 대선 때는 비서실에서 후보 일정을 총괄하게 했다.

학생운동 몰락의 정점에서

1997년에 있었던 '이종권 고문치사 사건'과 '이석 고문치사 사건'은 1996년 이후 위기에 처했던 학생운동이 완전히 몰락하는 결정적 계기가 되었다. 언론은 "시민을 프락치로 몰아 숨지게 함으로써 스스로 부도덕한 집단, 폭력 집단임을 드러내고 말았다."라고 한총련을 지탄했고[92], 국민들도 같은 생각을 했다. 도덕성에 치명타를 입은 학생운동은 더 이상 명분을 찾기 어려워졌다. 1996년 '연대 사태'로 학생운동은 매우 심각한 고립 상황에 놓여 있었다. 과격하고 폭력적인 학생운동의 민낯을 적나라하게 노출하며 국민들로부터 크게 외면받게 된 것이다. 이런 상태에서 다음 해에 발생한 연이은 민간인 치사 사건은 학생운동의 몰락에 종지부를 찍었다.

1996년 연대 사태 당시 나는 고려대학교 총학생회장이었고 한총련 중앙위원이었으며 한총련이 그렇게 가서는 안 된다고 치열한 노선 투쟁을 전개한 선봉에 있었다. 많은 대학의 총학생회장들이 같은 생각을 했지만, 이미 급진 좌경맹동주의 노선이 학생운동 내에 심각하게 투영되고 있었고 재야 운동도 북한 추종주의가 만연하여 제동을 걸기에는 역부족이었다. 투쟁 방향과 방법을 결정하는 회의에서 나는 강력하게 문제 제기를 하고 급기야는 표결을 강행하려 하자 퇴장으로 부딪히는 등 맞섰지만 연대 사태는 그렇게 예견된 상태에서 전개되고 말았다. 사태의 여파 속에 나는 체포되었고, 구속 수감되었다. 재판 과정에서, '연대 투쟁'에 반대하며 폭력적이고 과격한 방식을 지양하고 대중 중심의 비폭력 투쟁으로 가야 한다고 주장했던 나의 행적들은 전혀 고려되지 않은 채 형이 선고되었다. 실형 2년을 받고 전주교도소에서 복역하던 중 나는 거의 동시에 발생했던 '이종권 고문치사 사건'과 '이석 고문치사 사건'의 소식을 감옥에서 들으며 형언할 수 없는 감정을 주체해야 했다. 어떻게 이런 일이 발생할 수 있는가, 어떻게 이 지경까지 간단 말인가, 학생운동은 이제 완전히 끝났구나 하는 탄식을 뱉어야 했다.

1980년대 번성하여 1990년대 절정을 치달았던 학생운동은 1996년 연대사태를 겪으며 결정적으로 꺾였으며 1997년 민간인 고문치사 사건을 거치며 더 이상 회생이 어려운 상태로 나아갔다. 물론 그렇다고 학생운동이 완전히 없어진 것도 아니고, 종북 주사파 활동이 완전히 사라진 것도 아니다. 그 명맥은 그 후에도 질기게 유지되었으며 오히려 2000년대 초중반 일정하게 다시 기지개를 켜게 됐고, 본격적인 정당 운동을 전개하면서 2014년 통합진보당 사태까지 치닫게 된다.

최근 한총련 세력이 이재명을 숙주 삼아 부활한다는 말들이 나온다.[93] 영화를 누릴 대로 누린 86세대가 김대중, 노무현을 거쳐 문재인 시기 절정의 꽃을 피우는 동안 한총련 세력은 뒤편에 밀려 있었다. 이재명이 86을 대신할 신진세력으로 한총련 세력을 탐낼 만했을 것이다. 그 틈을 타 학생운동의 결정적 몰락 당시 국민들의 지탄을 받았던, 결코 있을 수 없는 반인륜적 두 사건의 직간접 연루자들이 이재명의 주변에서 핵심적인 역할을 하고 있는 것이다. 더 거슬러 올라가 학생들이 민간인을 프락치로 몰아 구타하고 고문한 많은 유사 사건들의 시작이라 할 수 있는 1984년 서울대 민간인 감금 폭행 사건의 당사자인 백태웅, 윤호중, 유시민이 조국과 연결되고, 이재명이 1997년 민간인 치사 사건의 정의찬, 강위원 등과 연결되고 있는 것은 마치 우연 같지 않은 우연의 '평행이론'을 연상시킨다. 성찰과 반성이 없는 그들의 완벽한 대물림이자, 사실은 예정된 역사의 필연이다.

송영길과 86 청산

86 운동권 청산

송영길은 '운동권의 맏형'으로 통한다. 송영길은 1984년 연세대학교 총학생회장을 하였다. 학교를 졸업하고 노동 운동을 했다. 그러다 사법시험 공부를 해 합격하여 노동 인권 변호사로 전환했다. 송영길은 김대중 대통령에 의해 내세워져 1999년 재보궐선거에 나가면서 정치를 시작한다. 송영길은 국회의원을 다섯 번 했고 인천 시장을 했으며 더불어민주당의 당 대표를 하였다.

최근 더불어민주당 전당대회 돈봉투 사건이 불거졌다. 2021년 5월 2일 전당대회에서 송영길이 당 대표로 당선되던 당시 당내 국회의원들에게 돈봉투를 돌렸다는 것이다. 윤관석 의원 등 측근 인물들이 구속되고 수사가 계속되고 있다. 2023년 11월 20일 재판에서 검찰은, 김남국 의원 등 돈봉투를 받은 것으로 의심되는 의원 21명의 명단을 법정에서 공개하였다.[94]

이 와중에 2023년 11월 9일 송영길은 자신의 북콘서트에서 한동훈 법무부 장관을 공격하는 발언을 한다. 송영길은 한 장관의 탄핵을 주장하며 "한동훈을 반드시 탄핵해야 한다. 이런 건방진 놈이 어디 있나. 어린놈이 국회에 와 가지고 (국회의원) 300명, 자기보다 인생 선배일 뿐만 아니라 한참 검찰 선배인 사람들까지 조롱하고 능멸하고 이런 놈을 그냥 놔둬야 되겠냐. 내가 물병이 있으면 물병을 머리에 던져 버리고 싶다."라고 비난했다.[95]

이 모습이 영상을 통해 전해졌고 이는 많은 부정적 이미지를 남기며 86 운동권 청산에 불을 지폈다.

한 장관은 11일 입장문을 내고 "송 전 대표, 60세 정도 된 분"이라며 "대한민국의 60세이신 국민들은 산업화와 민주화의 역사를 이끌어 온 분들이고, 지금도 이 사회의 중추적 현역 생활인으로서 사회에 기여하고 가족을 지키는 역할을 한다."라고 했다. 이어 "송 전 대표 같은 사람들이, 어릴 때 운동권 했다는 것 하나로 사회에 생산적인 기여도 별로 없이 그 후 자그마치 수십 년간 자기 손으로 돈 벌고 열심히 사는 대부분 시민 위에 도덕적으로 군림하며 이번 혐오스피치 발언에서처럼 고압적이고 시대착오적인 생각으로 대한민국 정치를 수십 년간 후지게 만들어 왔다."라고 했다. 한 장관은 "송 전 대표 같은 사람들이 이번 돈봉투 수사나 과거 불법자금 처벌 말고도 입에 올리기도 추잡한 추문들에도 불구하고 마치 자기들이 도덕적으로 우월한 척하며 국민들을 가르치려 들고 있다."라고 했다. 한 장관은 또 "송 전 대표 같은 분들은 굳이 도덕적 기준으로 순서를 매기면 대한민국 국민 전체 중 제일 뒤쪽에 있을 텐데, 이런 분들이 열심히 사는 다수 국민 위에 군림하고 훈계해 온 것이 국민 입장에서 억울할 일이고, 바로잡아야 할 일이라고 생각한다."라고 했다. 한 장관은 민주화 운동을 한 인사들을 전부 비판하는 것은 아니라는 취지로, "저는 민주화 운동을 한 분들이 엄혹한 시절 보여준 용기를 깊이 존경하는 마음이 있다."라며 "그러나 이분들 중 일부가 수십 년 전의 일만 가지고 평생, 대대손손 전 국민을 상대로 전관예우를 받으려 하고 국민을 가르치려 들며 도덕적 우위를 주장하는 건 전혀 다른 문제"라고 했다. 한 장관은 "민주화는 대한민국 시민 모두의 공이었다고 생각한다."라고 했다.[96]

이에 11월 13일 민형배 의원은 "어이없는 ××(이)네, 정치를 누가 후지게 만들어."라며 "단언컨대 정치를 후지게 한 건 한동훈 같은 ××들"이라며 원색적으로 비난했다. 13일 유정주 의원은 "그닥 어린 넘도 아닌, 정치를 후지게 만드는 너는, 한때는 살짝 신기했고 그다음엔 구토 났고 이젠 그저 #한(동훈) 스러워"라고 자신의 SNS에 썼다.[97] '너', '구토'라는 말이 메인을 장식하며 기사가 쏟아졌다. 동시에 도가 지나친 막말에 대한 비판이 이어졌다. 14일 한동훈 법무부 장관은 기자와의 통화에서 유 의원의 이 같은 발언에 대한 입장을 묻는 질문에 "더불어민주당의 막말은 나이 문제가 아닌 거 같네요."라고 답했다.[98] 유정주는 하루 만에 다시 글을 써서는 "저도 자중할 터이니 입에 담기 힘든 혐오적인 어휘로 정치인들을 부르지 말기를 약속하면 어떨지요."라며 어제와는 다른 감정의 널뛰기로, '다 같이 혐오어휘 금지 약속' 제안을 한다.[99]

청년 정치인인 류호정 정의당 의원은 15일 방송 인터뷰에서 송영길의 말을 두고 "인간이 좀 덜된 것 아닌가 하는 생각이 들 정도"라고 비판했다. 류 의원은 "(송 전 대표에게) 꼰대라는 말을 붙이는 것도 부적절하다는 생각이 들었다."라며 "송 전 대표가 2021년 4월 당 대표 출마 선언 때 '꼰대 정치'를 극복해야 한다고 말했는데, 민주당이 꼰대 정치를 극복하지 못했음을 스스로 증명한 것 같다."라고 지적했다. 아울러 "꼰대 중에도 저 정도로 욕설하시는 분도 흔치 않다."라며 "공적인 자리를 지내고, 당 대표까지 지내신 분이 저런 말씀을 하시면 절대 안 된다."라고 강조했다.[100]

15일 윤희숙 전 의원은 방송 인터뷰에서 송 전 대표가 50살인 한 장관에게 '어린놈'이라고 한 것을 두고 "저 사람 기준으로 50이 어린놈이면 30대는 정말 '머리에 피도 안 마른' 나이다. 그 나이 때부터 여자 끼고 룸살롱 가서 술 먹고 이런 못된 버릇 때문에 지금 돈을 못 모은 것이지,

이십몇 년 동안 억대 연봉자가 자기가 돈이 없다고 한 장관까지 끌고 와서 얘기할 문제는 아니다."라고 지적했다. 그러면서 "금수저, 흙수저 이런 걸 상기시키면서 선동하고 싶었던 것 같은데, 송 전 대표는 20여 년 동안 억대 연봉자로 살아왔다."라며 "지금도 몇억 전세밖에 안 된다는 이야기는, 30대부터 저분은 룸살롱을 다니신 분 아니냐."고 말했다. 이는 송 전 대표가 14일 SBS 라디오 '김태현의 정치쇼'에서 "한 장관이 나보다 나이가 10살 더 어린데 검사를 하셔서 재산이 43억이고 타워팰리스에 살고 있다."라며 "나는 돈이 부족해서 서울에 아파트를 얻지 못하고 연립주택 5층에 지금 4억 3,000만 원 전세 아파트에 살고 있다."라고 말한 것을 두고 하는 말이었다. 윤 의원이 이 말을 하자 언론에서는 '새천년NHK 사건'이 소환되었다.[101]

한 장관도 22일 이 사건을 언급했다. 한 장관은 기자들의 질문에, 송영길 전 대표가 이날 CBS라디오에서 "사법고시 하나 합격하고 갑질한다."라고 공격한 것에 대해 "송 전 대표 같은 일부 운동권 정치인들이 겉으로 깨끗한 척하면서 'NHK' 다니고 재벌 뒷돈 받을 때 저는 어떤 정권에서나 재벌과 사회적 강자에 대한 수사를 엄정하게 했다."라고 날을 세웠다.[102]

새천년NHK 사건

'새천년NHK 사건'이란 2000년에 86 운동권의 도덕성과 관련 큰 파문을 낳은 사건이다. 1963년생으로 30대였던 송 전 대표와 우상호 의원 등 386 운동권 출신 정치인들이 2000년 5월 17일 5·18 광주 민주화 운동 기념식 전날 전야제를 마친 후 광주광역시 '새천년NHK'라는 상호의 유흥주점에 가서 다수의 여성 접대부를 대동하고 술을 마신 사실이 알려진 것이다.

새천년NHK 사건은 운동권의 도덕성과 관련 큰 화제가 되었다. 이 사건은 같은 운동권인 임수경에 의해 세상에 알려졌다. 호출을 받고 이 자리에 불려 가게 된 임수경이 이 광경에 큰 충격을 받고 폭로를 한 것이다. 우상호 의원은 현장에서 문제 제기하는 임수경에게 폭언까지 했다고 한다. 임수경은 이날 일을 '제3의 힘'이라는 진보 진영의 커뮤니티에 글로 써서 올렸다. 그리고 논란이 되자 지웠다. 그러나 이 글은 이미 퍼지고 옮겨져 많은 곳에 남아 있다.

아래는 임수경이 올린 글 전문 일부이다.

…

… 그곳은 새천년 NHK 라는 가라오케였습니다. …

문을 열자 송영길 선배가 아가씨와 어깨를 붙잡고 노래를 부르고 계시더군요. 박노해 시인은 아가씨와 부르스를 추고 있었고 김민석 선배는 양쪽에 아가씨를 앉혀두고 웃고 이야기하느라 제가 들어선 것도 모르는 것 같았습니다.

마이크를 잡고있던 송영길 선배님은 저를 보고 같이 노래를 부르자는 듯이 손짓을 하셨고 얼핏 보기에 정범구 박사를 포함하여 김성호, 장성민, 이종걸, 김태홍, 이상수 의원 등이 있더군요. 저는 아가씨들이 있건 말건 선배들에게 인사나 하고 가려고 다가서는 순간 누군가 제 목덜미를 뒤에서 잡아끌며 욕을 하더군요. 야 이년아, 니가 여기 왜 들어와, 나가 …

믿고싶진 않지만 이 말을 한 사람은 우상호씨였습니다. 술집 아가씨들은 놀라서 모두 저를 쳐다보았고, 저는 매우 당황 했습니다. 우상호는 ─미안합니다. 저는 이 사람에게 더 이상 존칭을 붙여주고 싶지 않습니다. ─ 다시금 말했습니다.

이놈의 기집애, 니가 뭔데 이 자리에 낄려고 그래? 미친년… 저는 일단 방을 나와 저와 함께 온 전야제팀이 앉아있는 방으로 갔습니다. 흥분된 마음을 진정시키려고 참외를 하나 집어들었는데 우상호가 들어와 앉더군요. 그는 다시 말했습니다.

아 그 기집애, 이상한 년이네. 아니 지가 뭔데 거길 들어와, 웃기는 기집애 같으니라고……

386, 사람들은 386이 어쩌구 하며 회의와 의심의 눈초리를 보내지만 저는 386이라는 이름에 자부심을 갖고있습니다. 그 386의 기반은 바로 5월의 광주입니다. 80년대의 학생운동은 그것으로 부터 시작되었고, 지속되었습니다. 광주를 떠나서는 386은 존재 하지 않습니다.

…

그런데 다른 일도 아니고 망월동 참배를 위해 광주에 내려왔다는 사람들이, 386을 내세워 국회의원 선거전에 나와 그것을 기반으로 당선되었다는 사람들이, 낮에는 망월동에서 광주의 영령을 추모하던 사람들이 그렇게 광주의 정신을 밟아버렸습니다.

…

더이상 믿음도 희망도 걸 곳이 없음에 앞이 캄캄합니다. 다음날 아침 신문에는 386 당선자가 망월동 묘역을 참배했다는 기사가 신문마다 났더군요. 술에 취했던 그들은 다음날인 5.18 아침에 대통령이 참석한 기념식에 마치 아무 일도 없었다는듯이, 밤새 광주 영령을 진심으로 추모했다는 듯이 진지하고 엄숙한 표정을 짓고 있었겠지요.

…

> "386 DNA"
>
> 송영길 참 부끄럽다.
> '같은 운동권'이었다는 게 더더욱…
>
> 돈 봉투 살포하며 히히덕거리던 그 무감각과 무죄책감이 '같은 운동권들'은 참 부끄럽지 않은가.
>
> 정치를 하러 들어간 운동권들이 저렇게 썩어빠진 걸 보고도 옛날의 운동권들은 왜 지지하는 것이며, 거꾸로 검찰과 정권을 비판하는가?
>
> 송영길이나 조국이나, 운동권 386의 핏속에는 죄를 짓고도 반성은커녕 되려 더 큰 소리치는 DNA가 들어있다고 국민들은 생각한다.
>
> 한동훈 장관의 말이 구구절절 맞다.
>
> 2023. 11. 11. 이종철 SNS

386의 정치 진출

민주당의 386들은 1992년 총선을 필두로 김대중 대통령에 의해 대거 발탁되어 내세워졌다. 김민석 의원은 1992년 불과 27세에 공천되어 선거에 나섰고, 이인영(전대협 1기 의장), 우상호, 임종석(전대협 3기 의장), 오영식(전대협 2기 의장) 등이 모두 2000년에 선거에 나왔다. 그렇게 해서 국회의원이 된 사람들이 2000년이면 나이가 고작 서른 살 남짓 되었을 텐데 그때부터 지금까지 수십 년을 몇 번이나 국회의원을 하고 있는 것이다. 86 운동권들은 몇 차에 걸쳐 차례로 정계에 들어왔는데 2004년 노무현 정부 당시 노무현 탄핵으로 치러진 선거에 대거 등장하였다. 그들은 탄핵 역풍의 바람을 타고 국회의원이 되었다고 해서 '탄돌이'라고 불렸다.

김대중 대통령의 전통 민주당을 깨고 열린우리당을 창당한 노무현 대통령을 따라간 국회의원은 고작 40명뿐이었다. 그런데 총선에서 승리한 열린우리당은 152석이 되었다. 이 숫자의 차이만으로 어떤 변화가 있었는지 감지할 수 있을 것이다. 이때 열린우리당의 공천을 받고 나온 사람들은 전통 민주당과 완전히 결이 다른 운동권들이었고 여기의 중심이 386들이었다. 여전히 재야에 남았던 386이 정치에 대거 뛰어들어 성공한 것이 2010년 지방선거였다. 2009년 노무현 대통령의 죽음 후 2010년 천안함 폭침 사태를 겪으며 치른 지방선거였기에 그 표심의 향배가 어찌 될지 초미의 관심이 모아졌다. 결과는 민주당의 압승이었고 이때 구청장 등 지방 정권에서 새로 등장한 젊은 인물들이 역시 386이었다. 재야를 떠돌던 안희정이 일약 충남지사로 부상한 것도 이때였다.

이렇게 차례로 정치권에 인입되며 성장한 386은 민주당의 선배 정치인이 되었지만 여전히 연령이 50~60대로 국회의원을 4선, 5선 한 그 선수에 비추어 보면 나이가 많은 것도 아니다.

이들을 바라며 그 어느 때보다 86 운동권에 대한 청산 움직임이 거세다. 청년 정치인 류호정 의원 등 많은 MZ 세대도 이제는 퇴장하라는 비판이 빗발친다. 송영길 전 대표가 뱉은 말이 씨가 되어 그만 자신들의 오랜 치부인 2000년의 '새천년NHK 사건'까지 소환이 되어 버렸지만 그들이 김대중 대통령에 의해 대거 정치에 내세워졌던 그해, 일부는 곧바로 국회의원 배지를 달았던 바로 그 직후에 벌어졌던 일이기에, 그리고 그 도덕적 파문의 극명한 사건이기에 참으로 아이러니하게도, 아주 멀거나 우연한 일처럼 다가오지 않는다. 어쩌면 바로 그때부터 386의 타락은 이미 예정된 수순이자 필연이었던 것처럼. 참으로 아이러니한 오버랩이다.

우당(友黨) 윤석열 퇴진당?

　조국이 총선에 나가는 것이 기정사실이 되는 가운데 송영길은 조국에게 러브콜을 보내고 있다. 송영길은 비례 전문 신당을 창당해 총선에 나가겠다고 공언했다. 여기에 조국을 끼워 넣고 싶어 하는 것 같다. 송 전 대표는 "전국구용 신당을 심각하게 고민하고 있다."라며 "개혁적이고 검찰 독재와 제대로 싸울 수 있는 정당, 민주당을 견인할 수 있는 정당이 필요하다."라고 말했다. "조국 전 법무부 장관도 명예회복을 도모할 수 있다."라며 조 전 장관과 연대할 가능성을 시사했다.[103] 조국과 같이 정당을 만들어 비례 전문 정당으로 국회 의석을 가져가 보겠다는 것이다.
　송영길은 윤석열 퇴진당을 만들겠다며 민주당을 향해서 우당(友黨)이라고 불러 달라고 했다. 2023년 12월 4일 송영길은 라디오 인터뷰에서 "지역구에서는 경쟁력이 있는 민주당 후보로 힘을 모아 주고 비례대표 영역에서는 민주당 우당으로 가칭 '윤석열 퇴진당'에 힘을 모아 주면 서로 윈윈할 수 있지 않겠나."라고 말했다.[104] 우당이라는 말은 북한에서 조선노동당 독재를 위장하기 위해 자신들도 야당이 있다면서 몇 개 정당을 내세우고 지칭할 때 쓰는 말이다. 송영길의 입에서 매우 익숙한 듯 나오는 단어가 국민들에게는 생경하다.
　송영길은 돈봉투 사건이 터졌을 때 곧바로 검찰청에 찾아가는 '퍼포먼스'를 연출했다. 검찰이 부르지도 않았는데 '다른 사람을 괴롭히지 말고 자신을 조사하라'며 검찰청에 간 것이다. 당연히 '항의 방문'성 일방 출두에 검찰이 응할 리 없다. 퍼포먼스만 퍼포먼스답게 요란했다. 그 후 12월 8일 송영길에 대한 소환 조사가 이루어졌다. 정작 송영길은 소환되어 조사를 시작하자 묵비권을 행사하겠다고 말한다. "검사 앞에 가서 아무리 억울한 점을 해명해 보아도 실효성이 없습니다. 판사 앞에 가서 하겠습니다."라고 말한다.[105] 국민들로서는 정말 웃기는 풍경이 아닐 수 없다.

사쿠라 김민석

86 청산론에 불을 지피고 있는 인물로 김민석이 화제다. 김민석은 김대중 대통령 덕에 1992년 불과 27세에 공천되어 선거에 나섰다. 2002년 만 38세(?) 때 여당인 새천년민주당의 서울시장 후보까지 된다. 어려서부터 너무 잘 나가던 나머지 교만에 젖었던 듯하다. 승승장구하던 김민석이 꼬인 것은 2002년 대선 당시 노무현 후보를 가장 먼저 버리고 정몽준에게 간 일이었다. 철새 정치인이라는 이미지가 강하게 붙었고 김민새(김민석+철새)라는 별명이 생겼다. 노무현의 당선으로 이어진 일련의 과정을 거친 후 이때부터 꼬인 김민석의 행보는 오랫동안 겉돌게 된다. 그러다 2020년 총선에서 공천을 받고 다시 돌아오게 될 것이다. 그런 김민석의 행보가 이재명을 지키는 데 앞장서는 것으로 나타나고 있다.

2023년 9월 25일 김민석은 원내대표 선거에 나서며 "이재명 대표가 오는 26일 법원의 영장실질심사 결과 구속돼도 사퇴 이유가 될 수 없다."라고 밝히며 다른 3명의 후보를 향해 이 같은 원칙을 공동 천명하자고도 제안한다. "어떤 경우든 이번 총선을 앞두고 비상대책위원회가 없다는 것을 명확히 해야 한다."라며 "이 대표 중심으로 선거를 치른다는 원칙을 공동 천명하기를 요청한다."라고 밝혔다. "만에 하나 이 대표가 구속돼도 구속적부심, 보석 재판에서의 무죄 입증을 통한 법적 투쟁을 하겠다고 천명해야 한다."라며 "이 대표를 지키는 게 총선에 승리하고 민주당을 지키는 것"이라고 말했다.[106]

김민석은 그래도 386을 대표하는 송영길과 같은 386의 좌장 격인데, 하는 행동이 참으로 가관이라는 말밖에 나오지 않는다. 386 부끄러움의 좌장 역할을 같이 도맡아 나서는 격이다. 결국 젊은 날 정치적 욕심 때문에 판단이 흐렸듯이 지금도 정치적 욕심 때문에 저렇게 판단이 흐릴 수 있구나 싶다. 나는 고려대학교 총학생회장을 하던 1995년 연말 1996년 총선을 앞두고 당시 김대중 총재를 만나는 자리가 있었고 그때 재야의 가교로서 허인회와 김민석을 꼭 공천해야 한다고 강력하게 말을 했던 적이 있다. 그때 그 인연이 있어 김민석에 대한 남다른 감정이 있다. 그런데 저렇게 몰락하는 모습을 보니 그저 초라하고 안타깝기만 하다.

김민석은 최근 신당 행보를 보이는 이낙연을 비판하다 도리어 자신의 부끄러운 과거가 소환되었다. 김민석은 전날 언론 인터뷰에 이어 2023년 12월 12일 국회 기자회견에서 "이낙연 신당론은 윤석열 검찰 독재의 공작정치에 놀아나고 협력하는 사이비 야당, 즉 사쿠라 노선이 될 것"이라고 말했다. 또 "정치인 이낙연은 검찰 독재와 치열하게 싸운 적 있나. 과연 싸울 생각은 있나."라며 "민주당 덕으로 평생 꽃길 걸은 분이 왜 당을 찌르고 흔드나."라고 반문했다. 이런 김민석을 보며 조응천 의원은 이날 SBS라디오 '김태현의 정치쇼'에 나와 "'김민새'라는 별칭이 붙었던 분이 어느새 완전 친명(친이재명) 전사가 돼 있다."라며 "(이전 대표를 향한 비판은) '셀프 디스'"라고 지적했다. 이원욱 의원도 SNS에 김 의원이 86그룹(80년대 학번·60년대생)임을 상기하며, "86 기득권 정치인 청산이라는 국민적 요구에 애써 눈감는 우리가 부끄럽다."라며 "자성보다 비난의 칼을 들이대는 '누구'가 아닌 저 자신이 부끄럽다."라고 적었다.[107]

한심한 박홍근, 김태년

그동안 민주당에서 원대대표를 한 사람들을 보면 죄다 386인 것을 알 수 있다. 대표적으로 2016년~2017년 우상호, 2019년~2020년 이인영, 2020년~2021년 김태년, 2021년~2022년 윤호중, 2022년~2023년 박홍근 등이다. 박홍근은 자신의 원내대표 정견 발표의 일성(一聲)을 문재인과 이재명을 수사로부터 지키겠다는 것으로 삼았다. "예상되는 문재인 대통령과 이재명 상임고문을 향한 탄압 수사만큼은 반드시 막아 내고, 국민의 소중한 정치적 자산으로 지켜야 한다."라며 "정치 보복과 검찰 전횡이 현실화되면 모든 걸 내걸고 싸우겠다."라고 했다.[108] 박홍근은 정권 교체 후 야당이 된 거대 야당의 첫 원내대표가 되었다. 명색이 공당의 원내대표가 목숨 걸고 할 일이 국민의 삶을 위한 것이 아니라 전직 대통령과 대통령 후보의 수사를 막는 일이라는 게 386이 하는 말인 것이다. 참 한심하지 않은가. 박홍근은 88학번으로, 386의 막내 격이며 전대협 말기인 1992년에 경희대학교 총학생회장을 했다. 민주당에서 국회의원을 3번째 하고 있다.

김태년도 말 많고 탈 많은 인물이다. 경희대학교 수원캠퍼스 총학생회장 출신으로 2004년 '노무현 탄핵 역풍'으로 국회의원이 되었으며, 그 후 4번째 하고 있다. 많은 논란 중 '쪽지 청탁' 사건이 있다. 2018년 1월 22일, '국민생명 지키기 3대 프로젝트' 당정협의를 하던 중 당의 정책위 의장을 맡고 있던 김태년이 옆자리 앉은 김영주 고용노동부 장관에게 쪽지를 써서 주는 게 카메라에 포착이 되었는데 "○○○○○, 문제 삼지 말아 주세요! 김태년 사업"이라는 내용이 적혀 있었던 것이다. 카메라가 찍고 있는데 정책위 의장이라는 사람이 장관에게 버젓이 쪽지 청탁을 하고 있었으니 전라도 말로 정말 '얼척없는 인간'이었던 것이다.

"징그러운 레밍, '87 기득권 체제'의 완전한 몰락"

'이재명 사태'가 보여준 것은 '87 기득권 체제'의 완전한 몰락이다.
국민들이 보기에 비상식적인 행동과 모습이 민주당에서 나왔다.

87 기득권 체제의 공고했던 386 운동권 집단.
그들이 저토록 역겹게 무너지고 있는 것이다.

그들을 떠받쳤던 민주주의라는 것과 그들이 독점했던 역사적 도덕성이라는 것이 일거에 몰락하고 있다.
그런데 그 끝이 너무나도 초라해 슬프게까지 느껴진다.

일개 토착비리 범죄혐의자, 영악하기 이를 데 없는 여우 한 마리를 지키는 데 그들은 그들의 모든 것을 바쳤다.
맹목적으로 모든 것을 쏟아붓고 소진함으로써 완전히 추락하고 있다.

레밍증후군 정치.

민주주의를 독점하며 공고한 성채를 누렸던 386 운동권 집단이 영악한 여우 한 마리의 레밍이 되어 그 꽁무니를 잡고 절벽에서 뛰어내리고 있다.

그 모습이 너무나 비루하고, 징그럽다.

2023.9.26. 이종철 SNS

유시민

가장 위선적인

조국 사태 당시 진보의 위선을 가장 극명하게 드러낸 인물은 유시민이다. 유시민은 시종일관 조국을 옹호했다. 심지어 '증거 인멸'을 '증거 보전'이라고 둔갑시켜 두둔했다. 본디 말을 청산유수처럼 하는 놀라운 재능을 가진 유시민이, 희한한 논리를 만들어 청산유수처럼 말하며 사실과 여론을 호도했다. 동양대 총장에게 전화해 거짓말 시나리오를 종용하는 모습은 믿기지가 않는다. 최성해 동양대 총장의 법정 증언에 따르면 "나도 언론에 있기 때문에 좀 좋게 시나리오로 써야 되니까, 웬만하면 (표창장 발급 권한을 정 교수에게) 위임했다고 얘기하라."라고 했다는 것이다. 거짓말을 교사하고 있는 모습이다.

유시민이 청년들의 시위를 모함하는 발언은 더더욱 놀랍다. 유시민은 조국 임명 반대 시위를 하는 서울대학교 학생들을 향해 "왜 마스크로 얼굴을 가리고 하나", "뒤에서 자유한국당 손길이 어른어른한다."라는 말을 무책임하게 한다. 자신도 대학생 때 반정부 시위를 했던 사람이 어떻게 이렇게 입장이 다르다고 정반대의 말을 하고, 함부로 말을 할 수 있는지 그 지성을 의심하지 않을 수 없는 모습이다.

문재인 대통령은 2019년 8월 9일 조국을 법무부 장관 후보자로 지명하였다. 그 후 조국 후보자에 대한 자격 논란이 제기되고 커져 갔다. 2019년 8월 27일이다. 검찰은 조국 일가 의혹에 대해 압수수색을 진행했다. 부산대 의학전문대학원, 서울대, 고려대, 코링크PE, 학교법인 웅동학원 등에 대한 동시다발적 압수수색이 이루어졌다.

8월 29일 유시민은 TBS '김어준의 뉴스공장'에 출연해 "아주 부적절하고 심각한 오버였다."라고 지적한다. 그러면서 "아마 윤석열 검찰총장은 조국 후보자가 사퇴하는 것이 국가적으로 바람직하다, 이렇게 판단한 것 같아요. 거기 그런 판단을 내리게끔 밑에서 작용한 검사들의 경우에는 또 다른 동기가 있을 수 있죠. 조국 싫다, 법무부 장관 오는 거."라고 말한다.[109]

유시민은 조국 법무부 장관 후보자 이슈를 다루는 언론 보도에 대해 "사실을 확인하는 데 열의도 없고 동기도 없다."라고 주장하며, "집단 창작"이라고 말한다. 그는 "조 후보자가 심각한 도덕적 비난을 받거나 불법적 일을 한 게 하나도 없다."라고 옹호하면서 "청문회에서 (결점이) 드러나면 후보자가 스스로 사퇴하리라 본다."라고 밝혔다.[110]

9월 4일 유시민이 조국 후보자 딸의 동양대 총장 표창장 위조 의혹과 관련해 최성해 동양대 총장에게 전화한 사실이 5일 알려졌다. 전화를 건 사람들은 유시민과 더불어민주당 김두관 의원이었다. 유시민과 김두관은 모두 전날 최 총장에게 전화를 건 사실은 인정했으나, 조 후보자 딸 논란과 관련한 사실 관계 확인을 했을 뿐이며 '조 후보자를 도와달라'는 취지의 통화는 아니었다고 선을 그었다. 유시민은 연합뉴스와의 통화에서 "최 총장과 통화한 적이 있다. 제 기억엔 어제 점심 때쯤이었던 것 같다."라며 "그러나 (조 후보자를 도와 달라는) 제안을 드린 적이 없다. 저도 '유튜브 언론인'이라 사실 관계에 관한 취재를 한 것"이라고 말했다. 그는 "언론 보도에서 언급된 (조 후보자를 도와 달라고 전화했다는) '여권인사 A씨'가 저를 말하는지는 모르겠다. 제가 아닐 거라고 전 생각한다."라며 "왜냐하면 저는 '이렇게 하면 조 후보자를 구하는 데 도움이 된다'는 제안을 드리지 않았기 때문"이라고 강조했다. 그는 "최 총장을 잘 안다. 예전에 저를 교수로 초빙한 적이 있지만 사양했고 동양대에 강연이나 교양강좌도 간 적이 있다."라며 "그래서 동양대에서 나간 것이 총장상인지 표창인지, 기록이 남아 있는지, 봉사 활동 내용이 무엇이었는지 사실 관계를 여쭤본 것"이라고 말했다.[111]

그러나 최성해 총장의 증언은 다르다. 최 총장은 2020년 3월 정경심씨 재판에 증인으로 나와 '위증을 할 경우 처벌받겠다'는 증인 선서를 한 뒤 해당 내용을 자세하게 증언하기도 했다. 최 총장은 "김 의원, 유 이사장으로부터 '정경심의 요구대로 해달라'는 부탁을 받았다."라며 "유 이사장이 '나도 언론에 있기 때문에 좀 좋게 시나리오로 써야 되니까, 웬만하면 (표창장 발급 권한을 정 교수에게) 위임했다고 얘기하라'고 했다."라고 증언했다. 최 총장은 "김 의원도 비슷한 요구를 했다."라면서 "김 의원이 '웬만하면 정경심 교수가 얘기하는 것 해 주면 안 되겠느냐'고 했다. 위임이라는 단어는 없었지만 '정 교수가 말한 대로 해 달라'고 했다."라고도 증언했다.[112]

가족 인질극?

9월 14일 유시민은 김어준의 유튜브 채널에 출연해 조국의 상황이 '가족 인질극'이라고 주장한다. 유시민은 "부족한 사실을 갖고 조립을 하듯 맥락을 만드는 것이라면 가족 인질극"이라며 "조국에게 물론 문제가 발견될 수도 있다. 그러나 제가 아는 바로는 조국 자신에게는 무슨 문제가 생길 수 없으니 조국을 주저앉히는 방법은 가족을 인질로 잡는 것"이라고 말한다. 이어 "조국이 사퇴를 하면 모든 일을 덮겠나. (아니다) 다 쏴 죽이는 것이다. 가족 인질극을 하는데 자신들이 옳았다는 것

을 증명하기 위해서라도 끝까지 죽이는 거다."라고 말한다.[113]

유시민은 "(조 장관 의혹을) 연극으로 치면 언론 문제 제기와 야당 폭로가 1막, 검찰 압수수색과 대통령이 임명할 때까지가 2막이었고, 지금 3막이 열린 것"이라며 "대통령이 방아쇠를 당겼고, 새로운 3막은 어디로 갈지 모른다. 리스크를 안고 대통령도, 저도 가는 것"이라고 말한다.[114]

유시민은 "동양대 건(件) 전체가 조 장관을 압박해서 스스로 사퇴하게 만들기 위한 작업이었다고 판단했다."라면서 "언론인들이 검찰에서 직간접적으로 흘러나오는 정보를 거의 무비판적으로 갖다 써서 '조국과 부인이 (딸) 스펙을 위해 상장을 위조했네.'라는, 이미 유포된 대중적 편견과 인식을 강화하는 수단으로 계속 사용했다."라고도 주장했다.[115]

유시민의 발언들이 논란이 되자, 이종철 바른미래당 대변인은 15일 논평을 통해 "'조국 사태'가 깨우쳐 준 다행스러운 점이 있다면 대한민국 최고의 사이비 언술가인 유시민 이사장의 실체를 벗겨 보여 준 일"이라고 말했다. "유 이사장은 자신을 두고 '문재인 대통령도 상당히 만족해하신다'며 흡족해했다"라며 "흔히 '부끄러움을 모르는 사람'을 '공자도 포기한 사람'이라고 한다. 세 치 혀로 모든 것을 정당화하는 유 이사장이야말로 공자도 포기한 사람의 표본일 것이다."라고 일갈했다.[116]

증거 인멸이 증거 보전!

9월 24일 유시민은 '유시민의 알릴레오 시즌2' 첫 생방송에서 "'시민' 정경심이 약자"라고 말한다. 조국의 아내 정경심 교수에 대한 구속영장 청구를 예측하면서 "저는 우리 법원을 그렇게 믿지 않는다. 정상 국가에서는 발부 확률이 0%지만, (우리 법원은) 반반이다. 영장이 기각되면 한동훈 대검찰청 반부패·강력부장을 비롯한 특수부 수사책임자가 책임을 져야 한다."라고 주장했다.[117] 그는 "살아 있는 권력은 법무부 장관만이 아니라 윤 총장도 어마어마한 권력"이라면서 "검찰이 피의 사실을 흘리고 여론 재판을 하고 대국민 심리전을 하는 이 와중에서는 누가 약자냐 하면 '시민' 정경심이 약자"라고 말했다.[118] 정 교수가 압수수색 전에 연구실 컴퓨터를 미리 반출했던 것은 증거 인멸 시도가 아니라 증거 보호를 위한 정당한 행동이었다고 변호한다. 유시민은 "검찰하고 조국 장관 가족은 서로 불신하고 대립하는 관계잖아요. 근데 압수수색이 곧 들어올 거라고 그래요. 그러면 검찰이 내 하드디스크 드라이브를 다 갖고 안에 있는 데이터를 뭘 장난을 칠 가능성도 있는 거죠."라고 말한다. SBS 보도는, 55만 건이 넘는 조회 수를 기록할 정도로 지지층 관심은 뜨거웠지만, 법조 전문가들 반응은 싸늘하다면서 유시민의 말대로 컴퓨터 데이터 증거가 조작될 경우 포렌식 과정만 거치면 접속 기록부터 수정 정보까지 모든 흔적이 드러나기 때문에 검찰이 조작할 수 있다는 식의 발상 자체가 무리고 비상식이라고 전한다. 이와 관련 대한변협 윤리이사를 지낸 이승태 변호사는 "현재 법치주의 체계를 흔드는 언행이 아닌가, 현 정부에서 스스로 임명한 검찰총장에 의해서 지휘되는 검찰이 증거 조작까지 할 수 있다고 비판하는 것은 자기 발등 찍기라는 생각이 들고요."라고 말한다.[119]

9월 28일 유시민은 "총칼은 안 들었으나 위헌적 쿠데타나 마찬가지"라는 발언을 한다. 경남 창원 경남도교통문화연수원에서 열린 한 강연에서 "(검찰이) 조국 법무부 장관을 넘어 대통령과 맞대결하는 양상까지 왔는데 총칼은 안 들었으나 위헌적 쿠데타나 마찬가지"라며 "윤석열 검찰총장이 너무 위험한 길을 가고 있는데 지금 상황을 되돌아보고 합리적 판단과 법에 맞게 검찰권을 행사해야 한다."라고 주장한다. 유시민은 "제 취재에 따르면 임명 전 두 경로 이상으로 조 장관에 대한 검찰 보고가 대통령에게 갔다. 그런데도 임명이 되니 검찰 입장에서 화가 났을 것"이라며 "지금 검찰 수사는 조 장관 부인 구속을 통해 대통령에게 조 장관 사퇴를 요구하는 단계까지 왔으며 이는 '검란'"이라고 비판했다.[120]

10월 1일 유시민은 "총칼은 안 들었지만 검찰의 난이고, 윤석열의 난"이라고 말한다. 유시민은 노무현재단 유튜브 채널 '알릴레오'를 통해 "검찰의 수사권과 기소권을 다 휘두르며 대통령과 맞대결 양상을 보이고 있다."라고 주장한다.[121]

왜 마스크를 쓰나?

이 외에도 유시민은 많은 발언들을 이용해 조국을 옹호하는 행동을 계속했다. 특히 유시민은 조 장관 임명에 반대하는 촛불집회를 연 서울대생을 향해 "왜 마스크로 얼굴을 가리고 하나", "뒤에 자유한국당 손길이 어른어른한다."라는 말을 한다. 유시민은 "진실을 말해야 할 때, 그리고 진실을 비판하면 불이익이 우려될 때 익명으로 신분을 감추고 투쟁을 하거나 마스크를 쓰는 것"이라며 "지금 조 후보자를 욕한다고, 대통령을 비난한다고 해서 누가 불이익을 주나. 그런데 왜 마스크로 얼굴을 가리고 집회를 하느냐."라고 했다. 또 "뒤에서 자유한국당 패거리들의 손길이 어른어른한다."라며 "'물 반 고기 반'이다. 진짜 순수하게 집회하러 나온 대학생이 많은지, 얼마나 모이나 구경하러 온 한국당 관계자들이 많은지는 아무도 알 수 없다."라고도 했다.[122]

이에 촛불집회를 주도한 도정근 서울대 총학생회장은 언론 인터뷰에서 "현장을 보지도 않고 그런 말을 한 걸 보면 대학생들이 갖는 문제의식에 전혀 공감을 하지 못하는 것 같다."라며 "학생들은 공정성에 대해 문제를 제기하는 것"이라고 비판했다. 그러면서 "학생들이 분노하는 지점은 3년 전 광화문(국정 농단)에서나 지금이나 마찬가지"라고 했다. 도 총학생회장은 "(유 이사장은) 본인이 동의하는 부분에 대해서만 잘한다고 판단하고 선택적으로 바라보는 것 아니냐는 생각이 든다."라고 했다.[123]

한편 조국은 2008년 "복면착용 집회·시위는 범죄라고?"라는 제목의 언론 기고문에서 "복면 집회·시위를 처벌하는 집시법 개정안은 집회·시위의 자유가 정치적 반대자나 사회·경제적 약자의 의사표현 수단이라는 점을 몰각하고 있다."라며 "'복면착용=불법폭력'이라는 도식에 사로잡혀 복면이 다양한 의사표현의 방식임을 외면하고 있기에 즉각 폐기되어야 한다."라고 주장하기도 했다.[124]

위선 진보의 대표자인 유시민에 대해 김순덕 논설위원은 "보통 국민은 분노했다. 도덕성을 훈장처럼 내걸고 고고한 척하면서 뒤로는 기득권 방어와 특권 세습에 골몰하는 좌파의 위선이 더럽게 드러났다. 그럼에도 유시민의 길을 따라 걷는 숱한 어용 지식인들이 조국 편에 섰다. 옳고 그름의 가치를 뒤집은 거다. 유시민의 선동 아래 민주당과 함께 "조국을 흔드는 건 문 정부의 정통성을 훼손하는 것"이라고 외침으로써 그들은 돌아올 수 없는 공멸의 길로 냅다 달렸다."라고 말한다.[125]

고색창연한 항소이유서와 피해자의 절규

앞서 설명했듯이 유시민은 '서울대 민간인 감금 폭행 사건'의 가해자이며 이 사건의 '항소이유서'로 유명해졌다. 유시민은 한 번도 이에 대해 사죄하지 않았으며 피해자들은 지금도 고통 속에서 살고 있다.

2019년 한국경제신문 김명일 기자가 피해자 중 한 사람인 전기동 씨를 직접 인터뷰한 바 있다.[126] 기사에서, 피해자는 "폭행을 당한 후 대인기피증이 생겨 고시공부를 포기했다. 이후 구청 공무원으로 일하다 퇴직한 후 보안원, 경비원 등으로 근무했다. 올해 만 64세인데 아직까지 결혼도 못 했다. 다 그 사건 때문이라고 할 수는 없겠지만 인생에서 가장 중요한 시기에 당한 일이라 후유증이 컸다. 사건 이후로도 제가 실제 프락치라는 음해를 계속해서 정상적인 생활을 할 수 없었다. 나는 그나마 사정이 나은 편이고 피해자 중에는 현재 정신분열증을 앓고 있는 사람까지 있다."라고 말한다. 당시 상황에 대해서는, "가해자들이 잠깐 이야기 좀 하자고 해서 따라갔다. 내가 프락치라고 몰아세웠다. 계속 아니라고 하니까 교련복으로 갈아입히고 눈을 가렸다. 그때부터 폭행이 시작됐다. 돌아가면서 몇 시간씩 나를 폭행했다. 가해자들은 우발적인 사건이었다고 하는데 나를 감금한 장소 창문을 미리 신문지로 다 가려놨더라. 물이 담긴 세면대에 머리를 처박거나, 바닥에 눕히고 주전자로 얼굴에 물을 붓는 등 물고문도 했다. 이 과정에서 치아가 부러지고 전치 8주 부상을 입었다. 고문에 못 이겨 내 군대 시절 상관이 시켜서 왔다고 아무렇게나 말했다. 고문 도중 실신해 2일 만에 풀려났다. 이틀간 식사도 못 했다. 풀려나기 직전에야 빵을 주더라. 당연히 먹지도 못했다. 병원에서도 한동안 혼자 일어서지도 못할 정도로 심각한 부상을 입었다."라고 증언한다.

유시민은 오늘도 방송에 나와 자신의 항소이유서가 고색창연하다며 자랑한다.[127] 절규와 울분이 가슴에 응어리진 피해자들은 아무것도 할 수 없이 그 모습을 보고만 있어야 한다.

문재인

우리 총장님

2019년 7월 25일 오전 문재인 대통령은 윤석열 지검장에게 검찰총장 임명장을 수여한다. 문 대통령은 윤석열 신임총장에게 "우리 총장님"이라 친근감을 표시하며, "권력에 휘둘리지 않고 눈치도 보지 않고 사람에게 충성하지 않는 자세로 공정하게 처리해 국민의 희망을 받았는데, 그런 자세를 끝까지 지켜 주기 바란다."라고 말했다. 또 "그런 자세가 '살아 있는 권력'에 대해서도 같아야 한다고 생각하기에 청와대든 정부든 집권여당이든 권력형 비리가 있다면 엄정한 자세로 임해 주기 바란다."라며 "그래야만 검찰의 정치적 중립에 대해 국민이 체감하게 되고 권력부패도 막을 수 있는 길"이라고 강조했다. 또 "고위공직자범죄수사처 설치, 검경 수사권 조정 등을 통해 검찰의 근본적인 개혁이 이뤄지기를 바란다."라고도 했다. 이에 윤석열 총장은 "원칙에 입각해 마음을 비우고 한 발 한 발 걸어 나가겠다."라고 답했다.[128]

2019년 7월 25일 오후 윤석열 총장은 검찰총장에 취임했다. 언론은 그의 취임 일성으로 '공정한 경쟁질서 확립'을 주로 제시했다. 윤 총장은 "우리가 우선적으로 중시해야 할 가치는 공정한 경쟁질서 확립"이라면서 "권력기관의 정치·선거 개입, 불법자금 수수, 시장 교란 반칙행위, 우월적 지위 남용 등 정치·경제 분야의 공정한 경쟁 질서를 무너뜨리는 범죄는 추호의 망설임도 없이 단호하게 대응해야 할 것"이라고 말했다. 또 검찰이 정치적 중립성을 철저히 지켜 나가도록 하겠다는 각오도 밝했다. 윤 총장은 "검찰에 요구되는 정치적 중립은 법 집행 권한이 국민으로부터 나온다는 헌법 정신을 실천할 때 이뤄지는 것"이라고 강조했다. 아울러 윤 총장은 또 여성·아동 등 사회적 약자, 서민 다중에 대한 범죄를 "우리 모두에 대한 범죄이며 반문명적, 반사회적 범죄"라고 규정했다. 그는 "이에 소홀히 대처하는 것은 현대 문명국가의 헌법 정신에도 정면 배치되는 것"이라고 말했다.[129]

밀어붙여라

문재인 대통령은 조국 사태에 책임이 있는 사람이다. 문 대통령이 조국을 밀어붙이지만 않았어도 조국의 운명은 달랐을지 모른다. 신평 교수는 조국이 물러났다면 지금 대통령은 윤석열이 아니라 조국이 되어 있을 거라고 한다.[130] 조국도 자신이 무엇을 잘못했냐는 것이었고 밀어붙여서 내리누를 수 있을 것이며, 문재인 역시 조국을 통해 그렇게 할 수 있다고 생각한 것이다. 그렇게 같은 생각을 했기 때문에 문재인 대통령은 조국을 밀어붙였다.

2019년 9월 1일 한창 문제가 되던 중 문재인 대통령은 해외 순방을 떠나며, 조 후보자 논란에 대해 '제도 탓'이라는 말을 남겼다. 이는 침묵하던 문 대통령이 조국 후보자와 관련 처음으로 언급한 것이었다. 동남아시아 3개국 순방길에 오르기 전 당정청 고위 관계자들과 만난 자리였다. 문재인은 "조 후보자 가족을 둘러싼 논란이 있는데 이 논란의 차원을 넘어서서 대학 입시 제도 전반을 재검토해 달라."라고 했다. "그동안 입시 제도를 개선하려는 노력이 있긴 했지만 여전히 입시 제도가 공평하지도, 공정하지도 않다고 생각하는 국민이 많다."라고 밝혔다. 조 후보자 청문회를 두고 여야가 대립하는 상황에 대해서도, 문 대통령은 "좋은 사람을 발탁하기 위해 청문회 제도가 도입됐는데 이것이 정쟁화해 버리면 좋은 사람을 발탁하기 어렵다", "실제로 고사한 경우도 많았다."라고 말했다.[131] 대통령의 말은 국민 일반의 감정 및 상황 인식과 너무 괴리가 큰 반응이었다. 당장 대통령의 '별나라 인식'에 대한 질타가 쏟아졌고, 조 후보자 문제를 입시 제도 탓으로 물타기 하는 것이라는 비판이 이어졌다.

검찰주의자가 아닌 헌법주의자

2019년 9월 10일 검찰에 따르면, 윤석열 검찰총장은 조국 법무부 장관 관련 의혹 수사와 관련해 "검찰 개혁을 방해하려는 취지의 수사"라는 일각의 지적에 대해 "헌법 정신에 입각한 수사"라는 입장을 밝혔다. 윤 총장은 대검 간부들과 회동한 자리에서 "일각에서 나를 '검찰주의자'라고 평가하지만, 기본적으로 '헌법주의자'다."라는 취지의 발언을 한 것으로 알려졌다. "윤 총장이 검찰 조직 우선주의에 빠져 조 장관이 추진 중인 검찰 개혁에 제동을 걸기 위한 무리한 수사를 벌이고 있다."라는 지적과 달리 헌법 정신에 담긴 공정성과 균형성에 입각해 수사를 하고 있다는 의미라고 검찰 관계자는 전했다. 윤 총장은 또 수사가 정치적으로 편향되게 진행된다는 지적에도 최근 대검 간부들과 식사 자리에서 "검사가 정치적으로 편향된 것은 부패한 것과 같다. 중립성을 지키면서 본분에 맞는 일을 하면 된다."라고 말한 것으로도 전해졌다. 윤 총장은 다만 조 장관 임명과 관련해서는 별다른 입장을 밝히지 않은 것으로 알려졌다. 대신 수사와 관련해서는 대검 관계자 등을 통해 "법과 원칙대로 진행할 것"이라는 입장을 밝힌 바 있다.[132]

2019년 10월 14일 문 대통령은 조 전 장관이 사퇴한 직후 열린 수석·

보좌관회의에서도 "검찰 개혁에 대한 조국 장관의 뜨거운 의지와 이를 위해 온갖 어려움을 묵묵히 견디는 자세는 많은 국민들에게 다시 한번 검찰 개혁의 절실함에 대한 공감을 불러일으켰고, 검찰 개혁의 큰 동력이 되었다."라고 밝혔다.[133]

이후 신년 기자회견에서는 조국에게 "빚을 졌다."라고 했다. 문재인 대통령은 2020년 1월 14일 신년 기자회견에서 조국 전 법무부 장관에 대해 "지금까지 (검찰 수사 등으로) 겪었던 고초만으로도 아주 크게 마음에 빚을 졌다."라고 말했다. 문 대통령은 "조 전 장관의 임명을 밀어붙인 이유는 무엇인가."라는 질문에는 별도로 답을 하지 않았다.[134]

추미애로 윤석열 찍어 내기

조국 사태 후 문재인은 윤석열에 대한 공격을 감행하였다. 조국 장관이 사임한 후 문재인은 추미애를 법무부 장관에 임명했다. 추미애는 이른바 윤석열 사단의 해체, 윤석열 배제와 찍어 내기를 노골화했다. 윤석열 부인 김건희 주가 조작 의혹 사건에 대한 수사도 시작되었다. 2020년 1월 3일 법무부 장관 임명장을 받은 추미애는 곧바로 인사권을 행사한다. '검찰 대학살'로 불리는 조치들이 이어진다. 1월 8일 '1.8 1차 검찰학살'로 32명에 대한 인사 조치를 실시했다. 1월 23일에는 '1.23 2차 검찰학살'로 713명에 대한 인사 조치가 이루어진다.

2023년 1월 8일 법무부는 대검 검사급(검사장) 간부 32명의 승진·전보 인사를 다가오는 13일 자로 단행했다. 무엇보다 추미애는 인사권을 이용해 관련 수사들을 무력화시켰다. 조국 전 법무부 장관의 가족비리 사건과 유재수 전 부산시 부시장에 대한 감찰무마 사건 등을 지휘한 한동훈 대검 반부패·강력부장은 부산고검 차장으로 전보했다. 청와대의 울산시장 선거 개입 사건 지휘라인인 박찬호 공공수사부장은 제주지검장으로 내보냈다. '조국 수사', '청와대 선거 개입 수사' 등을 담당하고 있는 서울중앙지검의 배성범 검사장은 법무연수원장으로 보냈다. 이를 포함해 대검 간부 8명을 모두 교체했다.[135] 윤석열과 가까운 간부들을 모두 내보내고 그 반대의 가까운 사람들을 포진시킨 것이다.

추미애의 검찰 인사는 '윤석열 검찰총장 패싱'으로 이루어졌기 때문에 법적 논란으로 치달았다. 검찰청법 제34조 제1항은 "검사의 임명과 보직은 법무부 장관의 제청으로 대통령이 한다. 이 경우 법무부 장관은 검찰총장의 의견을 들어 검사의 보직을 제청한다."라고 되어 있다. 추미애가 윤석열의 의견을 들어야 하는데 듣지 않았다는 것이다.

2020년 1월 29일 검찰은 청와대의 울산시장 선거 개입 의혹 사건과 관련 송철호 울산시장과 황운하 전 울산지방경찰청장, 한병도 전 청와대 정무수석, 백원우 전 민정비서관 등 13명을 기소한다. 추미애는 이 공소장을 비공개로 결정하고 국회의 요구에도 내놓지 않는다.

2020년 7월 2일 추미애는 수사지휘권을 발동해 '검언 유착 의혹' 수사에서 윤석열 총장을 배제한다. 10월 19일에는 다시 한번 수사지휘권을 발동해 라임자산운용 로비 의혹 사건과 검찰총장 가족 의혹 사건에 대해 검찰총장의 수사 지휘 중단을 지시한다. 이후 11월 24일 추미애는 윤 총장에 대해 징계를 청구하고 직무 배제한다. 이에 윤석열 총장은 부당하다고 보고 법적 대응을 한다. 12월 1일 서울행정법원은 윤석열 총장 직무 배제에 대한 집행 정지를 결정한다. 윤석열은 총장 직무에 다시 복귀한다. 12월 16일 법무부 검사징계위원회는 윤 총장에 대한 정직 2개월을 의결한다. 이에 윤 총장은 법에 따라 바로잡을 것이라고 밝힌다.[136] 문재인 대통령은 윤 총장의 정직 2개월 징계를 재가한다. 그리고 추미애는 사의를 표명한다. 이후 12월 24일 서울행정법원은 윤 총장의 정직 2개월에 대한 효력 정지를 결정한다.[137] 윤석열은 8일 만에 다시 직무에 복귀한다. 결국 추미애는 윤석열을 찍어 내는 데 실패하고 도리어 자신이 물러나고 만다. 당시는 추미애가 사의를 표한 것으로 알려졌지만 나중에 추미애는 "문재인 대통령으로부터 '물러나 달라'는 말을 들었다."라며 '토사구팽'을 주장한다.[138]

박범계로 검수완박

2021년 1월 27일 문재인은 박범계 의원을 법무부 장관에 임명한다. 추미애가 윤석열을 사퇴시키는 데 실패하자, 문재인은 박범계를 통해 검찰의 중대 범죄 수사권을 없애는 방향으로 태세 전환을 했다 할 수 있을 것이다. 검경수사권 조정으로 그나마 검찰에 남아 있던 특정 6대 중대 범죄 수사권을 중대범죄수사청을 설치해 이관하는 것이었다. 2023년 2월 8일 황운하 의원은 6대 범죄 수사를 전담하는 중대범죄수사청 설치법을 발의한다.[139] 민주당은 이를 상반기 중 처리하겠다며 속도를 낸다. 이른바 '검수완박'이었다. 3월 2일 윤석열은 중대범죄수사청 설치 추진에 대해 "수사권의 완전한 박탈은 민주주의 퇴보이자 헌법 정신 파괴"라 반발한다. 3월 3일에는 "부패를 완전히 판치게 하는 '부패완판'"이라며 다시 한번 반대 입장을 분명히 했다.[140] 그리고 3월 4일 사의를 표명한다. 윤석열은 "정의와 상식의 붕괴를 더는 볼 수 없다."라고 밝힌다. 문재인은 사의를 즉각 수용한다. 3월 4일 오후 2시 대검찰청 청사 현관 앞에서 윤석열은, "오늘 총장을 사직하려고 한다."라면서 "이 나라를 지탱해 온 헌법 정신과 법치 시스템이 파괴되고 있다. 그 피해는 오로지 국민에게 돌아갈 것"이라며, "우리 사회가 오랜 세월 쌓아 올린 상식·정의가 무너지는 것을 더 이상 지켜보기 어렵다."라고 밝히고, "검찰에서 제 역할은 여기까지"라며 "지금까지 해 왔듯이 앞으로도 제가 어떤 위치에 있든지 자유민주주의와 국민 보호하는 데 온 힘을 다하겠다."라고 말한다.

이후 윤석열 총장이 대통령에 당선되자 민주당은 검수완박 법안을 부리나케 밀어붙여, 2022년 4월 30일 검찰청법 개정안이 국회 본회의에서 가결되고 형사소송법 개정안이 2022년 5월 3일 국회 본회의에서 가결된다. 문재인 대통령은 임기 마지막 국무회의에서 이를 의결하였고, 문재인의 임기 마지막 날인 2022년 5월 9일 공포되었다. 결국 문재인이 대통령으로서 마지막으로 한 사인은, 검찰 수사를 못 하게 대못을 박는 법안이었다. 자신을 비롯한 권력형 범죄 혐의에 대해 검찰이 수사를 못 하게 하는 원천봉쇄였다.

조국을 낳은 문재인

2023년 2월 8일 문재인은 조국이 1심 유죄 판결을 받은 지 닷새 만에 조국의 책을 추천하고 나왔다. 사실 조국의 유죄에 대해 문재인이 해야 할 일은 사과여야 했다. 그러나 문재인은 전혀 그렇지 않았으며 오히려 조국을 동정, 격려하고 나온 것이다. 문재인은 "'조국의 법고전 산책'은 저자의 처지가 어떻든 추천하고 싶은 좋은 책"이라며 "학자이자 저술가로서 저자의 역량을 새삼 확인하며 안타까운 마음을 갖는다."라고 했다. 그러면서 "갖은 어려움 속에서 꽃을 피워 낸 저자의 공력이 빛난다."라고도 했다.[141]

조국은 2023년 6월 10일 늦은 밤 자신의 SNS에 "오늘 문재인 대통령을 오랜만에 찾아뵙고 평산책방에서 책방지기로 잠시 봉사한 후 독주를 나누고 귀경했다."라고 쓰며 문재인과 찍은 사진 7장을 올렸다. 조국 사태 후 3년 6개월여 만의 공개적인 만남이었다. 언론은 조국이 문재인을 만난 것을 '정치 참여'의 신호로 보았다.[142]

스스로의 입으로 '정치적 명예회복'을 밝히기가 무섭게, 2023년 11월 9일 조국은 문재인 대통령을 만나러 양산에 내려갔다. 문재인 대통령이 운영하는 평산책방에서 사인회를 가졌다. 조국과 문재인은 만나자마자 서로 와락 얼싸안았다.[143]

문재인 대통령은 조국 사태 당시는 물론 그 이후에도 계속해서 조국을 옹호했다. 조국이 자신에 대해 책임을 못 느끼듯이 문재인 대통령도 마찬가지다. 조국을 만든 것은 결국 문재인이다. 그리고 그것은 지금도 진행형인 셈이다.

'새로운선택' 창당준비위원회의 금태섭 대표는 2023년 11월 27일 채널A 라디오쇼 '정치시그널'에 출연해 "조 전 장관이 총선에 출마하겠다는 것은 어쩔 수 없지만, 민주당에서 조국 사태에 대해서 항상 내용 없이 사과했다."라며 "여기에 대해 민주당이 단호한 태도를 취해야 한다."라고 말했다. 금 대표는 문재인 전 대통령이 "조국 사태를 일으킨 장본인"이라면서 "그럼에도 최근까지 조국 전 장관을 만나고 하는 걸 보면 전직 대통령, 국가 원로로서 과연 아무 생각이 없으신 건가, 어떻게 이걸 두고 볼 수 있나."라고 반문한다. 금 대표는 "조국 사태가 얼마나 우리 국민을 찢어 놨나."라며 "그때부터 사법부의 독립, 검찰의 독립이 뒤로 밀렸다. 양측에서 비판하지만 서초동에 피의자가 조사받고 있는데 밖에서 몇만 명씩 모여서 이런 경우는 없다."라며 "여기에 대해 전직 대통령으로서 조국 신당이 만들어지면 바람직한 건지 (말할 필요가 있다)"라고 덧붙였다. 또 조국에 대해 "한 번도 본인의 혐의에 대해 이렇다 저렇다 말을 안 하고 책을 쓰고, 부인 정경심 전 동양대 교수까지 책을 썼던데 이게 진짜 맞는 건가에 대해 생각해 봤으면 좋겠다."라고 말했다.[144]

조국 사태와 추미애, 박범계로 이어진 갈등 속에서 오히려 윤석열은 국민의 지지를 얻는다. 어느덧 윤석열이 대선 주자로 부각된 과정은 결국 문재인과 조국의 오만이 만들어 낸 역풍이었다. 국민들은 문재인과 조국이 틀렸다는 것을 윤석열에 대한 지지로 말을 한 것이다. 그런데 조국과 문재인은 이 같은 점을 겸허하게 받아들이지 않고 있다. 그때나 지금이나. 이런 전말을 놓고 본다면, 조국이 윤석열의 사전 의도된 '작품'이니 '검찰 쿠데타'니 칭하며, 검찰을 공격하고 윤석열을 공격하는 것으로 자신의 생의 의미를 찾는 듯한 각종 주장들이 어떻게 정당성을 가질 수 있을까?

[논평] 문재인 전 대통령 '조국 책 장사' 아닌 사과를 해야 한다

문재인 전 대통령은 조국 전 장관의 '책 추천'보다 국민에 대한 '정중한 사과'를 해야 하지 않은가?

문 전 대통령은 많은 혐의가 제기된 가운데도 장관 임명을 밀어붙인 책임이 있다. '고초'를 겪고 있다며 "아주 크게 마음의 빚을 졌다"고 했다. '조국 지키기'와 '검찰총장 윤석열 찍어내기' 막장극은 결국 '문재인 감독' 작품이었다.

법치주의와 민주주의는 파괴됐고, 갈등과 분열 속에서 국민들 각자가 겪은 상처는 얼마나 컸던가.

3년 2개월 만에 사법부는 유죄를 선고했고, '죄질이 불량하고 죄책이 무거움에도 잘못에 눈감고 진정한 반성이 보이지 않는다'고 판시했다.

사법부의 잉크가 마르지도 않았는데, 문 전 대통령은 천연덕스럽게 책 추천을 빙자해 조 전 장관을 또 지지하고 나왔다.

재판부에 대한 정면 도전이요, 자신의 허위가 옳다는 국민에 대한 강박(强迫)이 아닌가.

법치주의와 민주주의는 얼마나 더 유린되어야 하고, 국민들은 얼마나 더 상처받고 절망해야 하는가.

이 시국에 문재인 전 대통령의 '조국 책 장사'라니! 과연 말이 되는 행동인가.

2023.2.9.

국민의힘 안철수 170V 캠프 수석대변인 이종철

조국 사태

'그들이 사는 세상', '그들만 사는 세상'

　문재인 정부의 전현직 고위공직자 상당수의 자녀가 특목고나 자사고, 해외 유학, 강남 8학군 출신인 것으로 드러나, 위선과 비애를 국민들에게 안기고 있다.

　고교 서열화 타파를 명분으로 자사고와 특목고에 대한 일반고 전환을 국정 과제로까지 내세우고 막무가내 밀어붙이고 있는 문재인 정부가 아닌가.

　정책의 옳고 그르고를 떠나, 이런 '이중성'이 국민들로 하여금 '정책 신뢰'를 심각하게 무너트리고 있는 것이 현 정부의 대표적 실상이다.

　제 자식이 올라온 동아줄을 남의 자식이 쓰는 건 싫은 것처럼 국민들에게 보이고 있다.

　자기 자식이 귀하면 남의 자식 귀한 줄도 알아야 한다고 국민들은 말한다.

　부동산 규제로 서민들의 내 집 마련의 꿈조차 막아 버린 문재인 정부, 정작 자신들은 '부동산 투기꾼', '다주택자'였다는 사실이 밝혀진 지가 엊그제다.

　'모두가 용이 될 필요가 없다'며 '우리들만의 따뜻하고 예쁜 개천을 가꾸자' 했던 조국 수석.

　국민들에게는 자신은 용이 되고 우리는 영영 미꾸라지로 살라는 말로 들린다.

'그들'만 있고, '우리'가 없는 세상. 그래서 '그들만 사는 세상'.

'주변인'으로 살아가며, 자식만이라도 잘되길 바랐던 국민들에게는 참으로 서러운 날이다.

문재인 정부의 위선이 어제오늘 일이 아니지만,

'교육 사다리'마저 걷어차는 위선은 더욱 참담하게만 다가온다.

2019. 7. 11.

조국 수석은 '경질' 대상이며, '법무부 장관 내정'은 문재인 대통령의 '국민 우롱'의 최정점이다

조국 민정수석은 '교체' 대상이 아니라 '경질' 대상이다.

벌써 법무부 장관으로 내정된 것처럼 나오는데 이는 문재인 대통령의 '국민 우롱'의 최정점이다.

조국 수석은 국회 청문보고서 채택 없이 16명이나 임명 강행된 인사 실패의 인사 검증 책임자이다. 검증 실패를 넘어 대통령의 인사 참사의 주인공이다.

민정수석으로 있으면서 각종 정치 현안에 개입하여 여야 정치권 분열과 국민 분열에 앞장선 폐해가 너무 크다.

청와대 비서로서 SNS 대중 선동이 어느 정도껏이어야 이해도 해 줄 수 있는데 너무 심하고 도가 지나쳤다.

야당을 멀리 밀어내서 정치권 분열에도 선봉에 섰고 최근에는 극한 '반일 선동'으로 국민을 갈라놓으며 '화룡점정' 했다.

숱한 비판에도 불구하고 아랑곳하지 않은 것이 문재인 대통령의 비호 속에 이루어졌음은 매우 유감이다.

국민들이 그동안 인내를 가지고 감상한 것은, 문 대통령의 불통 정치와 조 수석의 분열적 행태의 '투톱'이었고, 그 위에 '자기만 옳다는 선민적 오만'이 곁들여진 합작품이었다.

이런 이가 법무부 장관이 되는 건 국민들로서는 상상만 해도 끔찍하다. 학자라는 이가 소수 의견을 '친일'로 모는 것을 보고 법학 교수들이 경악하고 있는 현실만으로도 자질 및 자격 미달이며, 심각한 결격 사유이다.

2019. 7. 25.

조국 후보자의 진실된 고백 들어야 한다

적어도 대한민국의 법무부 장관이 되려면 대한민국 헌법의 근간을 인정하고 수호하겠다는 신념이 분명해야 한다.

조국 법무부 장관 후보자가 과연 그에 적임자인지 국민들은 알지 못하고, 의심스럽다.

조 후보자가 가장 먼저 이에 대해 솔직히 고백해야 한다. 우리 국민들은 조 후보자에 대해 다른 무엇에 앞서 이를 검증하고 확인해야 한다.

조 후보자는 스스로 "국보법 위반 전력" 등 '청문회 통과 불가'를 공공연히 말하고 다녔다 한다.

조 후보자는 김영삼 정부 시절인 1993년 울산대학교 교수로 재직할 당시 '남한사회주의노동자동맹(사노맹)' 사건에 연루되어 국가보안법 위반으로 실형을 선고받았다.

사노맹은 사회주의 폭력 혁명을 통해 대한민국 체제를 전복하고 사회주의 국가를 건설해야 한다는 목표로 활동한 반국가조직이다. 남한사회주의노동자당 결성을 중간 목표로 하여 결정적 시기에 정부를 전복하고 사회주의 체제를 건설하려 한 지하혁명조직이다.

1993년 교수가 되어서까지 자신을 숨기고 활동했다는 것은 조국 후보자가 그만큼 신념이 강했음을 말해 주기도 한다.

대한민국은 자유민주주의와 시장경제를 근간으로 하는 국가 체제이다. 이것이 우리 헌법의 기본 축이다.

조국 후보자 같은 이른바 '586 운동권'들은 과거 자신의 활동을 '민주화 운동'으로 적당히 포장한다. 그러나 제대로 운동을 해 본 사람이라면 민주화보다는 '사회주의적 이념 목표'가 더 강했다는 것을 잘 알고 있다.

하지만 이들은 이에 대해 국민 앞에 솔직히 고백하지 않는다. 오히려 물어보면 구시대적 '색깔 공세'라며 펄펄 뛴다.

세상이 바뀌고, 조 후보자는 물론이거니와 민주화 운동의 '훈장'을 품은 그들은, 거리낌 없이 승승장구 잘 살아왔다.

조국 후보자 역시 대답할 이유가 없었으며, 그리하여 단 한 번도 진실되게 자신을 고백한 적이 없다.

그러나 적어도 법무부 장관이 되고자 하는 마당에서는 이를 피해 가려 해서는 안 된다.

아직도 과거와 같은 생각을 가지고 있다면 조국 후보자는 스스로 물러나는 것이 맞다. 만일 신념이 바뀌었다면 국민들이 납득하고 받아들일 수 있을 만큼 성의 있게 설명하는 것이 필요하다.

이미 조국 후보자는, 최근 '죽창을 들자'는 반일 선동을 통해 얼마나 '의식이 편향된' 사람인지 여실히 증명하였다.

그가 결코 미래의 인물이 될 수 없으며 과거에 사로잡혀 사는 '퇴행적 인물'이라는 사실이 바뀌지는 않을 것이다.

그러나 법무부 장관이 되고자 한다면 직접적인 그의 고백을 듣고 판단할 권리가 국민들에게 있다.

2019. 8. 10.

문재인 대통령의 '간보기' 결과
'기승전-조국'에 국민들은 더욱 실망할 것이다

문재인 대통령은 온갖 '간보기'를 하다가 '기승전-조국'을 숨기지 않고 실행에 옮겼다.

슬쩍슬쩍 흘렸다가 거뒀다가를 반복하며 야당과 국민을 더 우롱했다.

조국 법무부 장관 후보자는 사실 이미 너덜너덜, 해질 대로 해진 인물이다. 워낙 탈이 많고 말이 많았던 인물이라 국민들이 식상하고 무뎌질 때를 기다린 것만 같다.

당사자인 조국 후보자 역시 자중은커녕 최근 '죽창을 들자'는 '반일 선동'을 비롯해 더 요란한 깡통처럼 행동했다.

워낙에 시끄러우면 사람이 상대를 하거나 신경을 쓰기가 싫어지는 법이다.

어느덧 조국 후보자는 국민들에게 쳐다보고 싶지 않은 귀찮고 성가신 존재가 되어 있다.

그런데 조국 후보자는 이미 장관이 되기에 흠결이 너무 많이 알려져 있다.

조 후보자 본인이 '청문회 통과 불가'라며 그 전부터 이미, '장관은 언감생심'임을 공개적으로 밝히고 다녔던 것이다.

그나마 기세등등하던 대통령이 밀어붙여 청와대 민정수석까지는 할 수 있었던 셈이다.

조 후보자는 이미 '1,200자 해명'으로 자신에게 제기된 논문 표절, 자녀 학교폭력 연루 의혹, 배우자의 사학재벌 의혹 등에 대해 직접 밝힌 바도 있다.

2017년 5월 조 후보자가 민정수석으로 임명될 때 어머니가 이사장으로 있는 사학재단이 세금 2,100만 원을 체납한 것이 알려져 논란이 되기도 했다.

이 외 크고 작은 많은 직간접적인 의혹들을 모아 보면, 통상 후보자에게 제기될 수 있는 사안들이 총집합한 '의혹 백화점'이 따로 없음을 알 수 있다.

결국 조국 후보자를 내놓은 것은, '거칠 게 없는' 문재인 대통령의 독단과 독선의 '화룡정점'이다.

당사자는 이미 '너덜너덜해지고', 보는 이는 '식상해지기'를 기다려 내놓은 기승전-조국이지만, 청문회를 통해 실상을 다시 한번 확인한다면 대통령의 오만과 독선에 국민들의 실망만 더욱 정점을 향할 것이다.

2019. 8. 12.

쏟아지는 조국 후보자 의혹 '첩첩산중'이다

청와대가 조국 법무부 장관 후보자에 대한 인사청문요청안을 국회에 제출하기가 무섭게 조 후보자에 대한 추가 의혹들이 쏟아져 나오고 있다.

언론 보도에 따르면, 조 후보자 부인이 조 후보자가 장관으로 내정되던 당일 부랴부랴 이상한 임대차 계약을 맺었다고 한다.

이 빌라의 소유주는 조 후보자의 동생의 전처인 조 모 씨인데 조 후보자의 부인이 소유자인 조 모 씨에게 빌려주는 희한한 계약을 한 것이다.

조 후보자 측은 이에 대해 실수로 임대인과 임차인이 뒤바뀌어 작성됐다고 한다.

어떻게 이런 일이 일어날 수 있는지 일반 상식으로는 도저히 납득할 수 없는 일이다.

조 후보자의 말이 맞다고 해도 조 후보자의 부인이 장관 내정 당일 부랴부랴 임대차 계약을 맺은 이유가 석연찮기만 하다. 이 집에는 이미 조 후보자의 어머니가 2013년에, 또 남동생이 작년인 2018년에 전입 신고가 되어 있다고 한다.

의혹은 결국 이 집의 실제 소유주가 누구인지로 모아진다.

결국 위장매매를 덮기 위해 급하게 계약서가 필요했고 허위계약서를 작성하는 과정에서 임대인과 임차인마저 뒤바뀌는 등 황당한 일까지 빚어졌다는 추측이다.

'위장매매 의혹'에 '위장계약 의혹'까지 첩첩산중이다.

더욱이 이 집과 관련 딸의 '위장전입 의혹'까지 제기되고 있다.

무려 74억 5천500만 원에 달하는 조 후보자 가족의 사모펀드 투자약정액이 전 재산보다 많다는 점도 도대체 어떻게 자금을 조달하려 했는지 의혹을 낳고 있다.

조국 후보자에게, '바리새인'이 어쩌구 '경제민주화'가 어쩌구 하는 논란은 차라리 양반인 셈이다.

쏟아지는 의혹에, "독재정권에 맞서고 경제민주화를 추구했던 1991년 활동이 2019년에 소환됐다."라는 뻔뻔한 '거짓말'이 오히려 묻히고 있다. 사회주의 체제 전복 활동이 경제민주화 운동이었다는 웃긴 소리를 하고 있는 것이다.

'사노맹'의 조직원이었다는 과거의 전력 자체가 문제라고 생각하지 않는다. 국민들은 진실된 자기 고백을 듣고 싶을 뿐이다. 그래서 지금 현재 법무부 장관으로서 자격이 있는지 알고 싶을 뿐이다.

그러나 오늘에 이르러서도, 과거는 물론 오늘조차 기만하려는 비양심은 참으로 두 눈 뜨고 지켜보기 어렵다.

조국 후보자는 과거의 전력이 문제가 아니라 '위선'이 문제이다. 진실을 말하기가 그렇게 어려운가. 국민들 앞에 용기 있게 서는 게 그렇게 자신이 없는가.

2019. 8. 15.

조국 후보자는 해명할 수 없다면 당장 사퇴해야 한다

조국 법무부 장관 후보자에게 쏟아지는 의혹들이 국민들에게 큰 충격으로 다가오고 있다.

희대의 '일가족 사기단'을 보는 것 같다.

조 후보자는 의혹을 해명하지 않고 청문회 때 밝히겠다는 식으로 회피하고만 있다.

국민들은 이미 청문회까지 갈 것도 없다는 생각이 깃들고 있다.

조 후보자는 침묵과 시간 끌기로 의혹을 잠재우려는 꼼수를 버려야 한다.

떳떳하다면 당당하게, 언론과 국민 앞에 밝힐 건 밝혀야 할 것이다.

전해지는 의혹들이 너무나 충격적이어서 이미 국민 정서에 끼치는 악영향이 심대해지고 있다.

이를 방치한다면 지명자인 문재인 대통령에 대한 실망으로 고스란히 돌아갈 것이다.

만약 해명할 수 있는 게 있다면 빨리 해명하여 조금이라도 의혹을 씻는 것이 국민들은 물론 대통령에 대한 도리이다.

국민들의 판단에, 이미 조 후보자는 당장 사퇴해야 한다.

조 후보자에 대해 느끼는 국민들의 배신감과 박탈감이 크다. 조 후보자는 국민들을 우롱했고 농락했다.

동안의 언행들과 그를 통해 조 후보자가 만들어 온 이미지를 놓고 볼 때, 국민들은 철저히 속았다는 생각이다.

그가 SNS로 얼마나 많은 사람들을 몰아붙이고 모함하고 비난하였는지 돌아보면 그리고 그 기준의 일부만이라도 그에게 적용한다면 그는 당장 사퇴해야 마땅하다.

2019. 8. 17.

조국 후보자에게 필요한 것은 청문회가 아니라 검찰 수사이다

조국 후보자를 둘러싸고 쏟아지는 의혹들에 국민들은 경악을 금치 못하고 있다.

국민들은 '최순실 사태' 당시에 버금가는 충격과 허탈감을 느끼고 있다.

조국 후보자의 딸과 관련된 논란은 '정유라 금수저' 논란보다 더 직접적이고 심각하게 다가오고 있다.

조국 후보자의 실상은 가히 '역대급'이다. 지금까지 이렇게 부패의 악취가 진동하는 이가 장관 후보자로 올라온 적이 없었다.

이어지는 의혹들은 손으로 셀 수가 없고 일일이 거론하기가 벅찰 정도다. 지켜보는 국민들은 정신이 혼미할 지경이다.

나랏돈을 빼먹고 재단 돈을 빼먹는 것에서 출발해 '고위공직자 198

명 중 사모펀드 투자자는 조국뿐'이라는 등 부패 의혹의 형태와 범위가 법을 아는 사람만이 할 수 있는 온갖 종류에, 그 수법도 치밀하고 현란하기만 하다.

어떻게 이런 인물이 지금까지 '정의의 사도' 노릇을 해 왔는지 믿기지 않는다.

문재인 대통령은 무슨 생각으로 이런 인물을 내놓은 것인지, 조국 자신도 어떻게 이런 수많은 부패 의혹들을 가지고 법무부 장관이 될 생각을 했는지 의아하기만 하다.

정말 국민을 '졸'로 본 건지 아니면 정말 오만이 하늘을 찌른 건지, 아니면 국민들의 느끼고 있는 감정처럼 '겁을 상실하고 간이 배 밖으로 나온 건지' 알 수가 없다.

조국 후보자는 문재인 대통령의 '페르소나'다. '국정 2인자'로 통하고 있다.

문재인 정부는 '조국 민정수석'을 통해 적폐청산의 '드라이브'를 걸었고 부패척결의 칼날을 휘둘렀다.

국민들은 만천하에 드러난 조 후보자의 민낯을 보며 과연 이 실상이 조국 한 사람뿐이겠는지, 이들이 정녕 적폐청산을 말할 자격이 있는 사람들인지, 이들이야말로 '부패덩어리'가 아닌지 하는 생각과 충격이 떠나지 않는다.

조국 후보자가 있어야 할 자리는 법무부 장관이 아니라 감옥이라는 생각이 국민들 사이에 짙어지고 있다. 조 후보자에게 필요한 것은 청문회가 아니라 검찰 수사이고 법의 지엄한 심판이다.

장관이 된들 나라가 정상이라면 수사를 받다가 날이 샐 지경이다.

2019. 8. 21.

성난 민심을 가벼이 취급하지 말기 바란다

청와대와 여당의 '조국 엄호'는 국민들의 지지를 받을 수도 없음은 물론 국민들에 맞서겠다는 독단과 독선일 뿐이다.

이 정도로 의혹이 드러났으면 시급히 사퇴를 하고 국민들께 사과를 하고 상황을 수습해야 하는 것이 정상적인 판단일 것이다.

문재인 대통령과 청와대, 여당의 태도는 성난 민심과 너무나도 동떨어져 있으며, 참으로 안하무인 그 자체이다.

지금 국민들은 오히려 '썩은 정부'의 극명한 표상으로, 조 후보자를 임명하라고 하고 있는 지경이다.

대통령은 17번째로 국회 청문회를 무시하고 조국 후보자를 장관으로 임명 강행해 보기 바란다고 경고하고 있다.

'조국 임명 강행'은 곧 문재인 정부의 '무덤'이 될 것이고, 문재인 대통령은 조국 후보자를 안고 '늪'으로 빠져들 것이라는 국민들의 역설적인 경고이고 지탄이고 개탄이다.

국민을 무시하고 오만에 빠져 있으며 자아도취에 젖어 있는 청와대는 가히 섶을 지고 불로 뛰어들려 하고 있다.

부디 성난 민심의 화염을 가벼이 취급하지 말기 바란다.

국민들의 순수한 충고와 명령을 무시한다면, 오직 국민의 저항만이 기다리고 있을 것이다.

2019. 8. 21.

조국 후보자 '위선의 탑 쌓기', '청문회 준비' 멈추기 바란다

조국 법무부 장관 후보자 자녀의 '금수저 특혜' 의혹과 정황이 꼬리에 꼬리를 물고 있다.

"명백한 가짜뉴스"라는 조 후보자의 주장은 더욱 옹색해지고 있고, 시간이 갈수록 위선에 위선을 쌓을 뿐이다.

국민들은 조국 후보자를 통해 가히 '위선의 탑 쌓기'를 보는 것 같다.

2, 3주의 활동으로 학술지 논문에 이름을 올린 딸, 조국 부부와 만났거나, 원래 아는 사이였던 담당 연구 교수들, 고스란히 딸의 대입 자소서에 반영된 연구 실적, 기간이 서로 겹쳐 '스펙 부풀리기 의혹'을 받는 각종 대외활동 이력까지.

수많은 정황이 '대입 특혜'를 가리키고 있지만, 조국은 '문제없다'며 정면 돌파하겠다고 한다.

후보자의 '낙제생' 딸에게 6학기 연속으로 '황제 장학금'을 지급한 부산대 의전원 교수가 장학금이 지급되기 전, 조국 교수와 만났다는 사실이 밝혀지기도 했다.

'부모가 누구인지에 따라 나의 노력의 결과가 결판나는 것이 우리 사회의 가장 근원적인 문제'라는 말로 '정의'와 '공정'을 외치고, 감히 청년들을 위로하려 했던 이가 조국 후보자다.

상상 초월의 자녀 특혜에 국민들은 허탈감을 느끼고 있다. 대학가에선 분노한 청년들이 '조국 일가'를 규탄하기 위해 촛불을 들 예정이라고 한다.

속속들이 드러나고 있는 그의 이율배반적 삶과 위선에 국민들은 역겨움을 느끼고 있다.

심각한 비위 의혹에도 불구하고, 오늘도 조 후보자는 "법적으로 문제가 없다고 나 몰라라 하지 않겠다."라는 황당한 소리에 이어, "더 많이 회초리를 들어 달라."라는 너스레까지 떨었다.

국민의 회초리가 우스운가? 청년들의 분노가 가소로운가?

이제 그만 조악하고 구차한 변명 거리를 위한 '청문회 준비'는 멈추기 바란다.

그가 유일하게 할 수 있고, 해야 하는 일은 '검찰 수사에서 진실을 실토하는 것'뿐이다.

상황이 이 지경인데도, 청와대와 여당은 '조국 수호'를 '개구리 합창'처럼 외치고 있다.

부디 더 시간을 끌지 말고, 문재인 대통령은 조국 후보자 지명을 철회하고 국민 앞에 정중히 사과하기 바란다.

더 이상 국민을 우롱하지 말기 바란다. 대통령이라는 이유로 더 이상 국민의 가슴에 상처를 긋지 말기 바란다.

2019. 8. 22.

사회 환원 '쇼'를 할 때가 아니다

사태에 대한 정직하고 정확한 상황 인식과 판단이 안 되고 있다.

조국 후보자의 '사회 환원' 발표는 국민들에게 어떤 감흥도 주지 못한다.

조 후보자는 사회 환원을 거론할 때가 아니다. 스스로 검찰의 신속한 수사와 법의 심판을 촉구해야 한다.

정직하다면 신속히 조사해서 탈이 없음을 보여 준 후 다시 국민 앞에 서겠다고 해야 마땅하다.

그렇지 않으면, 국민들에게는 검찰 수사와 법의 심판을 피하기 위한 꼼수로밖에 보이지 않는다. 사회 환원 '쇼'를 펼치고 있을 뿐이다.

기어이 '법무부 장관'이 되겠다는 것도 자신의 비위들을 일거에 누를 '수단'을 확보하려는 것으로 여겨지고 있다.

청와대와 여당이 '청문회 날짜를 잡자'며 개구리 합창을 하고 있는 것도, 오로지 청문회라는 통과 의례부터 거치고 시급히 임명하여 사태를 종료하겠다는 '작전'이라는 것이 국민들 눈에 훤히 보이고 있다.

이는 결코 정의롭지 못한 처사다.

이런 상황에서도 문재인 대통령이 조국 후보자를 고집하는 것이, 국민들에게는 전혀 이성적으로 보이지 않고 있다.

지금은 이미 청문회가 중요한 국면이 아니다. 국민 여론이 용납하지 않고 있다. 지금 이 상황에서, 이미 요식 행위가 되어 버린 청문회를 어찌 선선히 할 수가 있겠는가.

조국 후보자를 둘러싼 의혹은 공직자로서의 도덕적 기준을 크게 넘어섰고, 법적으로 처벌을 받을 수 있는 사안으로만 가득하다.

일일이 길게 나열할 필요가 없다. 너무 많아서 옮기기도 어렵다.

국민들의 실망과 분노는 임계점을 넘어섰다.

문재인 정부가 국민의 민의를 기초로 하는 '민주 정부'라면 이렇게 막무가내로 가서는 안 된다.

진정 조국 후보자가 떳떳하다면 '거짓말 해명'이나 '찔끔찔끔 면피성 언급'을 내놓는 식이 아니라 스스로 진실된 기자회견을 자청해 언론 앞에 일일이 사실 관계를 밝히기 바란다.

이제는 조국 후보자가 아니라 문재인 대통령이 직접 지명권자로서 국민 앞에 서야 할 상황이다.

기어이 임명을 강행하겠다면 지명권자인 대통령이 직접 국민 앞에 입장을 밝히기 바란다.

2019. 8. 23.

'조국 사태'의 핵심은 '조국'이 아니라 '문재인 대통령'이다

조국 법무부 장관 후보자에게 제기된 의혹은 일일이 열거하기가 어려울 정도로 종류도 다양하고 규모도 크고, 개별 사안 각각이 매우 심각하다.

가히 '비리종합판'이자 '완결판'이고 '끝판'이다. 어느 누구도 역대 이런 적이 없었다.

전례에 비추어 보면 이미 그중 하나만으로도 벌써 물러났을 법한데 그 수많은 가짓수와 각 사안들의 심각성에도 불구하고 이렇게 무작정 버틸 수 있다는 사실이 되레 놀라움을 준다.

특히 조국 후보자의 해명마저 거짓말로 판명 나는 등 하루 자고 나면 '의혹'이 '사실'로 굳어지는 상황이 몇 날 며칠 계속해서 이어지고 있다.

이런 상황에서 청문회 개최만을 청와대와 여당이 주장하는 것도 참으로 어불성설이 아닌가. 문재인 대통령은 그동안 무려 16명을 청문보고서도 없이 임명 강행했다. 그렇다면 조국 후보자 역시 청문회를 요식 행위로 치르고 임명 강행하겠다는 것으로밖에 보이지 않는 게 국민들의 시각이다.

이미 나온 비리 의혹들의 셀 수 없는 가짓수와 규모만 보더라도 하루 청문회로 뭘 물어보고 확인할 수 있겠는가.

언론이 다 살펴보고 있는데 사안이 커지고 시간이 흘러가도 조 후보자는 언론조차 전혀 납득시키지 못하고 있다.

지금은 심지어 국회 청문회도 건너뛰고 임명 강행하겠다는 말까지 나오고 있다.

국민들 누가 봐도 조국 후보자는 법무부 장관이 아니라 감옥으로 가야 할 사람이다. 조 후보자의 비리 의혹들은 조 후보자가 설령 사퇴하더라도 덮을 수 있는 수준을 이미 넘어 버렸다.

그래서 결국 조 후보자도 이를 잘 알기에, 모든 걸 걸고 '도박을 벌이고' 있는 게 아닌가 싶은 지경이다.

핵심은 문재인 대통령이다.

국민들은 문 대통령이 과연 이성적으로 사안을 바라보고 있는지 의문을 갖고 있다.

문재인 대통령은 조국 후보자 문제가 조 후보자만의 문제가 아니라고 생각하는 것 같다. 조 후보자의 문제는 자신의 문제이고, 여기서 밀리면 자신마저 어떤 상황으로 추락할지 알 수 없다고 판단하는 것 같다. 즉 여당에서 나오는 말처럼 '여기서 밀리면 끝장'이라는 것이다.

또 문 대통령은 조국 후보자만큼 자신에게 쓸모 있는 사람이 없다고 생각하기에, 지금까지 모든 걸 자기 뜻대로 밀어붙여 온 것처럼 이번에도 밀어붙이기만 하면 된다고 판단하는 것 같다.

국민들의 분노는 들불처럼 번지고 있는데 대통령의 판단이 만약 이러하다면 이는 심각한 위기가 아닐 수 없다.

이미 상황은 조국 후보자 검증 문제가 아니라 '조국 사태'가 되어 있다.

문재인 대통령이 계속해서 고집하는 한, 이제 '조국 사태'의 중심은 '조국'이 아니라 '문재인 대통령'이 될 것이다.

집권자가 이렇게 비상식적이고 비이성적으로 정권을 이끌어 갈 때 예외 없이 국민적 저항을 초래한 역사를, 우리는 그리 멀지 않게 알고 있다. '조국 후보자 사퇴 주장'은 '정권 퇴진 주장'이 될 수밖에 없다.

부디 이 점을 다시 한번 진실로 직시하기를 바란다.

2019. 8. 24.

조국 입장문, 역겹다

조국 후보자의 입장문을 보며 국민들은 역겨움을 느낀다.

그동안 그가 보여 온 말이나 행동과 그의 '진짜 삶'이 완전히 정반대였다는 데서, 국민들은 위선과 뻔뻔스러움의 극치를 느끼고 있다.

이제 그가 '정의'라는 말을 뱉으면, 역겹다.

그런데 그는 입장문의 서론에서 또 '촛불혁명' 운운하며 공정, 꿈, 이상, 민주주의, 정의, 인권, 개혁 등 결코 더럽힐 수 없는 그 고귀한 단어들을 그 위선의 입에 올리며, 더럽히고 있다.

그가 진정 반성하고 양심의 가책을 느낀다면 어떻게 그의 '진짜 얼굴'을 포장하였던 '가짜 말'들을 이 순간에도 이처럼 거창하게 또 나열할 수 있는가 국민들은 생각한다.

조 후보자는 촛불혁명 후 이제야 '높은 도덕을 요구하는 시대'가 된 것처럼 말하는데 조 후보자의 문제는 그 전에도, 그 한참 전에 비추어도 잘못된 것이고, 많은 후보들이 조 후보자보다 작디작은 문제로 숱하게 사퇴하고 낙마하였다.

그들은 버티지 못해서 조 후보자보다 모자라서 그랬는가. 양심이 있었기 때문이고 국민 앞에 겸허할 줄 알았기 때문이다.

조 후보자는 전혀 잘못을 인정하지 않는 변명을 늘어놓았다. "기존의 법과 제도를 따르는 것이 기득권 유지로 이어질 수 있다는 점을 간과했다."라고 한다.

이 대목에서 국민들은 반성이 아니라 도리어 '약을 올리는 것이냐'는 생각이 든다.

이미 드러난 사실만으로도 연구 윤리상 불법과 범죄를 저지른 것으로 간주되며, 법적 처벌을 받아야 한다.

구체적으로 조 후보자가 직간접 관계가 되어 있다면 조 후보자도 처벌 대상자이다. 만일 직간접 관계는 하지 않고, 결과적인 '아이의 논문 등재 사실'만 인지했더라도 조 후보자는 교수나 학자로서의 자격 상실이고, 교수직에서 즉각 물러남이 합당하다.

교수요, 학자라면 '2주 인턴으로 병리학 SCI 논문 제1저자 등재'가 어떤 식으로도 성립 불가하다는 걸 모를 수가 없기 때문이다.

이 점에서 사실 조 후보자는 장관 후보 이전에 교수직부터 먼저 사퇴함이 마땅하다.

이런 상황에서 "내가 아니면 안 된다."라는 이야기를 하고 있다.

수사받고 법의 심판을 받아야 할 사람이 "내가 아니면 법무부 장관 할 사람이 없다.", "내가 가서 권력 기관을 개혁 하겠다."라고 한다.

'교도소' 가야 할 사람이 끝까지 '법무부 장관'을 하겠다고 하고, 이를 끝까지 대통령이 밀어주는, 이게 나라인가, 이게 촛불혁명으로 세운 나라다운 나라인가 국민들은 묻고 있다.

지명권자인 문재인 대통령은 더 이상 국민들에게 조 후보자의 검증을 강요하지 말기 바란다.

더 이상 국민들의 가슴에 생채기를 내고 상처를 쌓지 말기 바란다.

문재인 대통령이 계속해서 고집한다면 국민들은 조 후보자가 아니라 대통령을 용납하지 않을 것이다.

2019. 8. 25.

엄정 수사로, 사회가 바로 서 있다는 것 보여 주어야 한다

조국 법무부 장관 후보자의 비위 의혹과 관련 검찰이 압수수색에 들어간 것이 혹여라도 면죄부용이거나 여론 무마용 꼼수가 되어서는 안 될 것이다.

사안의 중요성과 많은 사실들이 언론을 통해 밝혀지고 있는 상황에도 불구하고 검찰이 뒷짐 지고 바라본 시간이 너무 길었다.

'사람에 충성하지 않는다'는 윤석열 검찰총장이 너무 오래 망설인 것 같다.

마지못해 이루어진 궁여지책이 아니어야 한다. 혹여라도 들끓는 민심에 대한 여론 무마용 꼼수가 아니길 바란다.

혹여라도 이미 손발을 맞춘 면죄부용이라면 더 큰 분노를 부를 것이다.

엄정 수사해 조국 후보자의 '가짜 정의'가 아니라 보통 국민의 '진짜 정의'를 보여 주어야 할 것이다.

온갖 불의와 부정과 '분식'의 가면 앞에 그래도 사회가 바로 서 있다는 것을 보여 주어야 한다.

조 후보자는 "아이 문제에는 불철저하고 안이한 아버지"였다고 했지만 실상은 '철저하고 치밀하게' 스펙 관리를 이끈 아버지였다.

그러면서 법과 제도를 따랐다고 했다.

조 후보자는 '겸허한 고백'이라면서 법을 아는 사람답게 분명한 선을 그었다.

그러나 부정논문, 부정 입학 의혹과 관련해서만도, 법과 제도를 어긴 정황들은 계속해서 이어지고 있다.

국민들은 부정을 두고 부정이 아니라고 하고 옳지 않은 것을 교묘히 옳은 것인 양 '분식하는' 법무부 장관 후보자를 지켜보아야 했다.

검찰이 이를 속히 밝혀내지 못한다면 자격이 없다.

검찰은 시급히 수사 결과를 내어 사회 정의와 거꾸로 가는 조국 후보자와 지명권자인 대통령에게 분명한 '적신호'를 주어야 한다.

현 정부 검찰에 대한 국민들의 불신과 의심이 크다.

윤석열 검찰 체제가 크게 미덥지 못하다 하더라도 정의의 수호자로서의 소명 의식으로 사는 검사들의 원칙적인 수사를 기대하고 촉구한다.

2019. 8. 27.

후안무치한 청와대는 속셈 걷어치우고, 여당을 탓해야 할 것이다

청와대가 청문회 일정을 지키라며 압박을 하고 나선 것은 참으로 후안무치하다.

어떻게 된 상황인지 진위를 알면서도 이를 뭉개고 여론을 호도하는데 청와대가 두 손 두 발 걷어붙이고 나선 꼴이다.

여당이 야당을 향해 청문회를 할 생각이 없다며 십자포화를 퍼붓는 것에 보조를 맞추고 있는데, 청와대가 청문회 일정을 지키라는 것을 진정성 있게 말하려면 여당을 탓해야 할 것이다.

증인 없는 '맹탕 청문회'를 기도하고 고집하는 여당이 정상적인 청문회 개최에 협조하도록 유도해야 하는 것이다.

아니, 여당으로 하여금 '의회민주주의 훼손의 폭거'를 자행해서라도 청문회를 파탄 내도록 하는 '배후 조종'을 하지 말았어야 했다.

지금 '조국 청문회'가 파행으로 가고 있는 이유는 여당이 안건조정 신청이라는 꼼수로 증인 채택을 방해하고 청문회를 순연시키고자 의도했기 때문이다.

여당인 더불어민주당이 조국 후보자 청문회에 대한 진정성이 있다면,

자신들이 제출한 안건조정위에 성실히 임하든지 아니면 표결에 임하든지 해야 할 것이다.

그런데 어느 쪽으로도 협조를 하고 있지 않는 여당이고, 결국 청문회 5일 전에 증인 출석을 요청해야 하는데 이것을 무산시키는 데 성공한 것이다.

결국 정상적인 청문회 일정을 파탄시킨 장본인은 여당인 것이다.

이런 상황을 모르지 않을 청와대가 여당을 탓하기는커녕 여당의 정치 공세에 편승해 야당을 공격해 나서는 것은 결국 '무조건 조국 관철'을 위한 '숨 가쁜' 행보 이상도 이하도 아니다.

청와대는 "조국 후보자에게 소명할 기회도 주지 않고 정치 공세로 낙마를 시키고자 하는 의도로밖에 보이지 않는다. 대단히 유감이다."라고 했다.

정말 유감스러운 측은 국민이고, 뻔뻔스러운 이는 청와대다.

청와대야말로 국민의 의사와 상관없이, 도덕성이고 자질이고 상관없이 심지어 법적 결격 여부까지도 '묻지도 따지지도 않고' 조국 후보를 임명 강행하려는 의도를 노골적으로 드러내고 있다.

뻔뻔스러운 청와대는 분별이 있으면 여당을 탓하기 바란다. 청문회 무산 책임을 야당에 덮어씌우며 '조국 임명' 강행의 명분을 얻겠다는 뻔한 속셈부터 걷어치우기 바란다.

2019. 8. 30.

검찰 수사로 '문준용 취업 특혜설' 밝혀야 한다

문재인 대통령의 아들 문준용 씨의 취업 특혜설에 대해 검찰이 수사를 해 마무리를 해야 한다.

국민들은 문준용 씨가 조국 후보자 딸을 응원하고 나서며 결국 자신이 억울하게 살고 있는 것처럼 토로하는 걸 보며, 진정 문준용 씨를 자유롭게(?) 해 줄 필요를 느낀다.

문씨의 고용정보원 취업 특혜 의혹은 여전히 밝혀지지 않은 채 묻혀 있다.

문씨가 고용정보원에 부정 특혜취업한 것이 아니라는 점만 검찰이 명명백백하게 밝혀 준다면 문 씨의 억울함은 크게 해소가 될 것이다.

검찰이 '역린'을 피하는 동안 사실상 국민들 사이에는 문 씨의 특혜 채용이 기정사실처럼 굳어져 가고 있다.

희한하게 문 씨 특혜 채용 문제만 나오면 작아지는 청와대요, 작아지는 더불어민주당이었다.

이재명 경기지사가 "문 씨 특혜 취업 의혹도 조사할 수밖에 없게 될 것"이라고 하자, 위기의 '혜경궁 김 씨'는 '완전한 자유'를 찾았고, 이 지사는 꿈도 꾸지 못할 '무죄'를 얻어 냈다.

황교안 대표를 공격하고 김성태 전 원내대표를 몰아세우던 여당이 "문 씨 의혹까지 포함해 다 국정조사 하자." 하니까, 돌연 입에 지퍼를 채웠다.

그동안 유관 사건을 통해 검찰은 일정한 수사 내용을 가지고 있을 거라는 추정도 가능하다.

지난 대선 당시 '문재인 후보 아들 특혜취업 의혹'을 제기했던 우리 당 하태경 의원을 민주당이 '허위사실 공표에 따른 명예훼손' 혐의로 고발했고, 검찰은 무혐의 불기소 처분을 하면서 의미심장한 이유를 남겼다.

검찰은 "피의자(하태경 의원)의 의혹 제기는 다수의 신빙성 있는 자료를 바탕으로 한, 일응 합리적 추론에 근거한 것이므로… 허위사실 공표 고의가 있다고 인정하기 어렵다."라고 했다.

하태경 의원은 본인의 사건 수사 내용을 아예 공개해 달라고 검찰에 요구했고 검찰이 거부하자 '정보공개 거부처분 취소소송'을 법원에 냈으며, 원고 일부 승소 판결을 얻었다.

그런데 검찰은 매우 이례적으로, 항소를 했다.

이는, 법원이 '국민의 알 권리'를 이유로 들었기에 2심에서 뒤집힐 가능성이 낮음에도 불구하고 어떻게든 피해 보려 애쓰는 것으로 읽히고 있다.

만일 검찰이 문 씨의 특혜취업 진위에 대한 일정한 조사까지 진행했다면 이를 가감 없이 공개하면 될 것이다.

아니면 지금이라도 검찰은 조사를 통해 문 씨의 억울함(?)을 풀어 주기 바란다.

문준용 씨가 'SCI 병리학 논문 제1저자' 등 조국 후보자 딸의 부정 의혹을 감싸고 나오는 것을 보며, 참 윤리 의식이 바닥이고 판단력이 미천하다는 생각을 국민들에게 주고 있는 건 안타깝다.

이렇게 '조국 딸' 의혹을 빌려서라도 그렇게 억울하다고 목소리를 내고자 하니 정말 그에게 자유를 주는 것은 필요해 보인다.

문 씨는 '문재인 아들'이 아닌 '문준용'이고 싶고, 실력을 인정받고 싶다고 간접 토로했다.

문재인 대통령은 아버지로서 문 씨 취업 특혜 의혹을 낱낱이 밝혀 비로소 아들 문 씨를 해방시켜 주기 바란다.

검찰 수사로 '문준용 취업 특혜설'에 종지부를 찍어야 할 것이다.

2019. 8. 31.

청와대는 수사 개입 '폭거'를 당장 중단하라

청와대가 윤석열 검찰총장을 압박하는 것은 노골적인 수사 개입이고 검찰 독립을 부정하는 행위이다.

청와대가 '짜고 치는 판'에 엄살을 부리며 '쇼'를 하는 것인지 아니면 '급소'를 찔려 '다급하고 추한 몸부림'을 치는 것인지 국민들로서는 알 수 없다.

어느 쪽이든 국민의 분노를 사는 것은 같다.

"나라를 어지럽게 한다."라는 이해찬 더불어민주당 대표의 망발처럼 '민주주의를 어지럽게 하는' 행위이다.

살아 있는 권력도 겨누라고 하더니 막상 칼끝을 맞추니 '내가 그렇게 시켰냐'고 눈 부라리며 노발대발하고 있는 꼴이다.

이러면서 '검찰 개혁'을 운운한다.

조국 후보자는 압수수색이 들어가자 "의혹만으로 검찰 개혁의 큰길에 차질이 있어선 안 될 것"이라고 했다.

이게 무슨 말 같지 않은 소리인가.

자신의 의혹을 밝히면 검찰 개혁의 큰길에 차질이 생길 거라는 협박이 아닌가. 애당초 조국 후보자가 적임자라고 생각하지도 않았지만 '검찰 개혁'이라는 화두로 '물타기'를 하며, '조국 비리'에서 '검찰 개혁'으로 프레임을 돌리려 억지를 쓰고 있다.

검찰을 쥐고 흔들려는 속셈을 노골적으로 드러내면서 어찌 검찰 개혁이라는 말을 입에 올릴 수 있는가.

청와대는 다시는 그 비열한 입에 검찰 개혁이라는 말을 올리지 말기 바란다.

국민들은 윤석열 검찰총장은 문재인 대통령의 '우리 총장'이지 '국민의 총장'이라고 생각하지 않는다.

국민들은 윤석열 총장을 '그때 그 촛불'을 들고 지켜볼 것이다.

청와대는 엄살을 떨려거든 작작 떨고, 수사에 개입하고자 한다면 반민주적 '폭거'를 당장 중단하기 바란다.

2019. 8. 31.

조국 후보자 청문회 후 검찰로 갈지, 청문회 없이 검찰로 갈지는 여당과 청와대에 달려 있다

조국 법무부 장관 후보자의 청문회를 무산시키기 위해 똘똘 뭉친 청와대와 더불어민주당의 맹성을 촉구한다.

더욱이 청문회 무산 책임을 야당에 떠넘기며 '조국 임명 강행'의 명분을 취하고자, 갖은 꼼수와 거짓 선동, 가짜뉴스를 총동원하고 있는 청와대와 여당의 '단일 대오'에 깊은 유감과 분노, 처량함이 교차한다.

청문회가 무산 위기에 처한 것은 여당인 더불어민주당의 기습적인 안건조정 신청에 기인한다.

민주당은 '조국 청문회'에 조국 후보의 가족 출석을 막으려고 인사청문회 사상 초유의 증인 채택 안건조정 신청이라는 어처구니없는 일을 저질러 청문회 일정을 의도적으로 파탄시켰다.

이는 우리 당 오신환 원내대표가 강하게 비판했듯이 '의회민주주의와 삼권분립 원칙을 훼손하는 폭거'에 다름 아닌 행위이다.

이렇게 해 놓고 뻔뻔스럽게 여당과 청와대가 앞서거니 뒤서거니 하며 야당이 청문회를 무산시키려 한다고 악다구니를 쓰고, 다시 또 이미 죽어 없어진 '국민청문회'를 만지작거리고 있다.

예정된 일정대로 청문회가 진행되려면 청문회 5일 전에 증인 출석을 요청해야 하는데 이를 안건조정 신청이라는 꼼수로 기습적으로 무산시킨 장본인이 여당이고, 결국 청문회는 순연이 불가피해졌다.

이인영 원내대표는 청문회에 가족을 부르는 것이 '패륜'이라며 선정적인 공세에 주력하는데 참으로 철면피를 쓰고 말을 해야 할 것이다.

그동안 가족이 청문회에 나온 사례는 많고도 많다. 더욱이 조국 후보자의 경우는 국민들이 총체적인 '가족 범죄' 의혹으로 인식하고 있는 마당에 백 보 양보한들 어떻게 피해 갈 수만 있겠는가.

부정 입학과 부정 장학금, 부정 학교재단, 부정 사모펀드 등 일일이 거론하기도 벅찬 각종 의혹들이 전부 가족들이 공모해 벌인 일이지 않은가.

실상이 이렇다면 조국 후보자도, 여당도 어느 정도는 협조를 해야 순리대로 진행이 될 텐데, '맹탕 청문회'를 위해 해도 해도 너무하고 있는 것이다.

청와대 강기정 수석은 책임을 야당에 뒤집어씌우는 '가짜뉴스 살포'를 중단하고 국민 앞에 사과하기 바란다. 민주당 원내지도부와 법사위원들도 청문회를 살릴 요량이면 서둘러 성실한 자세로 나서기 바란다.

조국 후보자에게 청문회라도 하고 검찰로 향하게 할지 아니면 청문회 없이 검찰로 직행하게 할지를 결정하는 것은 오직 여당과 청와대의 태도에 달려 있다 할 것이다.

2019. 8. 31.

이인영 원내대표는
오신환 원내대표의 타협안을 받아 '조국 청문회' 해야 한다

'조국 청문회'와 관련 더불어민주당 이인영 원내대표는 우리 당 오신환 원내대표가 제안한 안을 수용할 것을 재차 촉구한다. 청와대도 협조해야 한다.

오 원내대표는 청문회 증인으로 조국 후보자의 부인과 동생을 채택하는 것으로 타협안을 제시했다. 그리고 증인 소환장을 5일 전에 보내야 하기에 현실적으로 5~6일 청문회를 개최할 것을 제안했다.

더불어민주당 이인영 원내대표는 청문회를 예정대로 개최하자고 하는데 사실은 청문회를 할 생각이 없다는 소리를 하고 있는 것이다.

현 상황에서 어떤 타협안도 내놓지 않고 자기 고집만 피우는 것은 결국 청문회를 할 의지가 없다는 의미로 받아들여질 뿐이다.

말만 앵무새처럼 하고 있지, 실제 야당을 설득하는 노력도 전혀 보이지 않는다.

분명히 할 것은 청문회 무산의 책임은 전적으로 여당에 있다는 사실이다. 여당은 안건조정 신청이라는 '꼼수'를 고안하고 기습적으로 밀어붙이는 '폭거'를 통해 청문회 일정 자체를 파탄시켰다.

청문회 역사상 초유의 꼼수다. 기상천외한 꼼수는 기발했지만 결국 청문회를 하지 말자는 의도를 뻔뻔하게 행동으로 옮긴 것이다. 청문회 무산의 진짜 책임은 바로 여당에게 있다.

상황을 이렇게 만들어 놓고 여당은 청문회 무산 책임을 야당에 돌리는 정치 공세에 '올인'하고 여기에 청와대까지 가세하고 있다.

후보자 가족이 청문회에 나온 사례는 많을 뿐 아니라, 조국 후보자의 경우는 총체적인 '가족 범죄' 의혹이 되고 있는데 조 후보자의 가족에 대한 증인 채택 자체를 원천적으로 거부하는 민주당은 지나쳐도 너무 지나친 생떼를 쓰고 있다.

민주당은 오히려 증인 채택의 이견을 빌미 삼아 파행을 초래함으로써, 이 기회에 청문회 자체를 아예 무산시키는 전략으로 나아가고 있다.

사모펀드 의혹만 하더라도 조 후보자는 부인에게 미루고 있다. 조 후보자는 처음에는 전혀 모른다고 했다가 나중에는 '왕손'이라 믿고 맡겼다고 했다. 그리고 그 왕손이라는 5촌 조카는 긴급히 해외로 도피해 버렸다.

이런 '가족 관계'는 한 예에 불과하다. 이런 상황을 완전히 무시하며 민주당은 조 후보자만 앉혀 놓아야 한다고 고집하고 있으니, 청문회를 처음부터 '맹탕 청문회'를 넘어 '국민 우롱 청문회'로 만들자고 하고 있는 것이다.

9월 3일이 지나면 '대통령의 시간'이라며 결국 대통령의 임명 강행 여지만 키우고 있다. 아예 '청문회 안 해도 된다'는 의식이 내적으로 굳어진 것 같다.

여당이 북을 치고 청와대가 장구 치며 앞서거니 뒤서거니 정치 공세를 펼치는 걸 보면 여당과 청와대의 의견 조율과 '밀약'도 다 마무리된 것 같다.

정말 국민 무서운 줄 모르는 정권이다.

결국 청문회 무산 전략을 성공시키고, 대통령의 시간이라며 문재인 대통령의 임명 강행 수순으로 들어가는 것은 결코 용납할 수 없다. 이는 크나큰 국민적 지탄을 받을 것이고, 국민의 분노에 기름을 끼얹게 될 것이다.

사실 조국 후보자는 이미 자격 상실이며, 검찰 수사를 받으러 가는 것이 급선무이다.

하지만 청문회를 통해 직접 소명할 기회라도 주고자 하는 것이다.

더불어민주당과 청와대는 우리 당 오신환 원내대표의 타협안을 수용해 청문회 절차를 순조로이 밟을 수 있도록 협조할 것을 다시 한번 촉구한다.

2019. 9. 1.

달나라에 가 있는 대통령의 상황 인식, 기가 막힐 뿐이다

문재인 대통령이 동남아 3국 순방을 떠나며 국내 상황에 대해 언급한 내용이 아쉽고도 놀랍다.

문 대통령은 조국 법무부 장관 후보자 딸의 대학입시 관련 의혹에 대해 "논란의 차원을 넘어서서 대학입시 제도 전반을 재검토해 달라."라고 했다고 한다.

느닷없이 '대학 입시 제도'를 가져와 조 후보자 의혹과 국민의 공분에 이렇듯 '물타기'를 해야 하는 것인지 참 유감이다.

대입 제도가 문제이지 조국 후보자의 도덕성과 조국 후보자 딸의 논문 논란 및 입시 부정 의혹은 아무런 문제가 없다는 것인가. 그 대입 제도하에서 오직 정직하고 성실하게 임해, 조 후보자의 특권과 반칙에 밀린 수많은 학부모들의 허탈감, 청년들의 좌절감은 무엇인가.

또 대통령은 "청문회가 정쟁화해 좋은 사람을 발탁하기 어렵다."라고 했다.

귀가 의심스럽고 어안이 벙벙하다.

국민의 총체적 분노와 절망을 가져오고 있는 '조국 사태' 국면에서, 더욱이 해외 순방을 떠나며 대통령이 할 소리인가 귀를 의심한다.

대통령이 '국민 염장'을 지르고, 국민 분노에 불을 붙이며 비행기에 오르고 있지 않은가.

정말 대통령의 상황 인식이 달나라에 가 있다.

앞서 별도 논평에서 밝혔듯이 문재인 대통령의 동남아 3개국 순방의 성공을 진심으로 바라면서 당부를 한다면, 부디 순방 중에 '조국 임명'을 전자 결재하는 우는 범하지 않기를 바란다.

무엇을 상상하든 그 이상을 보여 주는 대통령이기에 그리고 현 사태에 대한 상황 인식이 너무나도 안이해 이런 기우와 당부까지 남기게 된다.

참으로 기가 막힐 뿐이다.

2019. 9. 1.

'정치하겠다고 덤비는' 이낙연 총리는 당장 물러나라

이낙연 국무총리도 박상기 법무부 장관도 검찰을 비난하고 나오는 게 '정상'이 아니다.

대통령을 대신해 행정부를 총괄하는 총리가 산하 행정 부서를 폄훼하고 비난할 거라면 자신이 먼저 옷을 벗을 책임을 통감하는 것이 순리다.

본분도 망각하고 책임감이라고는 찾아볼 수 없이 총질을 하고 있으니, 완전히 '콩가루 정부'가 아닌가.

결국 살아 있는 권력에 대해 수사했다고 검찰에 노발대발하는 꼴이니 이 총리는 과연 총리로서 자격이 없다.

더욱이 검찰은 독립성이 중요한데 총리가 "검찰이 정치를 하겠다고 덤빈다."라고 '거품을 무는' 것은 명백한 수사 외압이다.

국민들이 보기에는 이 총리가 '정치하겠다고 덤비는' 것 같다.

우리 국민들은 문재인 정부 검찰은 '충견' 중에서도 충견이라고 보고 있다.

무소불위 권력이 검찰의 양심과 정의의 칼날을 다 '잘라 버렸지' 않은가.

그러면서 "살아 있는 권력도 엄정하게 임해 달라." 너스레를 떨던 문재인 대통령이었다.

그런데 이제 와 '충견이 주인을 문다'고 '정신줄 놓고' 비명을 지르고 있다.

국민들은 안중에도 없는 이율배반과 자중지란이 부끄럽지 않은가. 국민들 앞에 양심도 예의도 팽개쳤다.

노골적인 '수사 외압'으로 정치하겠다고 덤비는 이 총리는 총리 자격이 없다. 당장 물러나야 할 것이다.

2019. 9. 5.

조국 후보자 부인 정경심 씨에 대한 신속한 강제 수사가 이루어져야 한다

조국 후보자 일가의 비리 의혹에 대한 검찰 수사가 진행되는 가운데, 검찰이 조국 후보자 부인 정경심 교수를 '피의자 신분'으로 소환할 예정이라고 한다.

조국 후보자 부인의 무차별 '자녀 스펙 조작' 의혹에 대해 검찰은 좌고우면하지 말고, 공명정대한 수사를 진행해야 한다.

더욱이 정 씨의 증거인멸 시도까지 보도됐다. 유시민 노무현재단 이사장과 김두관 의원도 거들고 나섰다. 마치 벌통을 건드린 듯하니, 주변인의 공조와 회유 협박을 막고 증인 보호와 증거 보존을 위해서도 정 씨에 대한 신속한 강제 수사가 필요한 상황이다.

더불어민주당이 정 씨의 청문회 증인 출석을 결사적으로 막은 이유를 알 것 같다.

'모른다'는 말만 반복하던 조국 후보자였고, 그렇다면 결국 아는 사람은 정 씨로 귀결되었다.

'조국 청문회 일정'이 잡혔지만 핵심 증인이 없는 '허울뿐인 청문회'로는 실체적 진실을 확인하기 어렵게 되었다.

검찰의 '조국 일가 수사'에 대해 총리까지 나서서 비판 공세를 펼치고 있지만, '검찰 수사가 조국 후보자에게 면죄부를 주기 위한 짜고 치는 전략이 아닌가' 하는 국민적 의구심도 여전히 남아 있다.

국민적 신뢰 회복을 위해서도 검찰은 '살아 있는 권력'에 굴복하지 말아야 한다.

수많은 정황 증거와 신빙성 있는 진술들이 도처에 널려 있는 만큼, 검찰은 이를 정확히 취합, 분석해 실체적 진실을 밝히기 위한 공정수사에 매진해야 하고 또, 신속한 수사가 이루어져야 한다.

'국민과 함께 하는 검찰'을 취임 일성으로 내걸었던 윤석열 총장의 의지를 '말이 아닌 행동'으로 보여 주기 바란다.

2019. 9. 5.

청와대의 위험한 개입

청와대가 조국 후보자 부인의 '동양대 총장상 위조 의혹'에 대해 직접 부인하고 나왔다.

후보자를 지명해 놓고 청와대가, 사안마다 작든 크든 수시로 나서서 후보자 의혹을 부인하는 풍경은 참 생소하다.

'국회의 시간', '국민의 시간'과 '대통령의 시간'이라는 일정한 구분도 여지없이 무력화되고 있다.

더욱이 검찰이 수사를 하고 있는 사안이다.

검찰도 공식 입장까지 내고 "수사 개입으로 비칠 우려가 있다."라며 즉각 반발하였다.

결국 청와대는 초법적 행동을 계속하고 있는 셈이다.

후보자 검증을 놓고 청와대가 검찰 수사에 개입하고 있는 상황은 매우 심각한 위법 행위가 될 수 있다.

청와대와 더불어민주당 그리고 후보자가 짬짜미한 '청문회 패싱' 행위에 대해 원로 정치학자인 최장집 명예교수가 "대통령이 법과 제도, 나아가 정당정치의 규범들을 무시하고 뛰어넘는 것은, 민주주의 기본 원칙을 넘어서는 권력 남용 내지 초법적 권력 행사"라고 비판한 내용을 기억해야 한다.

국회 무시의 초법에서 검찰 독립을 해치는 초법까지 청와대의 행위가 매우 위험하고 위태로운 상황이다.

국민의 눈에 제왕적 대통령의 오기는 야당을 '적'으로 만들다 못해 검찰과도 싸우려 하고 있다. 야당이고 국민이고 심지어 검찰이고, 내리누르고 '이겨 보겠다'는 대통령의 오기만이 어른거린다.

'국회 패싱'의 삼권분립 훼손과 검찰 외압의 권력 남용이라는, 민주주의 규범과 원칙 파괴의 반헌법적 행위는 추후라도 반드시 짚고 넘어가야 한다.

2019. 9. 5.

검찰은 유시민 이사장 즉각 수사하고, '특권 카르텔'의 반헌법 항명자들을 발본색원 처벌할 것을 국민이 명한다

조국 후보자가 최성해 동양대 총장과 직접 통화했다는 사실과 통화 내용이 충격을 주고 있다.

증거 인멸과 위증 교사 혐의까지 추가해야 할 상황이다.

검찰은 '시나리오' 운운하는 등 증거 인멸과 위증 교사 시도로 보이고 있는 유시민 노무현재단 이사장을 즉각 수사해야 한다.

유 이사장의 변명은 언론 기자를 모함하는 등 구차하고 비열하기 짝이 없다.

비슷한 행동으로 여겨지는 김두관 의원도 마찬가지다.

검찰이 수사를 통해 진위를 밝혀야 한다.

증거 인멸 정황이 속속 나오고 있는 조국 후보자 부인 정경심 씨도 즉각 구속 수사해야 할 것이다.

사실상 조국 후보자 비호를 위해 청와대와 더불어민주당, 국무총리와 법무부 장관 등 문재인 정부의 당정청과 많은 여권 유명 인사들까지, 총체적이고 조직적으로 가세하고 있고, 총동원되고 있다.

윤석열 총장은 취임사에서 "공정한 경쟁질서의 확립"이 "검찰이 국민을 위해 중시해야 할 최우선 가치"라고 했다.

"공정한 경쟁이야말로 우리 헌법의 핵심 가치인 자유와 평등을 조화시키는 정의"라면서 "특히 권력기관의 정치·선거개입, 불법자금 수수, 시장 교란 반칙행위, 우월적 지위의 남용 등 정치 경제 분야의 공정한 경쟁질서를 무너뜨리는 범죄에 대해서는 추호의 망설임도 없이 단호하게 대응해야 할 것"이라고 밝혔다.

조국 후보자의 의혹들은, 공정한 경쟁이 '금수저'와 특권층의 카르텔과 반칙, 편법, 몰상식과 비도덕에 의해 얼마나 심각하고도 손쉽게 무너지고 있는지 여실히 보여 주었다.

청와대와 민주당 그리고 박원순 시장, 이재명 지사 등 유명 정치인과 조국 후보자를 비호해 나섰던 많은 유명 인사들은 결국 '공정 경쟁'에 저항하는 거대한 '특권 카르텔'이다.

급기야 대통령에 대한 항명, 쿠데타까지 말하고 있다. 검찰총장 탄핵까지 거론한다.

온갖 비명을 지르며 검찰을 겁박하고 협박하며 포박하고 있다. 이성을 잃은 총공세를 펼치고 있다.

국민들은 이들이야말로 '국민에 대한 항명'이며 '헌법에 대한 쿠데타'를 벌이고 있다고 본다.

검찰은 국민과 헌법의 이름으로 이 항명자들을 모조리 발본색원해 처벌해 주기 바란다.

검찰이 윤 총장의 취임사에서 밝힌 최우선 가치에 충실한 임무를 수행하고 있다면 국민은 정권의 편이 아닌 검찰의 편임을 명심하기 바란다.

부조리한 정권이 저항하고 있고, 국민이 명령하고 있다.

2019. 9. 6.

어느 누구도 진실을 이길 수 없다

조국 후보자의 부인 정경심 씨가 기소됐다. 당연한 결과다.

만천하에 드러난 사실에도 불구하고, 참 어려웠다.

공정 사회를 위한 상식적인 검찰 수사에 문재인 정부 청와대와 더불어민주당, 국무총리와 법무부 장관 등 당정청과 많은 여권 유명 인사들까지 총동원되어 총체적이고 조직적으로 저항했다.

대통령에 대한 항명이니 쿠데타니 윤석열 총장을 탄핵해야 한다느니 온갖 비명을 질러 댔다.

우리 사회에 정의가 있는가. 상식이 있는가. 윤리가 있는가. 정의를 이렇게 쉽게 농락할 수 있는 사회가 정상이며, 참된 사회인가.

어느 누구도 진실을 이길 수 없다.

제왕적 대통령도 정의를 이길 수는 없다.

조국 후보자는 지금까지의 절망만으로도 충분하다.

조 후보자는, 정경심 씨가 기소되면 법무부 장관을 "고민해 보겠다."에서 "답 않는 게 맞는다."에서 "임명권자의 뜻에 따르겠다."라고 했다.

조 후보자가 못하면 문재인 대통령이 지명 철회를 결단하기 바란다. 그리고 사과하기 바란다. 진심으로 사죄하기 바란다.

그래도 국민의 분노는 가시지 않을 것이다.

또한 검찰을 협박하고 포박한 반헌법의 권력남용과 민주주의 파괴 행위는 '조국 사태'의 대미와 상관없이, 국민이 분명히 따질 것이다.

2019. 9. 7.

심상정 대표, 비겁하다

'정의당다움'을 놓아 버린 정의당에 국민들의 실망이 크다. 정의당이 국민들로부터 크게 멀어지고 있는 상황이 안타깝다.

심상정 대표는 기득권을 위해 비겁한 길을 선택했다.

정의당에 '정의'는 없다. 이제 진보 진영 전체에서 정의는 실종하였다.

진보 진영의 자정을 위해 그마나 실낱같은 역할이라도 해 주기를 바랐던 마음, 진보의 양심과 보루를 위해 최소한의 호루라기가 되어 주기를 바랐던 기대는 애당초 헛된 것이었음을 깨닫는다.

심 대표가 지난 22일 말한 바, "이삼십대에는 상실감과 분노를, 사오십대는 상대적 박탈감을, 육칠십대는 진보 진영에 대한 혐오를 표출하고 있다."라고 한 데서 어떤 상황이 달라졌다고 생각하는지 궁금하다.

지금은 오히려 조국 후보자나 문재인 대통령이 아니라 검찰을 비판하는 데 집중을 하고 있다.

"진영논리에 휘둘리지 않겠다."라고 해 놓고 결국 진영논리를 선택했다. "실체적 진실을 통해 검증을 하겠다."라고 해 놓고 드러난 실체적 진실에도 눈감았다.

진실을 밝히고자 하는 검찰을 비난하면서, 조 후보자의 의혹에 대해서는 처음에도, 중간에도 지금도 '모르겠다'는 식이다.

지금 검찰이 잘못됐으면 '정유라 부정 입학'을 수사한 검찰도 잘못됐다고 말하기 바란다. 지금 '조국 부부'를 비호하려면 당시의 최순실 씨가 잘못되지 않았다고 말하기 바란다.

결국 정의당도, 심상정 대표도 '신특권 카르텔'에 동참을 선언했다.

조국 후보자의 위선을 통해 보여진 특권층만을 위한 우리 사회의 어두운 카르텔을 인정하고 그편에 서겠다는 선택이다.

심상정 대표는 얼마 전 대표 수락 연설에서, "이제 정의당은 정의당의 길을 갈 것"이라고 했다. "민주당과 개혁경쟁을 넘어 집권경쟁의 길로 나아가겠다."라고 했다.

그러면서 "정의당이 권력을 가질 때 대한민국에 어떤 일이 일어날 것인지 상상해 달라."라고 했다.

민주당과 개혁경쟁, 집권경쟁을 할 수 있는 기회를 걷어찼고, 민주당보다 더 후퇴하며 뒷걸음질 쳤다.

기득권을 위해 비겁자가 되어 버린 심상정 대표와 정의당을 보며, 국민들은 무엇을 상상해야 하는가.

'정의'에 민감하고 두근거렸던 그들의 '왼쪽 가슴'은, 더 이상 뛰지 않을 뿐이다.

2019. 9. 8.

검찰 공격하는 위선적 권력의 추함, 멈추기 바란다

우리 국민들은 '조국 사태'를 거치며 우리 사회의 '진보'를 자처했던 이들의 위선을 똑똑히 목격하였다.

'진보'를 말하고 '정의'를 말하며 큰 대중적 인기를 모았던 많은 유명 인사들 그리고 정치인들 또 이른바 '586 운동권' 정치인들 등 그들의 허위의식과 표리부동함을 적나라하게 보고 있다.

그들은 더 이상 우리 사회의 진보가 될 수 없으며 진보를 대표할 수 없고, 오히려 '기득권 수구 집단'이 되고 있다는 사실을 직시한다.

아울러 우리는 검찰을 비난하는 그들의 행태를 보며 문재인 정부 권력집단의 위선을 정면으로 본다.

아시다시피 청와대와 더불어민주당, 국무총리와 법무부 장관 등 정부까지 총동원되어 검찰을 공격하고 있다.

'조국 사태'는 '제왕적 권력'과 검찰과의 일전(一戰)이 되어 버렸다.

문재인 정부의 당정청은 '부조리한 권력 카르텔'의 민낯을 알몸으로 보여 주고 있다.

대통령의 인사권에 대한 도전, 대통령에 대한 항명, 쿠데타, 정치검찰 등 온갖 극단적인 말들이 다 쏟아져 나왔다.

"검찰을 수사해야 한다."라면서 노골적으로 압박하고, "검찰총장을 탄핵해야 한다."라고 주장한다.

그런데 이 사람들은 윤석열 검찰총장이 이 정부 들어서서 적폐수사를 지휘할 때 '윤비어천가'를 불러 댔던 사람들이다.

오른편에 '조국 민정수석', 왼편에 '윤석열 총장'의 두 수레바퀴로 가는 '석국열차'에 온갖 기대를 품고 칭송을 아끼지 않던 사람들이다.

더욱이 윤 총장은 지난 정부 탄핵 당시 특검을 진두지휘했던 인물이다.

문재인 대통령은 윤석열 총장에게 임명장을 줄 때 "우리 윤 총장"이라고 친근감을 표현하며, "권력에 휘둘리지 않고 눈치도 보지 않고 아주 공정하게 처리해서 국민들 희망을 받으셨는데, 그런 자세를 앞으로도 계속해서 끝까지 지켜 달라."라고 말했다. 그러면서 "살아 있는 권력에도 엄정하게 임해 달라."라고 했다.

국민들이 보기에 윤석열 총장은 전혀 달라진 게 없다. 특검 때나 적폐 수사 때나 지금이나 똑같다.

검찰을 비판하는 문재인 정부 당정청의 '살아 있는 권력 카르텔'이 지금의 검찰 수사를 비판하려면, '정유라 부정 입학' 수사도 잘못됐다고 말해야 할 것이다. '조국 부부'가 잘못이 없다고 말하려면 최순실 씨가 잘못이 없다고 고백해야 그래도 일관성이 있을 것이다.

검찰은 그때나 지금이나 다를 것 없이 하고 있는데 그들은 정반대의 다른 말을 하며 오히려 지금은 검찰을 공격하는 데 온 화력을 쏟아붓고 있다.

그러면서 '검찰 개혁'을 한다고 한다. '권력 기관을 개혁하겠다'고 한다. 어떻게 이런 '위선'을 가지고 '개혁'을 말할 수 있는지 국민들은 어처구니가 없다.

살아 있는 권력을 겨누었다고 이성을 잃고 몽둥이를 휘두르는 사람들이 어떻게 권력 기관의 개혁을 운운할 수 있단 말인가.

결국 우리 국민들은 부끄러운 일부 '진보'의 위선과 함께 '문재인 정부'의 위선을 똑똑히 보고 있다.

문재인 정부 당정청의 인사들이 총궐기하여 검찰을 비판하려거든, "살아 있는 권력에도 엄정하게 임해 달라."라고 했던 문재인 대통령을 먼저 탓하기 바란다.

부디 '위선적 권력의 추함'을 당장 멈추기 바란다.

2019. 9. 8.

문재인 대통령은 조국 후보자 지명을 즉각 철회하고, 자연인 조국 씨는 수사에 성실히 임해야 한다

문재인 대통령이 조국 후보자 임명 여부를 고심한다며 시간을 끌 게 아니라 즉각 지명 철회해야 한다.

이미 조국 후보자는 자격을 상실했다는 게 국민들의 판단이다.

오히려 상처가 너무 컸다.

대한민국에 드리운 '조국 사태'의 부정적 여파를 어떻게 수습해야 할지 더 큰 걱정이 앞서는 상황이다.

너무 끌었고 너무 무리를 했다.

조 후보자가 연루된 법적 문제는 없다는 말은 하지 말아야 할 것이다.

당장 검찰은 조국 후보자의 증거 인멸 및 위증 교사 시도와 관련 직접적이고 신속한 수사를 진행해야 한다.

아직도 '검찰 개혁의 적임자'라는 어불성설 역시 그만두어야 할 것이다.

상식적인 수사를 하고 있는 검찰을 향해 청와대, 여당, 정부까지 나서 십자포화를 퍼부으면서 '검찰 개혁'을 운운하는 것은, 검찰과 권력기관을 권력의 사유물로 만들겠다는 공공연한 선언이다.

검찰을 개혁해야 하는데 개혁에 저항하느라고 수사를 한다는 프레임은 이 정도 써먹었으면 이제 그만 걷어치우기 바란다.

참으로 국민을 무시하다 못해, 헌법을 유린하다 못해, '국민을 개돼지로 보는' 게 아니라면 그럴 수 없는 것이다.

자연인 조국 씨를 대상으로 수사하고 정리해야 할 것은 너무 많다.

대통령이 조국 후보자에게 성실히 조사에 임하게 함으로써 이제라도 가족을 돌보고 법의 심판을 달게 받게 하는 것이 대통령과 조국 후보자 그리고 나라를 위해 할 수 있는 최소한임을 명심해야 한다.

2019. 9. 8.

정의당은 하심(下心)하여 국민을 보기 바란다

정의당은 진심 어린 충고에 하심(下心)하기 바란다.

알고도 모르는 척하면 안 된다.

더불어민주당과 자유한국당의 불성실함과 파행 속에서 9월 2~3일 중재안을 성사시키고, 증인 조정도 타협안을 내는 등 정상적인 '조국 청문회'를 위해 가장 성실하게 노력하고 정치 역량을 발휘한 장본인이 오신환 원내대표임을 국민들은 안다.

그럼에도 기어이, 거대 양당의 독선과 짬짜미, 문재인 대통령의 독단이, 국회의 권위와 존엄을 실추시키는 정도가 아니라 땅속에 처박았고, 청문회를 '반(反)헌법적 조국 지키기 쇼'로 전락시켰던 처사를, 역시 알면서도 생략하면 안 된다.

아울러, 오신환 원내대표와 하태경 최고위원이 과거 바른정당의 창당 주역임을 기억할 것이다.

박근혜 정부 탄핵 국면에서, 오직 정의를 쫓았고 기득권을 버렸으며 진영논리를 거부했다.

조국 법무부 장관 후보의 위선이 '진보의 위선'이 되고 있는 상황, 박근혜 정부 탄핵 당시에 비견되는 절망감과 허탈감을 안기고 있는 '조국 사태', 국민의 상식과 정의를 제왕적 권력으로 깔아뭉개려 드는 '박근혜 대통령 시즌2 문재인 대통령' 앞에서, 정의당은 어떻게 처신하고 있는가.

정의가 아닌 기득권을 좇고 올바름이 아닌 진영논리에 스스로 갇히고 있지는 않은가.

그래서 고작 민주주의 퇴행과 헌법 파괴의 '들러리'인가.

구차한 핑계와 비겁한 변명으로, 사회의 '진보'를 만들 수 없음은 자명하다.

'정의'는 고난 속에서도 두근거리는 가슴으로 쟁취하고 지켜 가는 것이라 믿고 있다.

편안한 자리에 앉아 알량한 셈법으로 취할 수 있는 과실은 더더욱 아닐 것이다.

나를 보지 말고, 그때 당신의 옆에서 촛불을 들었던 국민을 보기 바란다.

2019. 9. 9.

'법무법인 청와대'의 '김광진 변호사', 정무비서관 즉각 사퇴하라

청와대의 검찰 외압이 비판을 받고 있는 가운데 '청와대 정무비서관'이 조국 후보자 부인 정 씨의 '변호사' 노릇을 자처하고 나섰으니, 결코 자리에 맞지 않고 당장 물러나야 한다.

정무비서관이 '정무적 판단'이 얕고 부적절하기 짝이 없으며, 천지 분간 못 하는 가볍고 천박한 처신에, 계속 있다가는 청와대를 망가트릴 주범의 공산이 크다.

김광진 정무비서관은 자신의 SNS에 '조국 후보자 부인 정 씨의 해명 글'을 신속하고도 보란 듯이 올렸다.

'정 씨의 컴퓨터에 있었던 총장직인 그림 파일에 대한 해명'과 '검찰의 수사 방향에 대한 비판'의 내용이 담긴 글을 청와대 참모가 게재한 것은 검찰에게 수사 가이드라인을 제시한 것일 뿐만 아니라, 명백한 검찰 압박이다.

조 후보자의 부인 정 씨는 자녀 허위 표창장 의혹으로 검찰에 기소까지 된 범죄혐의자다. 연구실 컴퓨터를 비롯해 각종 서류를 밖으로 빼돌리는 증거인멸 시도와 더불어, 동양대 총장에게는 협박성 전화까지 일삼는 등 수상한 행적과 정황이 연일 보도를 통해 드러나고 있는 상황이다.

청와대 참모들이 '내란 음모', '미쳐 날뛰는 늑대' 등의 거친 표현으로 잇따라 검찰을 비난하더니, 이제는 대놓고 범죄혐의자를 편들며 '조국 일가의 대변인'으로 전락하고야 만 것이다.

더군다나, 대통령을 대신해 정치적 소통과 협의의 중심에 서 있는 정무비서관의 이런 경거망동은 문재인 대통령의 심중마저 '국민보다는 조국을 향해 있다'는 것을 드러내는 일밖에 되지 않는다.

여권을 향해서도 성역 없는 수사를 주문하던 배포는 어디 가고, 중립은커녕 자신들의 털끝 하나라도 다칠까 봐 수사기관 무력화에 골몰하는 것이 '이 정권의 민낯'이자, '문재인식 검찰 개혁'의 본질이 되고 있다.

'법무법인 청와대'의 '김광진 변호사'는 정무비서관직에서 즉각 사퇴하기 바란다.

청와대의 전방위적인 '조국 수호'에 비춰 볼 때, 비단 김광진 비서관에 국한되는 일은 아니다.

환골탈태(換骨奪胎)와 맹성이 없이는, '이 정권 전체가 국민에 의한 집단 퇴진을 당할 수밖에 없다'는 사실을 분명하게 기억하기 바란다.

2019. 9. 9.

대통령은 국민에게서 '옳고 그름의 경계'를 앗아 갔다

대통령은 '조국 일가'가 조직적으로 감행한 파렴치한 범죄 의혹들을 외면하고, 이를 끝까지 검증하고자 노력한 국회와 인사청문회를 비판했다.

국회 인사청문회를 무력화시킨 더불어민주당의 안건조정 신청 꼼수와 증인 신청 최소 기간인 5일을 가볍게 무시한 대통령의 재송부 요청 등 '의회민주주의와 삼권분립 원칙을 훼손하는 폭거'에 다름 아닌 행위들을 망각하며, 다시 한번 국회의 존엄과 권능을 조롱하고 있다.

대통령의 "개혁성이 강한 인물일수록 청문회가 어렵다."라며 "답답함을 토로하고 싶다."라는 말은, 국민들의 참담함을 앞에 놓고 '우는 아이 뺨 때리는' 처사이다. 국민들의 시뻘건 생채기에 소금을 한 줌을 흩뿌리고 있다.

"명백한 위법행위가 확인되지 않았는데 의혹만으로 임명되지 않는다면 나쁜 선례가 될 것"이라고 했는데 그동안 수많은 사람들이 도의적 책임과 자질 및 자격 미달로 낙마했다.

그동안 낙마한 사람들 중 조국 후보자처럼 의혹이 많고 흠결이 명백한 경우가 없었다.

권력기관 개혁을 핑계로 삼지 말기 바란다. 이미 권력기관을 내 손아귀에 두겠다는 의도를 노골적으로, 다 보여 주었다.

개혁을 하려면 자신이 먼저 깨끗해야 하고 정의로워야 한다. 개혁의 대상이 개혁을 할 수는 없는 법이다.

대통령은 또 제도 탓을 한다.

제도를 악용하고 반칙하고, 양심과 윤리의식을 상실한 사람이 문제이지 어떻게 제도가 문제란 말인가.

특권과 반칙, 불공정을 바로잡기 위해 일해 온 결과가 특권과 반칙, 불공정의 '아이콘'이 된 사람을 법과 제도의 수장으로 임명하는 처사인가.

사람의 문제를 엉뚱한 제도 탓으로 돌리며 이제 와서 제도까지 개혁하겠다고 둘러댈 게 아니라, 멀쩡한 제도마저 악용해 '누더기'로 만드는 '잘못된 사람'의 문제를 일벌백계하겠다는 말을 해야 맞는 것이다.

그런 사람이 경쟁에서 승리하고 과실을 얻고, 그렇게 얻은 특권과 부를 또 대물림하는 부조리한 사회가 되지 않도록 엄단하겠다고 말을 해야 하는 것이다.

대통령은 '조국 사태'가 치유할 수 없는 상처를 안긴 것을 알지 못한다. 대통령이 앗아간 것은 국민이 믿었던 '옳고 그름의 경계'이다. 정의가 승리한다는 믿음이 사라져 버렸다.

사회의 최후 보루인 공정과 정의가 내동댕이쳐지고 규칙과 룰이 난도질당한 현실에, 불의를 느끼고 분노를 느끼는 국민들이다.

이 절망과 우려를 보고도 보지 못하고, 고작 '평범한 사람들의 상대적 박탈감' 정도로 치부하는 대통령의 비윤리적이고 불공정한 의식이 생경하기만 하다.

대통령의 변함없는 '딴나라 인식' 앞에 국민들은 진정 불의와 부조리의 근원이 무엇이었는지 뚜렷이 자각할 뿐이다.

'살아 있는 권력'이 결국 승리했다고 잠시 잠깐 안도의 한숨과 환호를 뱉을지 모르지만, 국민의 촛불도 아직 살아 있다는 사실을 기억해야 할 것이다.

2019. 9. 9.

검찰이 엄정한 수사로 정의를 세워야 한다

문재인 대통령은 '불법 혐의 연루자'를 '법무부 장관'에 밀어붙였다.

문재인 대통령에 의해 거부된 '사회 정의'는 결국 검찰의 몫으로 넘어갔다.

법무부 장관이 후보일 때 청와대와 여당 그리고 국무총리와 법무부 장관까지 나서서 검찰을 어떻게 압박하였는지 국민들은 똑똑히 보았다. 문재인 정부 당·정·청이 총동원되어 검찰을 위협하고 겁박하고 포박하였다.

과연 검찰이 법무부 장관과 그 가족에 대한 수사를 엄정히 할 수 있을지 국민들은 많은 의구심을 가지고 지켜보고 있다.

조국 법무부 장관은 취임사에서 '검찰 개혁'이라는 말을 아홉 번 했다. 수사받아야 할 사람이 검찰을 개혁하겠다고 강조하면 국민들은 어떻게 들어야 하는가. 조국 후보자가 하는 '검찰 개혁'이라는 말은 '검찰의 수사 포기' 엄포로 들릴 뿐이다.

조국 후보자가 법무부 장관으로 임명되자 부인 정경심 씨는 물론 조국 장관이 연루된 불법 혐의자 및 의혹 관련자들의 태도가 돌변하고 있다.

검찰 수사 문건에서는 이미 '조국 피의자'로 적시되고 있다고도 한다.

검찰에게서, 조사 중인 피의자가 검찰을 지휘하는 법무부 장관이 된 상황이다.

검찰이 결국 피의자 법무부 장관을 오로지 법과 원칙에 따라 수사할 수 있을지가 우리 사회에 정의가 살아 있는지, 우리나라가 국민이 주인인 민주주의 국가가 맞는지를 결정하게 되었다.

청와대와 여당, 정부는 더욱 노골적이면서도 은밀하게 검찰의 예봉을 꺾으려 들 것이 불을 보듯 뻔하다.

검찰이 굴복하여 '면피성 수사'를 하고 '면죄부 결과'를 내놓는다면 대한민국에서 정의와 법치와 민주주의는 영영 사라질 것이다.

검찰이 땅바닥에 굴러떨어진 정의를 다시 바로 세울 수 있을지 국민들이 지켜보고 있다.

검찰이 오로지 법과 원칙을 따를 때 그 누가 검찰을 협박하고 포박하여도, 국민이 검찰을 지킬 것이다.

검찰의 엄정한 수사를 촉구한다.

2019. 9. 10.

'윤석열 배제 모의' 법무부 차관·검찰국장 즉각 경질해야 한다

'조국 일가' 의혹 수사와 관련 윤석열 검찰총장을 뺀 특별팀을 다시 꾸리자고 법무부 간부들이 대검에 제안했다는 소식에 경악한다.

조국 법무부 장관은 몰랐다며 예민한 시기인 만큼 언행에 조심하자고 반응했다고 하는데 이게 그렇게 넘어갈 일인가.

통상 검찰총장이 추천해 임명해 온 대검찰청 사무국장을 법무부가 다른 사람으로 교체하려 한다고도 한다.

법무부의 조직적인 검찰 압박과 흔들기가 시작된 것이다.

노골적인 '조국 수사' 방해다.

임명장의 잉크가 마르기도 전에 국민 모두가 예상했던 '불법 혐의 연루자'의 반격이 시작된 셈이다.

  조국 장관은 자신의 일가의 수사에 진정 개입할 의사가 없다면 '윤석열 총장 배제 모의'를 한 법무부 간부들을 검찰 독립성을 저해한 사유로 즉각 경질하거나 대통령에게 경질을 건의하기 바란다.

  예민한 시기 경거망동한 이성윤 법무부 검찰국장과 김오수 법무부 차관은 당장 옷을 벗어야 한다. "법무부는 법무부의 일을 하고 검찰은 검찰의 일을 하면 된다."라는 대통령의 명령도 가뿐히 무시했다.

  대검 사무국장도 관례대로 추천해 올라온 강진구 수원고검 사무국장을 마냥 미뤄 놓을 게 아니라 즉각 결재해야 할 것이다.

  앞으로 얼마나 더 반헌법적 처사를 보아야 하는가. 사법 농간과 농단이 심히 우려스럽다.

2019. 9. 11.

문재인 대통령 법무부 '사법 농단' 왜 침묵하나

  '윤석열 배제 모의'를 하고 실행에 옮긴 김오수 법무부 차관과 이성윤 법무부 검찰국장의 소행이 전해졌지만 문재인 대통령이 어떤 반응도 하지 않고 있다.

  '정상'이라면 대통령이 대노했다는 보도 정도는 나와야 한다. 최소한의 주의 조치도 없다.

  차관에 대한 인사권은 대통령에게 있다. "법무부는 법무부의 일을 하고 검찰은 검찰의 일을 하라."라고 했던 자신의 말대로 한 것인지 대통령이 대답해야 한다.

명백한 수사 방해이고 사법 농단이다. 반헌법적 권력남용이다. 그런데 대통령이 침묵하고 있다.

조국 장관 역시 후보자 시절처럼 자신은 모른다는 말을 하는데 그렇다면 이 법무부 고위직 간부들이 누구 말을 듣고 감히 헌법을 유린하려 했는지 궁금하다.

청와대와의 교감 속에서 이루어진 것이라면 청와대 어느 선까지 움직였는지 드러내야 한다.

조 장관도 '정상'이라면 '진상 규명'을 지시해야 한다.

"조국 일가 수사에 일체 개입하지 않겠다."라는 말에 초장부터 신뢰를 무너트린 법무부 차관과 검찰국장을 내버려 둔다면, 국민을 향해 눈 가리고 아웅하는 것이다.

오히려 조 장관의 노골적인 '반격'이 '빛의 속도'를 내는 형국이다.

조 장관은 "검사의 비리와 위법사항에 더 엄정한 기준을 적용하라."라며 법무부 감찰실과 대검찰청 감찰본부를 향해 메시지를 던졌다.

그러면서 "임은정 울산지검 부장검사의 목소리를 들으라."라고 했다. 임 부장검사는 검찰의 '조국 수사'를 두고 '명백한 수사 개입'이라고 공개적으로 문제 제기했던 인물이다.

'예민한 시기 언행'에 거침이 없다.

국민이 두 눈 뜨고 있어야 한다.

조 장관이 인사권이나 감찰권을 휘두른다면 용납하면 안 된다. 명백한 '직권남용'이다. 반헌법적 사법 방해는 탄핵 사유이다.

문재인 대통령은 국민이 하지 말라는데 조 장관을 밀어붙였다.

자연히 국민의 눈은 조국 장관만이 아니라 문재인 대통령을 향하고 있다.

'조국 수호'를 위한 사법 농단이 대통령의 '부작위'로 계속 방치된다면 대통령도 그 책임에서 결코 자유로울 수 없다.

2019. 9. 12.

국민의 관심은 조 장관이고, 의혹의 중심도 조 장관이다. 검찰 속도 내야 한다

조국 장관 집 컴퓨터 하드디스크도 교체했다고 한다. 조 장관 부인 정씨가 사모펀드 운영을 이미 알고 간여하였음을 확인하는 증언도 추가로 나왔다. 조 장관이 '왕손'이라 칭한 5촌 조카가 '조국 낙마'를 기정사실화하며 증거 인멸과 청문회 위증 교사를 시도한 녹취도 나왔다.

조 장관 주변인들의 불법 혐의는 시간이 갈수록 더욱 확실시되고 있다.

핵심은 조국 장관의 연루 정도다.

이미 국민들은 조 장관이 몰랐을 리가 있냐 생각한다.

하지만 조 장관은 시종일관 몰랐다고 잡아떼고만 있다.

조 장관이 부인 정 씨의 소행을 알았는지 몰랐는지를 확인하기 위해서는 조 장관과 정 씨, 5촌 조카의 통화 내역과 내용을 확인하는 수밖에 없다. 전화기 압수수색이 이루어져야 하는 것이다.

법을 아는 사람답게 조 장관의 잡아떼기는 확실히 효과를 발휘하고 있다.

조 장관의 부인을 비롯한 가족 일가의 불법 혐의가 '눈덩이 굴리기'가 된 상황이어도, '조 후보자'는 '몰랐다'는 '무기'로 장관을 움켜쥐었다.

검찰은 이 무기에 철퇴를 가해야 한다.

여권은 장관으로 임명이 되니 '수사 속도 조절'까지 거론하고 있다. 노골적인 사법 방해 선동으로 이는 국민들이 용납해서는 안 된다.

오히려 조 장관은 '수사 방해'에 '빛의 속도'를 내는 형국이다.

부인 정 씨는 증거를 얼마나 더 없애고 위증 교사를 할지 알 수 없다.

국민들의 관심은 조 장관이고, 의혹의 중심도 조 장관이다.

검찰은 어떤 난관에도, 추호도 좌고우면해서는 안 될 것이다.

법과 원칙에 따라 신속한 대응과 집행이 이루어져야 한다. 속도에 더욱 박차를 가해야 한다.

2019. 9. 12.

국민의 '정신'마저 망가트린 정부,
추석 민심 정직하게 듣고 환골탈태하지 않으면 안 된다

국민의 먹고사는 살림도 어렵게 하고 6.25전쟁 후 66년 역사에 나라도 가장 위태롭게 하더니, '정의 사회 가치'라는 국민의 '정신'마저 망가트리는 정부에 대한 국민의 탄식과 우려가 추석 민심의 구 할이다.

추석에 모인 가족들은 문재인 대통령이 '조국 장관'을 밀어붙인 것을 이해할 수 없다는 의견이 중론이다.

대한민국이 공정하고 공평한 사회가 되지 못하는 것에 실망감이 가득하다.

이 지경을 만들어 놓고도 추석 인사로 '공정한 사회', '공평한 나라'를 말하는 문재인 대통령의 뻔뻔함은, 마치 국민들 염장을 지르려 작심한 것 같았다고 한다.

문재인 정부하에서 '특권과 반칙, 불공정을 바로잡는' 것은 오롯이 국민의 몫이 되었다.

이미 경제도 어렵고 외교 안보 상황도 불안하기만 하다.

'엉망'이 된 경제는 정부의 무능과 고집불통으로, 위기가 만성이 되고 있다. '진창'이 된 외교 안보는 대통령의 아집과 독단으로 무대책 무개념 무감각의 기형적이고 이상한 상태가 되어 있다.

평범한 '보통 국민'들이 "그 사람들은 우리랑은 생각이 다른 사람들이다." 말하고 있다.

문재인 정부가 국민 속에 있지 않고, '외딴섬'이 되고 있는 것이다.

이념과 정파를 떠나 국민 보편의 상식과 가치로 국정을 판단하고 정책을 추진하며, 국민을 통합해 갈 수 있는 정부가 되기를 바란다.

추석 민심을 있는 그대로 정직하게 듣고 환골탈태하지 않으면 안 된다.

2019. 9. 13.

조 장관 후광 업은 5촌 조카 '꼬리 자르기' 안 된다

조국 장관의 5촌 조카가 체포됨으로써 실제적 진실이 드러나기를 바란다.

조국 장관의 5촌 조카는 조 장관 가족의 사모펀드 투자 의혹을 밝힐 핵심 인물로 지목되었다.

조 장관은 "조카의 펀드 관여 사실을 몰랐다."라고 했다가 "부인이 조카 소개로 결정했다."라고 말을 바꾸고, 여당 의원들에게는 "집안의 '왕손'이라 믿고 맡겼다."라고 설명한 것으로 전해지기도 했다.

이 5촌 조카는 사건이 불거지자 주변인들과 '말 맞추기'를 하고 청문회 위증을 교사하기도 했다.

특히 그대로 밝혀질 경우 '조국 후보자 낙마'를 기정사실화하기도 했다.

검찰의 빈틈없는 수사가 있어야 한다.

항간에는 5촌 조카 선에서 꼬리 자르기를 하려는 것 아닌가 의심이 제기되고 있다.

조 장관 부인 정 씨를 비롯한 주변인들의 불법 혐의는 확실시되고 있다.

조 장관과의 교감 없이 부인 정 씨 혼자 사모펀드 투자를 진행하고 운영에 개입했을 것으로 보는 이는 없다.

그럼에도 조국 장관은 "몰랐다."라는 '잡아떼기'로 장관까지 가는 데 성공했다.

심지어 조 장관의 청문회 발언조차 5촌 조카에 의해 사전에 철저히 준비된 것으로 확인되고 있다. 조 장관이 잡아떼기에 이용한 '펀드 운용 보고서'도 청문회를 앞두고 급조된 것이었다.

조 장관의 후광을 업고 5촌 조카가 조 장관의 잡아떼기를 이어받아, 본인 선에서 잡아뗄 가능성이 크다.

검찰은 조 장관의 연결 고리를 밝히는 데서 수사력을 발휘해야 한다.

혹여라도 '봐주기'를 통해 검찰 역시 꼬리 자르기에 협조한다면 이는 큰 역풍을 맞을 것이다.

명명백백한 진실을 드러내야 할 것이다.

2019. 9. 14.

'조국 블랙홀'을 넘어서려면 '조국 시한폭탄' 내려놓아야 한다

여당인 더불어민주당의 추석 민심 진단이 잘못돼도 한참 잘못됐다.

이인영 원내대표는 추석 민심 보고를 통해, '조국 블랙홀'을 넘어서길 희망한다며 더 이상의 소모적 정쟁을 멈추는 것이 국민의 바람이라고 했다.

조금의 성찰과 반성이 없이 결국 국민의 절망과 원성을 뭉개고 가자는 소리를 하고 있는 것이 안타깝기만 하다.

조국 블랙홀을 넘어서기 위해서는 문재인 대통령과 여당이, 우리 당 손학규 대표가 경고한 대로 '조국 시한폭탄'을 내려놓아야 한다.

적어도 반성하고 사과를 해야 하고, 조국 장관에 대한 수사 방해는 하지 말아야 한다. 그러나 정반대다.

조국 장관이 검찰의 수사를 방해해서는 안 된다. 정부 여당이 검찰 수사에 맞서려 해서는 안 된다. 그리고 대통령은 국민에게 사과하고 이해를 구하려는 노력을 보여 주어야 한다. 이게 상식이다.

조국 장관은 장관이 되고 나서 언론에 비치는 행보가 오직 검찰을 압박하는 것으로 일관하고 있다. 검찰에 '악마'의 이미지를 씌우는 데 집중하고 있다.

문재인 대통령은 김오수 법무부 차관과 이성윤 법무부 검찰국장의 '윤석열 총장 배제 모의'에 대해 침묵으로 일관함으로써, 결국 반헌법적 사법농단을 용인했다.

여당은 조국 장관 부인 정 씨의 말을 '받들어', 피의사실 유포를 막겠다며 '검찰 수사공보준칙 개정안'을 발의하겠다고 한다. 또 '정치검찰의 복귀'라며 검찰 공격을 이어 갔다. 이인영 원내대표가 추석 민심 보고에서마저 이 사안들을 거듭 강조하는 건 결국 민주당이 통째로 '조국 부인 정 씨의 변호인'으로 전락하고 있다는 고백을 하고 있는 셈이다.

이인영 원내대표는 검찰은 수사를 하고 장관은 검찰 개혁을 하면 된다고 했는데, 수사받는 장관에게 검찰 개혁을 하라는 건 '수사를 압박하라'는 주문을 공개적으로 하는 것이나 다름없다.

'검찰 개혁'이라는 미명으로 조국 후보자를 밀어붙였고 계속해서 '여론 몰이'를 하고 있지만, 정작 공수처 설치, 검경 수사권 조정 등 검찰 개혁의 핵심 내용은 이미 국회의 몫으로 넘어와 있다. 이 원내대표야말로 이 같은 사실을 누구보다 잘 알 것 아닌가.

더욱이 법무부 장관이 '검찰 개혁'을 한다면서 고작 "검찰의 조직 문화를 손보겠다."라고 목청을 돋우는 것은 가히 코미디 같은 일이다.

조국 장관, 청와대와 여당이, 국민을 상대로 '검찰 개혁 쇼'를 하고 여론을 호도하는 것도 정도껏 해야 할 것이다.

추석 민심의 일성은 '나라가 엉망진창'이라는 탄식과 울분이다. 경제는 도탄이고 외교 안보는 풍전등화이며, 법치는 여지없이 흔들리고 도덕과 상식, '사회 정의'마저 누란지위(累卵之危)처럼 아슬아슬하다.

나라가 엉망진창인데, 야당을 무시하고 제왕적 대통령의 독단과 독선이 극에 이르고 있으며, 민의를 대변해야 할 여당은 대통령의 '홍위병'에 불과한 상황이 계속되는 한 문재인 정권을 향한 민심은 더욱 악화될 수밖에 없을 것이다.

임기의 절반을 도는 시점에 맞는 추석 민심이다. 문재인 정부가 성공하기를 바라지 실패하기를 바라는 국민은 없다. 이렇게 가면 문재인 정부는 최악의 결과를 맞을 것이다.

지금은 '관성'이 아닌 '변화'가 절실하다. 여당의 원내사령탑으로서 이인영 원내대표는 천편일률적인 야당 탓이 아니라 명실상부 문재인 정부의 환골탈태를 이끌어 내는 새 리더십을 보여 주어야 한다.

2019. 9. 15.

유시민의 적은 유시민이다

'조국 사태'가 깨우쳐 준 다행스러운 점이 있다면 대한민국 최고의 사이비 언술가인 유시민 노무현재단 이사장의 실체를 벗겨 보여 준 일일 것이다.

조국 장관의 위선을 일컫는 말로 '조국의 적은 조국'이라는 명제가 탄생한 바 있다.

유시민 이사장 역시 그의 적은 그 자신일 것이다.

유 이사장은 '동양대 표창장 위조' 건이 당시 조국 후보를 주저앉히기 위한 '작업'이고 '가족인질극'이라고 했다.

'진실을 밝히는 것'이 '인위적인 작업'이라는 것이고, 검찰의 조국 장관 부인 정 씨 기소가 가족인질극의 대미라는 말이다.

범죄자를 두둔하며 국민과 검찰을 인질범으로 둔갑시키고 있다.

문재인 대통령이 리스크를 안고 가는 것이라고 했는데 국민들은 문재인 대통령이 불평등·불공정·불의를 안고 가는 것이라고 말한다.

촛불을 든 대학생들을 향해 복면을 벗으라고 한 자신의 말을 거듭 정당화하는 유 이사장이, 민주노총이나 좌파 시위 세력에게는 복면을 벗으라는 말을 하지 않는다.

유 이사장은 토론 프로그램에 나와 박근혜 정부를 비판하며 사마천의 사기를 인용한 적이 있다.

"제일 좋은 정치는 국민의 마음을 따라 다스리는 것이고 두 번째는 이익으로 유도하는 것이고 세 번째는 도덕으로 설교하는 것이며, 아주 못하는 게 형벌로 겁박하는 것이고 최악의 정치가 국민과 다투는 것"이라고, 청산유수처럼 말한다.

또 "법치주의란 본래 권력자가 헌법과 법률에 따라 통치하는 것을 의미한다." 하고, "법은 상식의 최소한"이라고도 한다.

그의 말에 비추어 지금 문재인 정부는 어떤가.

법치를 하고 있지도 않고, 법 이전에 국민의 상식을 무너트리고 있지 않은가.

'불법 혐의 연루자'이자 수사 대상자를 법무부 장관에 임명하고, 국민들이 지켜보고 있는데 법무부 장관이 수사 방해로 의심될 행태를 노골적으로 이어 가는 게 법치인가.

국민의 '상식'은 이미 조 장관에게 아웃을 선언했는데 "의혹만으로 임명하지 않는 것은 나쁜 선례"라며, 유 이사장이 법보다 앞선다 한 상식과 윤리, '사회 정의'의 보편 가치를 대통령이 그저 짓밟았다.

최악의 정치가 국민과 다투는 것이라 했는데 역대 어느 정권이 국민과 이렇게 다투는 정권이 있었던가.

그러면서 유 이사장은 자신을 두고 "문재인 대통령께서 상당히 만족해하신다."라며 흡족해했다.

흔히 '부끄러움을 모르는 사람'을 '공자도 포기한 사람'이라고 일컫는다.

'수오지심'이라곤 찾아볼 수 없이 세 치 혀로 모든 것을 정당화하는 유 이사장이야말로 공자도 포기한 사람의 표본일 것이다.

2019. 9. 15.

조국 장관과 '권력' 향한 수사 속도 내야 한다

조국 장관 5촌 조카에 대한 구속영장 청구는 당연하며, 이제 수사 방향은 조국 장관과 '권력'을 향해야 할 것이다.

5촌 조카는 조 장관의 후광을 믿고 혹여 거짓 진술로 빠져나가려 해서는 안 될 것이다. 진실은 반드시 밝혀지고 그 누구도 진실 앞에서 초라 할 수밖에 없다는 진리를 기억해야 한다.

아는 대로 남김없이 진실을 밝혀야 할 것이다.

무엇보다 검찰은 조국 장관과의 연결 고리에 집중해야 한다.

조 장관 부인 정경심 씨에 대한 소환 및 구속 수사도 신속하게 이루어져야 한다.

조 장관에 대한 조사도 시급히 진행되어야 한다. 차제에 조 장관이 피의자인지 아닌지도 검찰이 명시적으로 밝힐 필요가 있다.

정 씨를 도와 증거 인멸에 나섰던 자산관리인의 진술에 따르면 조 장관이 증거 인멸을 공모했을 가능성도 커 보인다.

특히 "윤석열 검찰이 우리를 배신했다."라는 말을 부인이 조 장관과 나누는 정도라면, 오로지 부인 정 씨 선에서 이루어졌고 자신은 모르는 일이라는, '딸 문제'를 비롯한 모든 일을 조 장관이 같이 의논했으며 몰랐을 리가 없음이 자명하다.

5촌 조카를 통한 사모펀드 투자는 깔수록 조 장관의 권력이 작용했음은 물론 조 장관 이상의 '여권 권력 게이트'라는 인상이 짙어지기만 한다.

검찰은 경계와 범위를 두지 말고 모든 면에서 불법의 정황이 나오는 한 낱낱이 수사해 실체와 진실을 밝히고 법과 정의의 지엄함을 보여 주어야 할 것이다.

독선적 대통령과 '범죄 혐의 연루자' 법무부 장관에 의해, '사법 농단'과 '혼란스러운 나라'가 계속 이어지게 해서는 안 된다.

검찰의 속도 있는 수사로 사법 정의를 바로 세우고 혼란을 조기에 수습할 수 있어야 한다.

2019. 9. 16.

조 장관 부인을 위한 '맞춤형' 법 개정, '맞는지' 문재인 대통령이 대답해야 한다

여당과 법무부가 검찰 수사공보준칙 개정을 밀어붙이는 행태가 참 비겁하다.

결국 조국 장관의 부인을 위한 '맞춤형' 법 개정이다.

검찰 포토라인을 피하고 은밀하게 수사를 받도록 하려는 문재인 정부와 여당의 눈물겨운 배려이다.

본디 수사공보준칙 개정이 필요한 면이 있더라도 지금은 때가 아니며, 오직 수사 방해와 검찰 압박 의도로 비칠 뿐이다.

조 장관 부인 정 씨가 불평을 하니, 거북이가 토끼가 된 마냥 발 빠르게 움직인 것이다.

청와대 정무비서관이 장관 후보자 부인의 변호인 노릇을 하더니, 이제는 이인영 원내대표가 앞장을 서서 더불어민주당이 통째로 조 장관 부인 변호사로 전락한 격이다.

아울러 여당은 법무부의 통제를 강화하여 조 장관을 향해 조여 오는 수사의 칼날을 어떻게든 무디게 하려 한다.

또 '깜깜이 수사'로 여론의 악화를 막아 보려 하는 것이다.

문재인 정부가 소위 '적폐 수사'를 할 때는 무분별한 피의 사실 유출과 유포로 얼마나 '여론 몰이'에 이용했으며, 또 많은 사람들을 자살로까지 몰아갔던 사실을 국민들이 똑똑이 기억하고 있다.

조 장관 역시 상대방을 공격할 때는 언론의 알권리와 '언론 단속'을 거론하며, SNS 트윗을 날리며 반대하고 조롱하기도 했다. 결국 또 '조로남불'을 하고 있는 것이다.

여당과 정부는 제발 더 이상 국민을 우롱하지 말기 바란다. "법무부는 법무부의 일을 하고 검찰은 검찰의 일을 하면 된다."라면서 왜 이렇게 수사를 막아 나서는가.

　문재인 대통령은 침묵하지 말고 자신의 말과 결정에 책임을 지기 바란다. 여당과 법무부가 이렇게 하는 것이 맞는 것인가.

　왜 이렇게 검찰의 수사를 막고 왜곡하려 하는지 정직하게 말해 보기 바란다.

2019. 9. 16.

'기생충 가족', 영화가 아닌 현실이었다
　'지방대 폄훼' 만행의 장본인이자 더불어민주당의 어두운 미래의 아이콘이 된 김종민 의원은 '조국 청문회장'에서 다음과 같은 '자살골' 질문을 던졌다.

　"동양대학교 표창장이 위조되면, 위조됐으면 당연히 법무부 장관 못하죠?"
　급소를 찔린 듯 말문이 막혀 허둥대던 조국 후보자는 다음과 같이 더듬거리며 상황을 모면하려 했다.
　"제가 그것이 확인되게 되면 여러 가지 큰 문제가 발생할 거라고 생각합니다."
　조국 장관의 부인 정 씨는 기상천외한 '위조의 달인'이었다.
　총장 직인이 찍힌 위치와 기울기, 보는 각도에 따라 밝기가 달리 보이는 은박 재질의 학교 로고까지, 정교하게 똑같았다.
　'명문대 재학증명서를 위조하며, 남의 가족에게 사기를 일삼던 가족 범죄단'을 그린 영화 기생충이 떠오른다.

가족의 집단적 일탈에도 불구하고, 법무부 장관직을 차지한 조국 일가야말로 '기생충 가족의 실사판'이 아닐 수 없다.

'영화가 현실인지, 현실이 영화인지' 분간이 안 될 정도로, 대한민국의 정의와 공정이 '환각 상태'에 놓여 있는 현실이 개탄스럽다.

조국 장관은 아내의 비위에 대해 자신과는 무관하며, 전혀 모르는 일이라고 끝까지 발뺌할 셈인가?

법 뒤에선 온갖 특권을 누려 왔을지 몰라도, 법 앞에선 모두가 평등하다.

기생충과의 공생은 없다.

'퇴치'만이 답이다.

'기생 장관' 조국은 더 이상 '법치주의'를 갉아먹지 말고, 법무부 장관직에서 물러나라.

조국 후보자를 '쉴드 치는' 데 1등 공신이 된 김종민 의원 역시, 기생충처럼 숨지 말고 "당연히 법무부 장관 못 하죠?"라고 다시 한번 말하기 바란다.

기생충에게는 없는, '양심'이 있다면.

2019. 9. 18.

조 장관 '쇼' 중단하고 근신하기 바란다

조국 장관의 '검사와의 대화'는 당장 중단되어야 한다.

조 장관이 '노무현 전 대통령 코스프레'까지 해 가며 '이미지 세탁'과 '여론 돌파'를 꾀하고 있는데 노 전 대통령에 대한 모독이고 모욕이다.

범법 혐의자가 검사를 불러 모아 놓고 대화를 하는 꼴이 국민들은 우습다 못해 참담하다.

피의자가 검사에게 애로 사항을 듣고 또 훈시를 하겠다고 하니 법의 지엄함을 이렇게 우롱할 수 있는가.

희대의 사법 농간 앞에 나라의 법도와 기강이 이토록 처참한 몰골일 수는 없다.

검사들도 위에서 시키니까 어쩔 수 없이 참석한다지만, '모멸감'에 대한 거부의 '양심 선언'을 해야 할 것이다.

과연 조 장관을 보며 검사들이 무슨 생각을 하겠는가. 당장 "유승준이 군대 가라고 독려하는 모습 같다."라는 말이 나왔다.

검사들은 '내일모레 감옥 갈 사람이, 자신이나 챙기라.'라고 생각할 것이다. 속으로는 '너나 잘하세요.' 하지 않겠는가.

조 장관이 정녕 염치조차 없는 사람인 줄 알지만, 최소한 다른 사람이 나를 어떻게 볼지 '공감 능력' 자체가 없는 이인지 딱하기만 하다.

조 장관의 '쇼'를 지켜보는 국민들은 어떤 감정이겠는가.

국민들이 조 장관에게 아무리 아량을 베풀더라도, 지금 조 장관이 할 일은 검찰 수사를 투명하게 보장하며 그저 기다리고 대기하는 처사일 것이다.

조 장관은 검사들을 만나는 '쇼'를 당장 중지하고 검찰 소환을 대비하며 철저히 근신하기 바란다.

2019. 9. 20.

구제 불능 집단의 정신병리학적 기현상, 국민이 '루터'가 되어야 한다

문재인 대통령이 조국 장관을 밀어붙인 여파로 국민의 절망과 원성이 극에 달한 순간에, '순간의 여론이 아닌 결단력'을 강조한 양정철 더불어민주당 민주연구원장의 언사는 결국 국민을 '냄비'로 보고 '개돼지 취급'

하겠다는 선언으로 들린다.

소위 문재인 대통령 가신 집단의 인식을 드러낸 것이라면 이 정부를 이끌어 가는 세력의 심각한 '정신 병리 현상'을 보는 것 같고, 심히 우려를 금할 수 없다.

어떻게 이 국면에서도 이런 말을 할 수 있는 건지 참으로 놀랍기만 하다.

그야말로 구제 불능 집단이고, 정신병리학적 기현상이 아닐 수 없다.

"무소의 뿔처럼" 독단과 독선을 밀고 가자고 한다. 그래서 나라를 '나락'으로 이끄는 "안 가 본 길을 가고", 범법 혐의자를 법무부 장관에 앉혀 개혁의 북을 치는 "안 해 본 일을 하자."라고 한다.

"누구는 반칙을 하지만 누구는 규칙을 바꾼다."라고 하는데 '반칙을 한 사람이 규칙을 만들겠다'고 하고 있는 꼴인 줄 모른다.

"원팀의 무서운 단결력으로 실패한 역사는 없었다." 하는데, 결국 '국민의 저항 앞에 원팀이 되어 몰락하겠다'는 씁쓸한 '결기'를 보는 것 같다.

양 원장의 서한은 결국 이 정부의 실체를 국민들 앞에 극명하게 보여 준다.

그들만이 가진 '선민의식의 환각'이다.

국민들은 안 가 본 길을 가느라 죽을 맛인데 그들은 아직도 자기만이 옳다는 선민의식의 환각에 빠져 있으며, 국민 위에 군림하겠다 선언하고 있는 것이다.

국민들은 그들이 무섭다. 자기만이 옳다는 철옹성으로 어떤 불의와 반칙과 특권을 '창조'하며, '무소의 뿔처럼' 독단과 독선의 전횡으로 '안 가 본 어떤 길', '안 해 본 어떤 일'을 더 보여 줄지 두렵기만 하다.

그래서 이 나라를 어떤 상태로 만들어 놓을지 그 끝을 알 수 없고, 걱정스럽기만 하다.

분명히 깨닫는 것은 문재인 정부와 '그들'이 '개혁 대상'이라는 사실이다.

더 이상 그들은 개혁의 주체가 될 수 없음은 물론 오히려 국민이 나서서 개혁해야 할 객체이고 척결 대상임을 확인한다.

"마틴 루터가 여론조사를 했다면 개혁이 가능했겠냐."라는 그들을, 국민이 '루터'가 되어 개혁하지 않으면 안 된다.

2019. 9. 20.

조국 국정조사 관련

조국 장관은 하루라도 법무부 장관 자리에 있어서는 안 될 사람이다.

법과 상식으로 도저히 용납될 수 없는 상황이 민주주의 법치국가에서 벌어지고 있다.

문재인 대통령은 국민의 말을 듣지 않는다. 지식인들의 선언, 상아탑의 정의로운 주장들도 가볍게 취급한다. 문 대통령의 복심이라는 양정철 원장의 말처럼 무소의 뿔처럼 혼자 가겠다고 한다.

여당도 문재인 대통령을 넘어 조국 장관 '홍위병' 역할로 자신을 전락시키고 있다.

검찰 공보준칙 개정 추진 및 철회 등 오로지 조국 장관을 지키기 위해 무리수를 거듭하고 있다.

우리 당은 이미 밝힌 대로 국회가 할 수 있는 권한을 최대한 활용하여 상황을 바로 잡도록 할 것이다.

국정조사를 통해 국회가 할 일을 하겠다.

국민의 의혹이 큰데 문재인 대통령이 요지부동이라면 국회가 나서야 한다.

문 대통령은 "법무부는 법무부의 일을 하고 검찰은 검찰의 일을 하면 된다."라고 했지만 법무부도, 여당도 오로지 수사 방해로 초점을 맞추고 있다.

검찰이 검찰의 일을 하는 동안 국회도 국회의 일을 함으로써 검찰과 함께 진실을 드러내고 '거짓'에 맞서야 할 것이다.

2019. 9. 21.

더불어민주당은 '조국 방탄'이 아닌 '조국 국정조사' 민의 즉각 수용하라

조국 장관에 대한 국정조사 실시를 찬성하는 여론이 압도적으로 높게 나오고 있다. 여당인 더불어민주당은 야당이 제기한 국정조사 '민의'를 즉각 수용해야 할 것이다.

조국 장관은 하루라도 법무부 장관 자리에 있어서는 안 될 사람이다.

법과 상식으로 도저히 용납될 수 없는 상황이 민주주의 법치국가에서 벌어지고 있다.

문재인 대통령은 국민의 말을 듣지 않는다.

교수와 변호사 등 지식인들의 선언, 상아탑 청년 지성들의 정의로운 함성조차 가벼이 보고 있다.

문 대통령의 복심이라는 양정철 원장의 말처럼 "무소의 뿔처럼 혼자 가겠다."라고 한다.

조국 장관도 기호지세(騎虎之勢)로 내달리고 있다. 호랑이의 등에서 내려오면 민심의 먹이가 될 것 같기에 국민을 상대로 한 무책임한 사기와 도박을 이어 가고 있다.

청와대와 여당도 문재인 대통령을 넘어 조국 장관 부부의 '변호사'나 '방탄 부대'로 자신을 전락시킨 지 오래다.

검찰 공보준칙 개정 '헛발질' 등 오로지 조국 장관을 지키기 위한 무리수를 거듭하고 있다.

우리 당은 이미 밝힌 대로 국회가 할 수 있는 권한을 최대한 활용하여 상황을 바로 잡도록 할 것이다.

국정조사를 통해 국회가 할 일을 하겠다.

국민의 의혹이 큰데 문재인 대통령이 요지부동이라면 국회가 나서야 한다.

문 대통령은 "법무부는 법무부의 일을 하고 검찰은 검찰의 일을 하면 된다."라고 했지만 법무부도, 여당도 오로지 수사 방해에 집중하였다.

검찰이 검찰의 일을 하는 동안 국회도 국회의 일을 함으로써 검찰과 함께 진실을 드러내고 '거짓'에 맞서야 할 것이다.

2019. 9. 22.

압수수색 검사와 통화한 법무부 장관, 이게 검찰 외압이 아니면 무엇인가

'자신의 집을 압수수색 하는 검사 수사팀장과 통화했다'는 법무부 장관을 보며, 이 정권이 이야기하는 검찰 개혁이 얼마나 허무맹랑한 것인지 다시금 깨닫게 된다.

세간의 시선이 모두 조국 장관을 향해 있는 엄중한 상황에서, 행동 하나도 조심해야 할 사람이 대놓고 검사에게 전화를 했다는 사실은 명백한 검찰 외압으로밖에 보이지 않는다.

그 이유가 무엇이든, 청탁 유무와 관계없이, 검찰의 지휘감독권과 인사권을 거머쥔 법무부 장관이 자신의 집을 압수수색 나온 수사팀과 통화한 사실은 그 자체만으로도 경솔하고, 부적절한 처신이다.

겉으론 '검사와의 대화' 행사로 '검찰 달래기'를, 안으론 검사와의 통화로 '검찰 길들이기'를 '시전하는' 조국 장관의 기만적 이중성이 만천하에 드러난 상황이다.

2013년 당시 '국정원 댓글 사건'과 관련 김용판 전 경찰청장이 권은희 수사국장에게 전화를 건 일에 대해 '구속수사'의 필요성을 강조했던 조국 장관.

장관 자신의 전화는 누구의 구속수사로 연결되어야 하는 것인가?

이번에도 나만이 '옳고', 나만큼은 '예외'라고 할 것인가?

이미 조국 장관은 국무위원으로서의 자격도, 검찰 개혁을 이끌 자질도 없다.

대통령의 조국 장관 파면을 강력 촉구한다.

빠른 속도로 추락해 가는 문재인 정권은 조국 장관과 윤석열 총장 중 '과연 누가 정권을 공격하는 적'이 될지 잘 생각해 보기 바란다.

조국 장관에게조차, '조국 장관 본인이 적'이라는 사실을 문재인 정권만 모르고 있다.

2019. 9. 26.

반헌법적 수사 외압 실토한 강기정 수석은 당장 사퇴하라

청와대 강기정 정무수석이, 대놓고 검찰에 압박을 가했다는 사실을 자랑하듯 실토하는 걸 보니 정말 이 나라의 법치가 땅바닥을 뒹굴고 있다는 생각이 든다.

"한미정상회담 기간에 수사를 해도 조용히 하라."라고 한 말을 검찰이 듣지 않았다고 비난을 하며, "한미정상회담 시간에 압수수색을 했다."라면서 "검찰도 대한민국의 구성원이고 공무원이라면 의도가 무엇인지 의문스럽다."라는 말까지 한다.

이 정부는 '검찰이 정권의 눈치를 보고 좌고우면하라'는 말을 어떻게 이렇게 당당하고 뻔뻔스럽게 할 수 있는지, 그 사고의 근원이 궁금하기만 하다.

아무리 권력에 취해도 그 오만과 교만이 이렇게 안하무인일 수 없다.

아무리 권력이 초월적으로 휘둘러지고 있대도, 그 반헌법적 법 의식이 이렇게 문란하고 해이하며 나태할 수가 없다.

반법치의 그릇된 인식을 적나라하게 드러낸 강기정 수석은 당장 사퇴해야 한다. 그리고 그것이 대통령의 지시였는지 아니면 누구 선의 지시였는지 밝히고 응당한 해명과 책임을 물어야 한다.

오늘 국회 대정부 질의장에서는 조국 장관이 압수수색 검사에게 전화를 건 사실이 확인되었다.

여당 이인영 원내대표는 의원총회를 갖고, 서초동으로 몰려 가는 촛불이 깨어 있는 양심이라며 촛불로 검찰을 공격하라고 선동했다.

검찰이 여당과 조국 장관 당사자 그리고 청와대까지 얼마나 큰 수사 방해와 압력을 받으며 임하고 있는지 알 만하다.

국민들은 강기정 수석의 말을 정면으로 부인하며, 오히려 강 수석의 말 그대로 거꾸로 묻고 있다.

"대통령도 대한민국의 구성원이고 공무원이라면 의도가 무엇인지 의문스럽다."라고.

대통령이 검찰을 압박하는 것은 헌법 위반이며 직권남용죄에 해당한다는 사실을 똑똑히 기억해야 할 것이다.

2019. 9. 26.

'국민의 대통령'이 아닌 '조국 장관의 대통령'인가

'국민의 대통령'이 아니라 '조국 장관의 대통령'임을 밝히는 '커밍아웃'인가. 마주하는 국민들은 허탈감만이 가득하다.

문재인 대통령은 조 장관을 두둔하며 검찰을 비판하였다.

심지어 검찰 수사가 마치 인권을 존중하지 않고 행해지고 있는 것처럼 말했다.

현시점에서 문재인 대통령이 검찰 수사를 직접 비판하는 것은 분명한 수사 개입이다.

조국 장관의 압수수색 검사 전화 압박, 강기정 정무수석의 검찰 압박, 이인영 원내대표의 검찰을 향한 촛불 공격 선동 등 법무부·청와대·여당의 삼박자의 중심에 문재인 대통령이 있다는 사실을 확인하게 된다.

국민들은 만천하에 드러난 '조국 일가'의 비리에도 어떻게 이토록 극명하게 국민 인식과 반대로 가는 말을 할 수 있는지 놀랍다.

대통령마저 자기 세력에 대한 선동에 나서고 지지세력의 엄호로 국면을 돌파하겠다는 의지를 천명하고 있음을 정면으로 마주하게 된다.

우리 국민은 문재인 대통령이 부디 '조국 시한폭탄'을 내려놓고 '대통령으로서의 일'을 할 수 있기를 바랐다.

그 모든 국민의 믿음과 염원에 대통령은 작심하고 멍을 만들었다. 국민의 가슴에 시퍼런 멍 자국이 선연하다.

시한폭탄을 안고 국민을 향해 결사 항전을 선포하는 대통령의 모습이 아닐 수 없다.

국민들은 어안이 벙벙하고, 배신과 절망과 분노가 뒤엉켜 참으로 어찌할 바를 알 수가 없다.

다만, 국민들에게 두 가지가 더욱 분명해졌다.

조국 장관과 문재인 대통령은 '한 몸'이다. 이제 책임은 문재인 대통령에게 옮겨 갔다.

굴종하지 않는 검찰의 엄정한 법 집행을 국민들은 바란다.

2019. 9. 27.

국민이 '위선 진보'·'가짜 진보'를 가려내고 있다

'조국 사태'는 우리 사회의 정의를 추락시켰지만 '위선자'들을 가려내는 '리트머스 시험지'가 되고 있다.

우리 사회의 진정한 진보를 위해 우리는 이 절망과 진통 속에서 '가짜 진보'와 '위선 진보'를 가리고 걸러 내는 중이다.

우리 사회에서 정의와 공정, '약자의 편'을 말하며 대중적 인기를 모았던 많은 인물들과 세력들이 있다.

'유시민류'의 많은 정치 및 사회문화계 인사들의 진짜 면모를 국민들이 깨닫고 있다. 정의당의 추락도 한 예다.

문재인 대통령이 귀국하면서 여권의 기류는 검찰을 향한 총공세로 전환했다.

이낙연 총리도 말을 바꾸었고, 여당의 이해찬·이인영 지도부도 강경 발언을 쏟아 냈다.

숟가락을 얹기 바빴던지 박원순 시장도, 검찰을 "국가권력의 흉기"라 칭하며 "흉기의 폭주를 막기 위해 다시 촛불을 들자."라고 선동한다.

이인영 원내대표는 "서초동으로 향하는 촛불이 깨어 있는 양심의 실천"이라고 했다.

이것이 입으로 촛불을 말하는 위선 진보, 가짜 진보의 실체다.

이미 진보학자 최장집 명예교수는, "과연 지금 일어나고 있는 일이 촛불시위에 의해 권력을 위임받았다고 자임하는 정부가 보여 주는 정치적 책임이라고 대통령이 말하는 거냐."라고 지적했었다.

이것이 촛불을 능멸하는 가짜 진보와 '진짜 진보'의 경계이다.

문재인 대통령이 조국 장관을 택하고 검찰을 비판함으로써 전선은 대통령 대 검찰로 바뀌었다.

그러나 더 큰 전선은 문재인 대통령을 필두로 한 가짜 진보, 위선 진보와 헌법과 법률이 정한 정의와 양심의 진짜 진보의 대치다.

검찰이 개혁에 저항하는 것이 아니라 권력을 쥔 '위선의 카르텔'이 '헌법의 원천'인 국민에 저항하고 있음이, 국민이 보는 상식의 눈이다.

진짜인 척했던 그 가짜와 위선만이라도 정확하게 목도하고 솎아 낼 수 있다면, 그리하여 '진짜 진보'를 바로 세울 수 있다면 우리 사회는 다시 한 걸음 진보할 수 있을 것이다.

2019. 9. 28.

저급한 선동질로 민주사회의 국민을 이길 수는 없다

서초동에 많은 사람들이 모였다고 여권이 무척 고무되어 있는 모양이다.

그러나 그곳에 모인 사람들이 마치 민심을 대변하고 있는 것처럼 호도하지는 말기 바란다. 어불성설이며, 대다수 국민들은 그렇게 생각하지 않는다.

좌파는 거리의 구호로 통치를 하고 우파는 법과 제도로 통치한다는 말이 있다. 이는 좌파와 우파의 정치 행태가 지닌 장단점을 같이 내포하는 말이기도 하다.

'제3섹터'로서의 시민사회 역시 좌파 진영에서 본원적으로 훨씬 더 발달해 있는 것이 사실이다.

따라서 민주주의가 발달한 사회일수록 거리의 결집과 구호를 좀 더 엄밀하게 살펴보고 평가하는 것은 필요하다.

집회에 모인 사람들을 평가 절하할 이유는 없다. 오히려 우리 사회가 극심한 분열로 치닫는 것이 안타깝다. 서초동의 검찰을 사이에 두고 우리 국민들은 상반된 주장을 하며 타협 없는 집회를 이어 가고 있다.

문재인 대통령이 조국 장관을 계속 안고 가겠다는 의사 표시와 검찰에 대한 강한 비판을 견지한 것은, 일종의 '결전의 신호'로 받아들여지고 있다.

결국 대통령이 국민 분열에 기름을 부은 셈이 되었다. 대통령이 국민을 통합해 가야 하는데 오히려 분열을 조장하고 야기하며 통치의 동력으로 삼으려 하고 있다.

지지세력만 보고 가는 통치는 국민 보편의 민주주의를 무너뜨리고 결국 성난 호랑이가 된 절대다수 국민에 의해 집어삼켜지고 붕괴되고 말 것임을 알아야 한다.

대통령은 사실도 왜곡하고 있다. 검경수사권 조정과 공수처 설치 등 대통령이 천명한 검찰 개혁의 주된 내용은 이미 국회로 넘어와 패스트트랙 법안이 되어 있다.

진정 검찰 개혁을 원한다면 극한 대결로 국회마저 파행시킬 것이 아니라 국회가 법안을 협의하도록 돕는 게 맞을 것이다.

더구나 국민들은 '범죄 피의자 조국'을 사수하는 것이 왜 검찰 개혁의 상징이 되어야 하는지 전혀 이해할 수 없다. 이것이 어찌하여 '개혁'이라는 이름으로 포장되고 심지어 정당화되어야 하는가.

오히려 법치를 뒤흔드는 명백한 법 위반이자 반헌법적 발상이고 행태이다. '통치 권력'이 불법을 국민들에게 강요하고 있는 꼴이 아닐 수 없다.

사실과 진실을 왜곡하며 오직 대중 선동에만 의존하는 포퓰리즘과 중우적 선동 정치를 대통령과 여권, 조국 장관이 하고 있다.

이는 조 장관이 자기 위선의 증거로 무수히 뿌려 놓은 과거 SNS 선동질과 하등 다를 게 없다.

우리 국민들을 '어리석은 대중'으로 몰아가지 말기 바란다. 저급한 선동질로 우리 사회를 두 쪽 내지 말기 바란다.

당장은 지지세력이 결집하고 사람들이 모이는 것 같지만, 나라의 품격을 떨어뜨리고 양식을 가진 국민을 어리석은 자 취급하고, 밀어붙이면 되는구나 생각하며 계속 가다가는 결국 스스로 고꾸라질 것이라는 진실을 기억하기 바란다.

그 무엇도 민주사회의 보편의 상식과 국민을 이길 수 없다.

2019. 9. 29.

'검찰 공격'에 '조국 장관 소환' 미뤄서는 안 되며, '국민이 권력을 이긴다'는 진리 명심하기 바란다

 대통령과 여당, 조국 장관 등 여권이 '검찰 개혁'이라는 화두를 휘두르며 '검찰 공격'에 총공세를 취하고 이를 지지하는 지지자들이 서초동 검찰청 앞에서 대규모 집회를 개최하자, 윤석열 검찰총장이 직접 화답해 나섰다.

 윤 총장은 "검찰 개혁을 위한 국민의 뜻과 국회의 결정을 검찰은 충실히 받들고 그 실현을 위해 최선을 다하겠다."라고 밝혔다.

 사실인즉 검경수사권 조정과 공수처 설치 등 문재인 대통령이 천명했던 검찰 개혁의 주된 사안은 이미 국회로 넘어와 패스트트랙 안건으로 심의 중에 있는 바, 국회의 결정을 남겨 놓고 있다. 이미 법무부나 검찰의 손을 떠난 것이다.

 이에 '국민의 뜻과 국회의 결정'을 언급한 윤 총장의 입장은 매우 시의적절한 것으로 평가된다.

 국민들이 걱정하는 것은 검찰이 제왕적 권력에 결국 굴복하고 굴종할까 하는 바이다.

 검찰이 피의자 법무부 장관을 수사하고 있는 초유의 사태 앞에 임명권자인 대통령이 직접 검찰을 비판하고 이에 박자를 맞춘 듯 여당이 집회를 선동하고, 이어서 지지자들이 대규모로 모여서 그 피의자 장관을 지키겠다고 목소리를 높이고 있다.

 "서초동으로 몰려 가라."라고 선동했던 여당의 이인영 원내대표는, 더 많은 사람들이 모였다며 "10만 개의 촛불이 켜진다."라고 했던 자신의 말을 사과한다고 너스레를 떠는가 하면 "시민이 검찰을 이긴다."라며 감격해했다.

여당의 소속 의원들은 앞다투어 '윤석열 총장의 사퇴'를 외쳤다. 안민석 의원은 윤 총장을 향해 "굉장히 불행한 결과가 초래될 것"이라 협박했다. "민란이 검란을 이긴다.", "가슴이 뭉클하다.", "시민혁명이다." 등 의원들의 집회 참가 소회가 이어졌다.

더불어민주당 디지털소통위원장이라는 사람은 집회 무대에 올라, "위대한 시민의 잔치"라면서 "문재인 대통령 탄핵 사전 예방 집회"라는 망발까지 서슴지 않았다. 대학생을 성추행하고도 아니라고 딱 잡아떼며 대국민사기극을 펼쳤던 정봉주 전 의원은 "정경심 교수 구속영장 청구 못 한다."라고 단언하며 "결국 기각되는 순간, 윤석열 옷 벗으라."라며 또 사기성 발언을 쏟아 내고 있다. 정청래 전 의원은 "조국은 무죄"라 주장하며 "조국을 때려 문재인을 멍들게 하는 것이 저들의 전략"이라고 했다 한다.

정말 국민과 따로 가는 '그들만의 잔치'요 '그들만의 성토'가 아닐 수 없다.

검찰이 수사하고 있는 피의자를 비호하고 검찰을 비난하면서, 이렇게 노골적으로 대통령과 여당, 수많은 지지자들까지 총결집, 총동원되고 있는 상황이 검찰에게 얼마나 큰 부담과 압박으로 다가갈지는 능히 짐작이 된다.

국민들은 윤석열 총장이 절대 굴복하지 않기를 바란다. 결코 권력에 굴종하지 않기를 바란다.

검찰은 엄정한 수사는 물론 오히려 수사에 더욱 속도를 내야 한다.

피의자 조국 장관에 대한 소환도 더 이상 미루어서는 안 될 것이다. 이미 조 장관을 넘어 '권력형 게이트'가 되어 가고 있는 사건의 실체에 있어서도 결코 추호의 경계를 두거나 좌고우면해서는 안 된다.

지지자들이 수천, 수만 명 모여 시위를 한다고 조 장관 수사를 피하고 조 장관 소환을 하지 않는다면 이는 결코 법 앞에 만인이 평등한 처사가 아니다.

국민들은 검찰의 꿋꿋한 수사 의지와 법과 원칙을 지킨다는 천명에 조용한 박수를 보내고 있다.

국민들은 권력에 굴하지 않는 검찰을 보며 검찰 개혁은 이미 이루어졌고 다음으로 법무부와 청와대를 개혁해야 한다고 말하고 있다.

'시민이 검찰을 이기는' 게 아니라 '국민이 권력을 이긴다'는 진리를 명심하기 바란다.

2019. 9. 29.

이제 문재인 대통령은 국민에 대하여 책임을 져야 한다

헌법 제7조는, "공무원은 국민전체에 대한 봉사자이며, 국민에 대하여 책임을 진다."라고 규정하고 있다.

또 제11조는, "모든 국민은 법 앞에 평등하다."라며 천명하고 있다.

헌법 제1조는, "모든 권력은 국민으로부터 나온다."라고 새기고 있다.

대통령은 국민 전체를 위해 봉사해야지 특정 개인이나 특정 세력을 위해 봉사해서는 안 된다. 책임 역시 마찬가지다. 또 대통령은 헌법과 법률에 따라 권한을 행사하여야 한다.

문재인 대통령이 수사 대상자이자 피의자인 조국 장관을 비호하고 수사 중인 검찰을 비판한 것은, 국민들에게 국민 전체에 대한 봉사자로 보이지 않았다.

무슨 이유에서인지 대통령이 마치 조국 장관을 위해 봉사하는 듯 국민들에게 보이고 있다는 사실에 참으로 심각한 우려를 던진다.

상식을 벗어난 대통령의 옹고집에 그리고 헌법과 법의 경계가 아슬아슬하기만 한 대통령의 계속된 행보에, 이것이야말로 '국정농단'이 아닌가 하는 비판이 커지고 있다.

현 정국은, 폭주하는 기관차가 멈추어야 할 때를 많이 지나고 있는 형국이다. 국민들은 정녕 기관사를 끌어내려야 하는가 심각한 고민을 하고 있다.

'조국 임명 사태'로 폭주하는 '문재인 기관차'의 오만과 독선은 극단을 향해 치달렸다. 국민들을 태우고 갈 데까지 다 갈 듯 질주하고 있다.

검찰의 수사 결과가 합당하게 나온다면 이제 책임은 조 장관에게만 국한되지 않고 바로 대통령에게 직결될 수밖에 없는 상황이다.

국민들은 수사 결과를 가지고 판단할 것이다. 그리고 공무원인 대통령은 국민의 판단에 응당한 책임을 져야 할 것이다.

윤석열 검찰총장은 자신의 취임사에서, "형사 법 집행은 국민으로부터 부여받은 권력이고 가장 강력한 공권력"이라며 "국민으로부터 부여받은 권한이므로 오로지 헌법과 법에 따라 국민을 위해서만 쓰여야 하고, 사익이나 특정 세력을 위해 쓰여서는 안 된다."라고 밝혔다.

이제 국민의 관심은 오로지 검찰이 헌법에 따라 엄정한 수사를 하느냐, 권력에 굴복하여 특정 세력을 위해 국민이 준 권한을 쓰느냐 그렇지 않느냐이다.

국민은 윤 총장이 자신의 말을 지킬 수 있을지를 냉정한 눈으로 지켜보고 있다.

민주주의 국가에서 법 앞에 누구도 예외가 될 수 없다. 모든 국민은 법 앞에 평등하다. 조국 장관도, 문재인 대통령도 예외가 될 수 없다. 그것이 민주주의다.

2019. 9. 29.

정 씨 '황제 소환' 문재인 대통령의 '맞춤 특혜'다

조국 장관의 부인 정경심 씨가 비공개 소환으로 검찰에 출석한 것은, 문재인 대통령이 만들어 준 '맞춤 특혜'다.

불필요한 관행은 바뀌어야 하겠지만 그 첫 번째가 조 장관 부인 정 씨에 대한 '황제 소환'이 되는 것에 국민들은 냉소한다.

누가 봐도 대통령의 수사 개입에 따른 결과이고 '안성맞춤'이 아닌가.

문재인 대통령이 '인권 존중'을 말하고 '검찰 개혁 지시'의 불호령을 내린 것은 결국 '조국 일가 수사를 조용히 진행하고 적당히 마무리하라'는 맞춤형 발언이었던 셈이다.

대통령의 연이은 '분기탱천'을 검찰이 거역하기 어려웠을 것이다.

검찰은 정 씨를 황제 소환했다고 '황제 수사'해서는 안 될 것이다.

권력의 무도함이 아무리 크더라도 검찰이 꼬리를 내리지 않기를 바란다.

민주국가 대한민국에서 이제 검찰이 '법치 실종'을 막아 주기를 국민들은 바라고 있다.

정 씨 소환은 늦어도 너무 늦었다. 이미 조국 장관도 소환 조사했어야 했다.

정 씨에 대해 철저하고 신속한 수사를 진행하고, 조국 장관도 속히 소환 조사해야 할 것이다.

2019. 10. 3.

유은혜 교육부 장관, 공정한가

유은혜 교육부 장관의 '공정성'에 국민들은 의문을 제기하고 있다.

조국 법무부 장관의 사퇴를 주장하며 무려 19일째 단식 중인 이학재 의원은 국회 교육부 국정감사장에서, 유은혜 장관이 "최순실 씨 딸 정유라 부정 입학 사건" 당시 국회에서 했던 말들을 영상으로 보여 주었다.

유 장관이 하는 말을 들으며 국민들은 '조국 씨 자녀 부정 입학 사건'에 대해서는 유 장관이 무엇을 하고 있는지 궁금하기만 하다.

결론은, '조국 장관의 위선'이 그대로 '유은혜 장관의 위선'일 뿐이다.

유 장관은 말한다. "정유라를 압송 수사하라.", "입학을 취소하라.", "관련자 모두를 전면 조사하고 책임을 물어라."

그래서 정유라는 그대로 이루어졌다.

더욱이 조국 장관의 딸은 비공개 소환되고 정경심 씨조차 비공개 '황제' 소환되었지만, 정유라는 소환 장면이 다섯 번이나 카메라에 찍혔으며 '이리 밀치고 저리 밀치며' 검찰로 들어갔다.

유 장관은 조국 장관 딸의 부정 입학에 대해서는 입에 반창고를 붙이고 있다.

그래서 조국 씨 딸에 대해서는 아무것도 이루어지지 않았다.

특히 주무 부서인 교육부 수장이지만 무슨 말을 하는지, 교육부가 무엇을 하고 있는지 국민들은 기억하지 못한다.

조국 장관 딸 입시 부정에 대해서는 최순실 씨 딸 입시 부정과는 완전히 다른 입장을 보이는 "유은혜 장관이나 조국 장관이나 문재인 대통령이나 모두 똑같은 위선자"라고 이학재 의원은 말했다.

"모두 똑같은 위선자!", 국민들의 감정이고 국민들이 하고픈 말이다.

2019. 10. 3.

문재인 정부도 썩고 참여연대도 썩었다

참여연대가 김경률 집행위원장을 징계키로 한 것은 김 집행위원장 말대로 참 '창피한 일'이다.

공인회계사인 김 집행위원장은 경제학 교수 등 참여연대 금융경제센터 소속 전문가들과 몇 날 며칠을 밤샘 추적 분석한 결과 '조국 펀드'가 '권력형 범죄'임을 결론 내렸다고 한다.

또 이를 밝히고자 한 것을 위에서 못하게 막았다고 했다.

문재인 정부가 부패하다 못해 한국의 대표 시민단체까지 썩고 있음에 개탄을 금할 수 없다.

그래도 김경률 집행위원장처럼 '참'을 참으로 볼 줄 아는 진보가 있다는 것은 우리 사회 진보의 실낱같은 희망이고 등불이다.

과거 최순실 씨를 고발했던 진보 시민단체 투기자본감시센터는, 66억 원의 뇌물을 받은 혐의로 조국 장관 부부 등을 검찰에 고발했다. 윤영대 소장은, "조 장관이 검찰 개혁을 주장할 게 아니라 구속이 먼저 돼야 한다."라고 말했다.

진보 성향 시민단체 경제정의실천시민연합은 조국 장관 임명이 부적절함을 이미 밝혀 왔다. 어제 박상인 정책위원장은 조 장관의 자진 사퇴를 주장했다.

정의당은 '정의'를 집어던지고 더불어민주당과의 '이익 연대'를 선택했지만 정의당 당원인 진중권 씨의 항의 탈당이 그나마 용기 있어 보였다.

진보학자 최장집 명예교수는 "과연 지금 일어나는 일이 촛불시위에 의해 권력을 위임받았다고 자임하는 정부가 보여 주는 정치적 책임이라고 대통령이 말하는 것인가."라고 일찌감치 경고하였다.

진보가 국민에게 상처를 주는 것은 박근혜 전 대통령 탄핵으로 그어진 국민의 상처에 다시 칼을 긋는 일이 될 것이다.

언제나 사회는 '희망'은 물론이거니와 '고통'을 통해 한 걸음 진보한다.

오늘 '조국 사태'는 우리 국민들에게는 크나큰 고통이지만 '참진보'와 '가짜진보', '위선진보'를 가르는 시금석이 되고 있다.

"참여연대가 창피한 일"이라고 말하는 김경률 집행위원장과 진보 인사들의 '너무나 당연한 행동들'은, 진보와 보수를 떠나 '분별이 어려운 시대 어느 순간에', 모두에게 모범이며 귀감이 될 것이다.

2019. 10. 3.

'정면돌파해 총선 가자'는 '청와대 하명' 있었나

검찰은 조국 전 민정수석과 황운하 대전지방경찰청장을 즉각 소환해 조사해야 한다.

자숙은커녕 자신의 '총선용' 북콘서트를 강행하며 검찰의 '조국 수사'도 거침없이 비판하고 있는 황 청장을 보니, '정면돌파해 총선 가자'는 '청와대 하명'이 있었나 궁금하기만 하다.

무슨 '뒷배'가 있어 1년 동안 소환에 불응하고 있는 울산지방경찰청 소속 경찰관 11명도 즉각 체포영장을 발부해야 한다.

검찰은 군사정권에서나 있었을 법한 권력형 하명 수사와 선거 개입의 국헌문란 의혹 사건 조사에, 추호의 좌고우면도 없이 속도를 내야 할 것이다.

2019. 12. 10.

'VIP'가 직접 해명해야 한다

청와대의 울산시장 선거 개입 의혹의 중심에 'VIP'가 있었음이 드러나고 있다.

VIP의 직접 지시에 따라 청와대 비서실장과 민정수석이 일사불란하고 주도면밀하게 실행한, 총체적 관권부정선거에 국헌문란 사건의 실체가 더욱 뚜렷해지고 있다.

이제 송병기 부시장의 수첩에 적힌 VIP가 직접 해명해야 한다.

'하명 수사'도 충격인데 '상대 후보 매수 공작'에 '맞춤형 공약 수립과 이행'까지 과연 청와대는 준비된 '선거공작소'였고 청와대 참모진은 간 큰 '선거기획단'이자 '선거조작단'이었던 셈이다.

보통의 선거에서도 흔치 않을 뿐 아니라 일벌백계 엄벌로 다스리는 일이다.

청와대가 이런 일을 저질렀다는 것은 심각한 위신의 추락이고, 국민에 대한 중대한 신의 위반이다.

불과 4년 전 청와대가 '총선 여론조사'를 한 혐의로 전직 대통령이 2년의 실형을 받은 게, 잉크가 마르지도 않았다. '문재인 청와대'의 울산시장 선거 개입 의혹은 이보다 훨씬 크고 심각하다.

2019. 12. 19.

검찰은 국민만을 보고 정도를 가라

사법부의 판단을 존중한다. 그럼에도 대단히 유감이다.

전 정권의 우병우 전 민정수석은 결국 직권남용으로 구속영장이 발부됐다.

그런데 현 정권의 조국 전 민정수석은 직권남용에도 불구속이다.

이런 대비를 국민들이 어떻게 납득하겠으며 용납하겠는가.

국민들은 조국 전 수석의 '권한'이요, 응당한 '정무적 판단'이라는 것을 인정하지 않는다.

그렇게 따지면 도대체 무엇이 비리인가. 대한민국에는 그 누구도 자의적으로 판단할 수 없는, 엄연한 법이 있고 헌법이 있다.

검찰은 꺾여서는 안 된다. 오히려 '윗선'으로 가지 못하는 검찰에 국민들은 의구심을 보내고 있다. 오직 국민만을 보아야 한다.

어떤 억압에도, '국민의 검찰다움'을 보이기 위한 정도와 결기가 필요한 때다.

2019. 12. 27.

적반하장 청와대 염치없고 구제 불능이다

"얼마나 무리한 판단이었는지 알 수 있다."라는 등 법원의 조국 전 민정수석 구속영장 기각에 검찰과 언론 비판을 앞세우는 청와대는 참으로 염치도 없고, 국민들 눈에 구제 불능이다.

반성하며 자중해도 모자랄 판에 적반하장도 유분수 격이 아닌가.

청와대의 태도는, 선을 넘는 명백한 수사 개입이고 방해이며 압력이다.

우리 국민들은 수사와 검찰의 독립성을 이토록 뻔뻔스럽게 유린하는 권력의 무도함을 일찍이 본 적이 없다.

검찰은 결코 멈추거나 꺾여서는 안 된다. '윗선'과 '옆선' 조사에 더욱 박차를 가해야 한다.

고구마 줄기 같은 권력의 비리를 오직 증거로서 모조리 파헤쳐 밝혀 주어야 한다.

청와대는 최소한의 염치를 찾고, '검찰과 싸워 이기려는 행태'를 당장 중단해야 한다.

2019. 12. 27.

박범계 적폐청산위원장의 '적폐 커밍아웃'이자 '문 정권 신적폐'의 표본

민의의 전당에서 '조국-윤석열 신파극'을 토해 내는 더불어민주당 박범계 의원이 국민들 눈에는 '참으로 정신 나간 사람'이다.

박범계 의원은 그래서 '윤석열 형'에게 "대단히 서운하다."라고 말하는데 도대체 공과 사를 구분하지 못하는 처사다.

박 의원은 여당의 적폐청산위원장을 맡고 있는데 당장 사퇴한다 해도, '도대체 무엇 하는 사람들인지' 국민들의 의구심이 씻기지 않을 것이다.

범죄 수사를 하고 권력의 비리와 부패를 파헤치는데 '서운함'이 무슨 기준이란 말인가.

결국 문재인 정권의 적폐청산이 사적인 것이었고 윤 총장도 사적으로 임명했으며 그리하여 사적으로 기대했는데 어떻게 이럴 수가 있는지, 그래서 대단히 서운하다는 '고백'을 하고 있는 것인가.

'범죄를 봐주지 않아 서운하다'는 소리를 민의의 전당의 마이크를 붙잡고 하고 있으니, 우리 국민들은 도대체 저것이 무슨 사고방식이며 저런 인사가 국회의원이 맞는지 의문이다.

고위공직자가 저런 생각을 하고 저런 말을 토해 내고 있는 것 자체가 바로 적폐가 아닌가.

국민들은 정의와 공정을 사적인 정의, 자의적 공정으로 추락시킨 그 위선에 분노하고 있는데 여당의 적폐청산위원장이라는 이의 입에서 저런

'적폐'가 터져 나오고 있으니, 아직도 이 정부는 정신을 못 차리고 있다.
　박범계 적폐청산위원장의 '적폐 커밍아웃'이며, '문 정권 신적폐'의 표본이다.

2019. 12. 28.

얼굴이 두꺼워 죄의식이 없는 청와대

　조국 전 장관 기소 내용에 대해 "태산명동서일필(泰山鳴動鼠一匹)"이라는 청와대에게 돌려줄 말은, '얼굴이 두꺼워 부끄러움을 모른다'는 '후안무치(厚顔無恥)'밖에 없다.
　뇌물수수와 청탁금지법 위반, 공직자윤리법 위반, 증거 위조 등 조 전 장관의 11개 혐의는 면면이 충격적이기만 하다.
　문재인 정권은 임기 절반을 고작 넘기고 '서슬 퍼렇다'는 민정수석이 이렇게 지저분하고 심각한 혐의들로 기소가 되고, 이 외에도 각종 권력형 비리로 기소되거나 조사를 받고 있는데, 이 상황이 '쥐새끼 한 마리 튀어나온 격'이라는 말인가.
　조 전 장관 당사자 외에도 청와대, 여당이 조직적으로 나서서 온갖 부인을 하고 검찰을 압박하고 겁박했지만, 각종 의혹들은 결국 증거를 통해 명백한 사실로 판명이 났다.
　국민들은 문재인 대통령이 국민 앞에 정중히 사과를 해도 모자란다고 생각한다.
　그러나 정반대다.
　정말 부끄러움을 모른다.
　'얼굴이 두꺼운' 정권이 죄가 뭔지도 모르고 죄의식도 없다.

명명백백한 수사 결과에도 '대통령의 인사권을 흔든 수사'라는 말을 던지는 청와대는 가히 정상이라 할 수 없다.

2019년 마지막 날 청와대가 '후안무치함'의 뜻을 국민들에게 너무나 선명하게 각인시킨다. 참으로 국민들 가슴은 '탄식'뿐이다.

2020년 새해 '국민의 정의'가 심판을 내리는 수밖에 도무지 방법이 없음이 더욱 분명할 뿐이다.

2019. 12. 31.

'불의'와 '불공정'의 홍위병이 민주당식 인재 영입인가

훌륭한 젊은이를 '불의'와 '불공정'의 홍위병으로 활용하는 더불어민주당의 행태가 참으로 처량하다.

연일 인재를 영입했다며 요란하게 발표하고 있는 민주당이 느닷없이 "30대 소방관을 영입했다."라며 내세운 장본인의 입에서, 조국 전 법무부 장관의 자녀 논란에 대해 "침소봉대"니 "당시 학부모들의 관행"이니 하는 말이 나올 줄 상상한 국민은 단 한 사람도 없을 것이다.

대통령과 여당은 조국 전 장관의 '백화점 같은 문제점들'에 대해서, 이미 훤하게 밝혀진 마당에도 마치 '검찰의 표적 수사'인양 호도하기에 여념이 없다.

이런 행태를 국민들은 도무지 이해할 수도 없고 용납하기 어렵다.

그런데 총선을 겨냥해 인재 영입했다는 젊은 청년의 입에서 이런 주장이 되풀이되어 나오고 있는 것을 보며, 과연 민주당의 인재 영입 기준은 불공정과 불의에의 동의가 전제되어야 하는 것인지 묻지 않을 수 없다.

이런 인식을 가진 사람이 과연 정의에 민감한 젊은이들을 대신할 수 있을지 공무원과 소방관의 높은 사명을 대변할 수 있을지 의문과 개탄을 낳는 것이다.

결국, 겉은 번지르르한데 진정 속은 썩은 꼴이 아닌가.

민주당은 '좋은 사람 좋은 정치'라면서, 좋은 인재를 부디 추악하게 이용하지 말기 바란다. '얄팍한 무늬'로 국민들 가슴에 '상처'를 주고 있어서는 안 된다.

2020. 1. 6.

'정의당'의 '정의', 시궁창에 던져 버려라

당명에 '정의'라는 단어를 쓰는 정의당이 참 부끄럽다.

계속되는 '이율배반'이 추(醜)하고, 돈으로 청년의 정의를 사겠다는 마음이 악(惡)하다.

문재인 대통령의 검찰 장악 수사 방해 인사를 "표적, 과잉수사로 논란을 불러온 수사책임자들에 대한 문책성 인사"라고 하던 입으로, 청년의 불평등 해소를 위해 만 20세 청년 전원에게 3,000만 원을 지급하겠다고 한다.

'부모 찬스'가 없는 청년에게 '사회 찬스'를 주자면서 부모 찬스의 가장 추악한 면모를 보여 준 조국 부부를 옹호한다.

정권의 비리를 수사하는 검사들을 정권이 전부 날려 버리는, 군사독재 시절에도 보지 못한 전횡과 불의를 박수 치면서, 정의에 가장 민감한 청년을 사회가 책임지자고 한다.

이 같은 이율배반은, 정의와 공정만을 바라는 청년 정신에 대한 모욕이고 모독이 아닌가.

정의당 심상정 대표는 '조국 사태' 초 조국 씨를 옹호했다가 당이 반쪽이 나는 여론의 뭇매를 받고서는, 느닷없이 군 장병 월급을 100만 원으로 올리겠다고 발표했다.

이번에는 '부자 부모'를 가졌더라도 20세가 되면 전원에게 3,000만 원을 지급하는 포퓰리즘을 '좋은 포퓰리즘'이라고 주장한다.

한 손에서는 '불의'를 흔들고 한 손으로는 돈으로 청년의 환심을 사겠다는 두 얼굴이 추악하기만 하다.

정의당이 조금이라도 부끄러움을 면하려면 당장이라도 '정의당'의 '정의'를 스스로 시궁창에 던져 버려야 할 것이다.

2020. 1. 9.

권력을 사유화해 '국민에게 항명하고' 있는 이들, 용서받지 못할 것이다

자신을 수사한다고 보복성 인사를 감행한 이들이야말로 권력을 사유화해 국민에게 항명한 것임을 분명히 밝힌다.

중심에는 문재인 대통령이 있다. 추미애 장관은 '짜여진 장기판'의 졸에 불과했으며, 여기에 이낙연 총리, 이해찬 더불어민주당 대표가 가세하고 있다.

다 한통속이다.

장관은 허수아비고, 국무총리는 한낱 '하수인'으로 전락했으며 여당 대표는 '홍위병 대장' 역할을 충실히 수행하고 있을 뿐이다.

이낙연 총리는 '조국 사태' 초, "검찰이 정치하겠다 덤빈다." 했던 바 있다.

청와대와 정부, 여당이 손발을 맞추며 검찰을 공격하던 풍경은 이미 익숙하다.

대선주자 1위를 달리는 이낙연 총리는 법치주의와 헌법을 유린하는 권력의 광기에 편승함으로써 이제 그 자격을 상실했다.

종로에 나오겠다는 이낙연 총리를 정치 1번지 국민들이 심판해야 한다.

"항명을 그냥 넘길 수 없다."라는 이해찬 대표의 흥분은 익숙한 망발에 망언일 뿐이다.

여당 대표로서 권력 사유화를 방조하며 강화해 온 역사적 책임을 오히려 면치 못할 것이다.

권력을 사유화한 대통령의 말로는 이미 분명하다. 민주국가의 국민이 결코 용서하지 않을 것이다.

2020. 1. 10.

압수수색 거부, 문재인 대통령의 '헌법 수호 의지' 드러나지 않는다

청와대가 검찰의 압수수색을 거부한 것은 '헌법 수호 의지'에 큰 의심을 낳는다.

데자뷔다.

국민들은 박근혜 전 대통령 탄핵 정국 당시 보았던 청와대 압수수색 거부를 떠올린다.

결국 헌법재판소는 이 점을 "법 위배 행위가 반복되지 않도록 할 헌법 수호 의지가 드러나지 않는다."라는 사유에 주요하게 산입하였다.

대통령 파면은 중대 사안이기에 법 위배 행위도 중요하고, 반복되지 않도록 할 헌법 수호 의지도 중요하게 본 것이다.

자신을 수사한다고 '대통령의 인사권'이라는 미명하에 검사들을 공중에 날려 버린 청와대는 법원의 압수수색 영장마저 무시했다.

'사법 방해'는 헌법 질서를 무너트리는 중대한 위법 행위이다.

'문재인 청와대'의 일련의 언행을 보면, 법 위배 행위가 반복되지 않도록 할 헌법 수호 의지가 드러나지 않는다.

심각한 위기다.

2020. 1. 11.

이낙연 총리는 법규를 깬 추미애 장관을 징계하라

당·정·청이 '윤석열 항명' 프레임을 만들려고 안간힘을 쓰고 있지만 정작 법과 규칙을 위반한 사람은 추미애 법무부 장관이었다.

보도에 따르면 박상기 법무부 장관과 노무현 정부의 강금실 법무부 장관 당시도 지켜진 규칙이었다고 한다.

사전에 충분한 내용의 인사안이 전달되고 제3의 장소에서 독대를 통해 의견을 조율했다는 것이다.

상식이 있다면 "법무부 장관은 검찰총장의 의견을 들어 검사의 보직을 제청한다."라는 검찰청법 34조 1항은 '검찰 독립'을 위한 조항이지 '인사위원회 30분 전 호출 요식행위'를 위한 것이 아니다.

"명을 거역했다."라는 왕조시대의 언사는 뻔뻔한 추미애 장관 본인 얼굴로 반사시켜야 마땅하다.

추 장관이 법과 규칙을 깬 것이다.

김준규 전 검찰총장은 추 장관을 향해 "쇼를 한 것"이라고 했다.

문재인 대통령은, 전화 수화기를 들고 시급히 추 장관에 대한 '필요한 대응'을 이낙연 총리에게 지시하는 '퍼포먼스'를 연출하기 바란다.(이낙연 총리가 그랬던 것처럼)

이낙연 총리는 "그냥 둘 수 없다. 추미애 장관에 대한 징계 관련 법령을 찾으라." 당장 지시해야 할 것이다.(추미애 장관이 그랬던 것처럼)

문재인 대통령 감독에 추미애 장관 주연, 이낙연 총리 조연, 이해찬 더불어민주당 대표 무술감독, '윤석열 항명' 영화의 반전은, '자폭'인가.

2020. 1. 10.

진보를 위해 진중권을 응원한다

진중권 씨가 옳고 심상정 대표가 틀렸다.

정의당 윤소하 원내대표는 심상정 당대표의 지시로 진중권 씨에 대한 탈당 절차가 이뤄졌다며, 진중권 씨가 "좌충우돌하지 말고 보다 진중하게 살기를 바란다."라는 말을 남겼다.

진중권 씨는 "정의당으로부터 받은 감사패를 쓰레기통에 버렸다."라며 "작고하신 노회찬 의원이 살아 계셨다면 저와 함께 서 계실 거라 확신한다."라고 응수했다.

근래 유시민 노무현재단 이사장이 진보의 추악한 퇴행을 상징한다면 진중권 씨는 진보의 실낱같은 희망을 상징하고 있다.

심상정 대표가 진보를 벼랑으로 밀어내고 있다면 진중권 씨는 벼랑으로 떨어지는 진보를 향해 간신히 손을 뻗고 있다.

진보든 보수든 관점이 다르고 정책이 다를 수 있다. 서로 경쟁하고 보완하며 사회를 더 나은 방향으로 발전시켜 가는 것이다.

그러나 보편의 상식이나 보편의 정의, 공정의 원칙 같은 것이 다를 수는 없을 것이다.

보수든 진보든 옳고 그름이 바뀔 수는 없다.

보편적 상식의 국민들이 진중권 씨의 주장을 응원하는지 심상정·유시민류(類)의 주장을 응원하는지는 금방 알 수 있다.

진보는 보수가 국민의 지지를 상실한 이유를 타산지석(他山之石) 삼아야 할 것이다.

진보가 계속 이렇게 간다면 보수의 붕괴보다 더 참담한 상황에 처할 것이다.

이는 진보의 불행 이전에 대한민국의 불행이다.

진보를 위해 진중권 씨를 응원한다.

2020. 1. 10.

무도한 권력의 검찰 포박, 민주주의 유린 행위를 경고한다

무도한 권력에 의해 자행되고 있는 '불의'를 우리 국민들은 매우 고통스럽게 지켜보고 있다.

수사 대상인 권력이 검찰을 포박하고 억압하는 행태는 피의자가 검사를 포승줄로 묶는 것과 같다.

자신을 수사하는 검사들을 날려 버리고 법원의 압수수색 영장도 깔아뭉갠 청와대가 사유서조차도 없이, 앞으로도 압수수색을 계속 거부할 것이라고 한다.

수사지휘부를 날리고 특별수사팀도 못 꾸리게 하고 게다가 후속 인사와 직제 개편, 윤석열 총장 감찰 등을 예고하는 등 윤 총장의 사퇴는 물론 수사 자체를 완전히 박살 내려 하고 있다.

우리 국민들은 검사들에게 말한다. '나쁜 놈을 벌주는' 사람이 검사라고. 검사는 누가 됐든지 나쁜 놈에 눈감지 않는다는 사실이 진실임을 믿는다.

그리고 명한다. 수사에 조금도 후퇴가 있어서는 안 된다. 결코 멈추고 덮어서는 안 된다.

아울러 우리 국민들은 문재인 대통령과 청와대에 분명히 경고한다. 내 손 안의 권력이 아무리 강해도 법과 민주주의를 이길 수는 없다. 헌법과 법치주의, 민주주의를 유린하는 행위는 역사의 법정에서 반드시 추궁되고 심판받을 것이며, 응당한 처벌을 받을 것이다.

2020. 1. 12.

당장은 모면할지 몰라도 몰락할 때는 처참할 것이다

추미애 법무부 장관이 검찰 직제 개편을 기습적으로 단행, 죄업을 추가했다.

'대통령의 인사권'을 대신한 '검찰 대학살'에 이은 두 번째 죄목이다.

언론이 무서워 '퇴근 후 발표'를 이어 가는 것도 해외토픽감이다.

진보 성향 판사마저 "대한민국 헌법 정신에 정면 배치된다." 경고했음에도 깔아뭉갰다.

추 장관은 '허수아비'라고 죄가 없다 생각한다면 큰 착각이다.

청와대 말만 듣다 똑같은 처벌 대상이 될 것을 망각하지 말아야 할 것이다.

문재인 대통령은 '인사권'의 칼을 휘둘러 '친문 국정농단'을 수사하는 검찰 간부들을 다 날려 버렸다.

  군사정권도 이렇게 막 나가지는 않았다.

  문재인 대통령이 무리수를 두는 데는 분명 이유가 있을 것이다.

  궁지에 몰린 쥐가 고양이를 무는 격이다.

  이래 죽으나 저래 죽으나 마찬가지일 때 보이는 행동 양식이다.

  국민을 상대로 이렇게 '도박하는' 정권은 없다.

  당장은 모면할지 몰라도 몰락할 때는 처참할 것이다.

2020. 1. 14.

문재인 대통령 눈물겨운 빚 갚기가 국민의 가슴을 울린다

  문재인 대통령은 조국 전 장관에 대한 '마음의 빚'을 한편으로는 이성윤 서울중앙지검장과 심재철 반부패·강력부장 등 '검찰 인사권 행사'를 통한 '무혐의 처분' 기도로, 한편으로는 '조국 아바타'를 조 전 장관을 대신하도록 승진시키는 것으로 갚으려는 모양이다.

  눈물겨운 빚 갚기가 국민의 가슴을 울린다.

  김미경 신임 균형인사비서관은, 조국 전 장관이 민정수석일 때 밑에서 일했고, 문재인 대통령이 국민의 반대에도 조 수석을 법무부 장관으로 밀어붙일 때는 청문회 준비를 도맡고 장관 보좌관으로 따라갔던 사람이다.

  문재인 대통령이 '친문 국정농단'의 중심에 있는 조국 전 장관과 '일심동체(一心同體)'임을 일부러 과시하는 것 같다.

  혹은 마음의 빚 이상으로 단단히 빚진 게 있는가 싶다.

  한편 조 전 장관은 범죄적 문제는 둘째 치고 이미 문재인 정부 인사 참

사의 책임이 큰 사람이다.

　조 전 장관을 찰떡같이 보좌하던 '수하'를 균형인사비서관에 앉혔으니, 균형 인사가 아닌 편향 인사에 '망사(亡事) 인사'가 계속될 것임은 불을 보듯 뻔하다.

2020. 1. 20.

국민이 용서하지 않을 것이다

　'1.8 1차 검찰 학살'에 대해 진보 성향 판사마저 "대한민국 헌법 정신에 정면 배치된다." 경고했음에도 불구하고, 무도한 정권이 '2차 검찰 학살'을 자행했다.

　법무부 장관은 허수아비일 뿐, 문재인 대통령의 전적인 지시에 따른 것임을 국민들은 충분히 간파하고 있다.

　노골적인 사법 방해이고 명백한 권한 남용임이, 이미 정해진 국민의 판단이다.

　국민이 위임한 권력을 오직 공적으로, 법에 따라 올바로 사용하라는 국민주권주의와 법치주의에 정면으로 배치되는 처사다.

　1차 학살은 '대통령의 인사권'이라며 밀어붙였지만, 2차 학살은 고검 검사급은 1년간 보직을 보장하도록 한 인사 규정마저 무시한 '꼼수 인사'다.

　우리는 대한민국 헌법과 법치주의에 근거해 그 죄상을 낱낱이 밝히고 응당한 처분이 따라야 함을 분명히 밝힌다.

　국민들은 윤석열 검찰총장과, 굴종하지 않는 검사들을 지지한다.

　'친문 국정농단'과 그 수사를 막는 문재인 대통령의 '권력 사유화'와

횡포, 그 허수아비와 행동대장들을 국민과 역사는 결단코 용서하지 않을 것이다.

2020. 1. 24.

조국 교수는 스스로 '기생충'이 되었다.
물끄러미 보고 있는 대한민국의 학자적 양심도 썩고 있다

서울대로 복귀해 강의 개설을 한 조국 교수에 대해 학교 측이 직위해제를 결정했는데, 당연한 결정이 늦어도 너무 늦었다.

재학생들이 2만 2,000여 명이나 파면과 직위해제를 촉구하는 서명을 했는데도 미적댔다.

죄를 짓고 학생들에게 막대한 물적 정신적 피해를 주고도 이렇게 뻔뻔하게 자기 취할 것 다 취하는 교수는 역대 출현한 적이 없다.

'폴리페서 내로남불'과 염치없음, 비리 등 각종 논란은 뒤로하더라도 조 교수는 기본적으로 교수 자격이 없다.

딸 아이의 허위 논문 게재를 알고 있었고, 허위인턴증명서에 아들의 오픈북 대시(代試)까지, 이는 교수가 생명처럼 지켜야 할 연구 윤리의 관점에서 결정적인 자격 박탈 사유다.

본인이 학자로서의 양심이 있다면 벌써 교수직을 내려놓고 물러났어야 하며, 보통 사람 같으면 그 자책과 고통이 살아 숨 쉬기도 어려웠을 것이며 세상의 처분 역시 가차가 없었을 것이다.

조 교수를 물끄러미 보고 있는 대한민국의 학자적 양심이 썩고 있다고 해도 과언이 아니다.

조 교수는 본인이 스스로 '기생충'이 되었다. 그 이상 어떤 말로도 표현하기 어렵다.

　서울대학교는 최소한 '가르치는 곳'이고 '학문하는 사람들'의 집단이 되고자 한다면, 조 교수를 무책임하게 보고 있을 게 아니라 '양심에 따라' 당장 '파면'해야 할 것이다.

2020. 1. 29.

만천하에 드러난 '하명 수사' 폭거, 문재인 대통령 관여했는지 밝혀야 한다

　검찰이 울산시장 선거 '하명 수사' 의혹과 관련 송철호 시장과 황운하 전 청장, 한병도 전 정무수석, 백원우 전 비서관 등 13명을 기소했다.

　만천하에 드러난 사건의 전모에 국민들은 참으로 충격과 공분을 느낀다.

　청와대가 조직적으로 개입하여 송철호 시장을 당선시키기 위한 전방위 공작을 벌였다. 송 시장은 황 전 청장에게 수사 청탁을 했고, 백원우 전 비서관은 수사 첩보를 하달하여 이행 점검을 하고 황 전 청장은 미온적인 경찰관들을 인사 조치했다.

　청와대가 송 시장 공약을 만들어 주기 위해 예비타당성 조사 발표 연기도 공모하고 한병도 전 정무수석은 송 시장의 당내 경쟁자를 매수했다.

　살아 있는 권력을 이용해 손쉽게 선거에 개입한 것으로, 민주사회에서 도저히 용납되어서는 안 되는 중대 범법 행위이고 반민주적 폭거이다.

　우리 국민들은 우리 대한민국이 이렇게 허약한 민주주의 위에 서 있고, 권력이 이렇게 범법을 겁 없이 넘나들어도 된다고 생각하지 않는다.

　임종석 전 비서실장이 밝혔듯이 청와대는 검찰총장의 정치 수사요,

검찰권 남용으로 규정하고 있다.

국민들은 법 앞에 예외를 주장하는 반헌법과 반법치주의와 반민주주의적 발상이자 주장이라고 본다.

국민들은 이미 임종석 전 비서실장의 발악 따위에는 관심도 없다. 이제 검찰은 문재인 대통령이 직접 지시하였는지 어떻게 관여하였는지 밝혀야 할 것이다.

문재인 대통령은 '대통령의 인사권'이라며 검찰 수사의 예봉을 꺾으려는 크나큰 무리수를 뒀다. 이를 통해 국민들은 문 대통령에 대한 의심만 커졌다.

검찰은 그 의심을 명명백백하게 가려 줘야 한다. 적당히 타협한다면 검찰 역시 국민들이 곱게 보지 못할 것이다.

2020. 1. 29.

'나쁜 놈 벌주는' 게 검사다

문재인 정권에 의한 '2차 대학살'로 지방으로 전출 가는 검사들의 전출식에서, 윤석열 검찰총장은 "법과 원칙을 지키고 저항을 뚫고 나가는 것이 검사의 사명"이라고 강조했다.

국민들이 어느 때보다 검사 개개인을 향해 '나쁜 놈 벌주는' 정의로운 검사의 사명을 바라고 있는 것과 같은 맥락이다.

"책상만 바뀌었을 뿐 책무는 바뀌지 않았으며, 어느 위치에서든 검사의 정체성과 공직자로서 본분을 잃지 말라."라고 한 것 역시 국민들은 백분 공감한다.

'살아 있는 권력'이 헌법과 법치주의 그리고 민주주의를 농단하고 있다.

검찰에 대한 신뢰와 기대가 이렇게 모인 적도 없다.

우리 헌법 제1조는 '모든 권력은 국민으로부터 나온다'고 규정하고 있다.

국민들은 '민주공화국의 검사로서의 본분을 기억하라'며 명령하고 있다.

살아 있는 권력 앞에 '국민이 살아 있음'을 보여 주어야 한다.

이것이 최고의 '검찰 개혁'이다.

이 점 명심해 주기 바란다.

2020. 1. 31.

얼마나 무서우면 공소장을 숨기는가

법무부가 '청와대 울산시장 선거 개입 의혹' 사건 공소장을 국회의 요구에도 내놓지 않고 비공개하기로 결정한 것이 사실이라면, '국민이 위임한 권력의 사유화'와 '법치 농단'이 어느 정도까지 추악하고 추잡하게 이루어질 수 있는지 보여 주는 일대 사건이 아닐 수 없다.

추잡한 정권이 '공소장 내용이 다 맞다'는 사실을 이런 식으로 깔끔하게 공개하는가?

검찰을 협박하고 포박하더니 이제는 국민의 알권리까지 옭아맨다.

도대체 얼마나 부끄럽고 무서우면 공소장을 숨기는가?

법무부가 검찰이 제출한 공소장을 국회에 내놓지 않는다는 것은, 결국 거기에 엄청난 '사실 관계'와 '결론'이 담겼다는 것이고, 그걸 국민들이 보고 아는 것이 몹시도 두렵다는 것이다.

이런 식으로 가면 공소장은 물론 판결문도 못 보게 하고 숨기려 들 것이다.

정말 한 번도 경험하지 못한 사건이 상상을 초월해 벌어지고 있는, 한 번도 보지 못한 나라다.

지금은 권력으로 버티지만, 추미애 장관의 온갖 추태와 불법적 행위는 역사의 기록장에 한 치의 누락도 없이 기록될 것이며, 그 죄상은 훗날의 법정에서 반드시 추궁될 것이다.

모든 행위는 청와대 연출이고, 법무부 장관은 꼭두각시일 뿐이다.

정권이 무리수를 둘수록 국민들은 '대통령이 왜 저럴까' 생각한다. 공소장을 가리면 국민들은 공소장마저 안 보여 주는 대통령만 더 의심할 뿐이다.

2020. 2. 4.

수사 '깜깜이' 자기들만 '예외', '법치 농단 정권' 참 뻔뻔하다

법무부가 '청와대 울산시장 선거 개입 의혹' 사건 공소장을 공개하지 않기로 한 것에 비판 여론이 거세지자 입장을 내놓았는데 참으로 뻔뻔스럽기만 하다.

국회에 제출되면 국민이 알게 되는 것이 나쁜 관행이라며 반드시 시정하겠다고 한다.

'적폐 수사'를 할 때는 그렇게 정보를 흘리고 모욕을 주고 일일이 브리핑하며 여론을 이용하고 하더니, '무죄추정'이니 '공정한 재판 권리'니 '명예훼손'이니 하는 것은 하필 왜 자기들에 와서 적용하겠다는 것인가 하는 게 국민들 생각이다.

조국 전 장관에 대한 수사가 진행되면서 정부 여당이 밀어붙인 각종 개정안들은 결국 수사를 '깜깜이'로 만드는 것이었다.

공보준칙도 바꾸고 포토라인도 없애며 공개소환도 없애고 급기야 공소장의 국회 제출 거부까지, 죄다 자신들을 위한 '맞춤형 개정'이었다.

언론의 접근을 원천 봉쇄하고 수사 내용을 철저히 틀어막은 최초 수혜자는 조국 전 장관의 부인 정경심 씨였으며, 결국 '선거 개입 하명 수사' 건까지 '막고 보자'는 식이다.

이런 게 '검찰 개혁'의 미명하에 이루어지고 있다.

사법개혁과 국민의 알권리를 위해 조치를 취했던 노무현 정부의 정신도 전면 부정하고 있다.

헌법에서 보장하는 기본권인 국민의 알권리마저 깔아뭉개는 이 정권의 반헌법적 행태는, 결코 용납할 수 없는 반헌법 반법치 반민주주의 '법치 농단 정권'이자 국민의 신임을 배반한 정권으로서의 증거로 차곡차곡 쌓일 것이다.

자기들만 '예외'를 계속 만들어 가는 문재인 정권을 보며 국민들의 생각은 '참 어쩌면 저렇게 뻔뻔할 수 있는가' 하는 것뿐이다.

'국민의 불신임'이 파도가 되어 퍼져 나가고 있다.

2020. 2. 5.

진짜 몸통을 알아야겠다

'청와대 울산시장 선거 개입 의혹' 사건과 관련 대통령이 계속 침묵하는 것은 대통령으로서의 직무 유기로 보인다.

명백히 '공무원의 선거 중립 의무'를 위반한 사항이다.

특히 대통령이나 대통령의 업무를 보좌하는 공무원이 살아 있는 권력을 이용해 선거에 개입하는 것은 더더욱 안 될 행동이다.

정상이라면 문재인 대통령이 철저한 수사 지시를 하고 국민 앞에 벌써 사죄했어야 한다.

그러나 그렇게 하지 않고 있다. 대통령의 직무 유기로밖에 보이지 않는다.

대통령은 오히려 수사를 못 하게 막았다. 검찰 수사를 와해시키고자 했다.

대통령 비서실 조직 7곳이 나섰으며, 경찰이라는 공권력까지 강제 동원하고 이용하였다.

민주사회에서 결코 용인되고 용납되어서는 안 되는 사건의 실체다.

'하명 수사' 보고도 선거 전에 18번은 물론 선거 후에도 3번이나 이루어졌으며, 민정수석실 외에 대통령에게 직접 보고하는 국정기획상황실에도 6차례 전달되었다.

대통령이 몰랐을 리가 있는가.

몰랐다면 무능한 것이며 알았다면 무관하다 할 수 없다.

몰랐다면 대통령은 관련자들의 잘못을 엄히 다스려야 한다. 그런데 반대로 검찰 수사를 막으려 했다. 이 과정 역시 반헌법과 불법 소지로 점철되고 있다.

이렇게까지 무리를 하는 것은 결국 대통령이 알고 있었고 관여되었다는 추론 외에는 설명이 되지 않는다.

검찰은 대통령에 대한 수사를 즉각 개시해야 한다.

만약 검찰이 살아 있는 권력이 두려워 더 이상 나아가지 못한다면 국회가 특검을 해서라도 밝혀야 한다.

대통령이든 검찰이든 국민의 합리적 의심을 덮고 갈 수 있다고 생각한다면 크나큰 오산이다. 국민들은 '진짜 몸통'을 알아야겠다.

2020. 2. 7.

불법이 불법을 낳는 상황, 추미애 법무부 장관은 당장 물러나라

　법의 지엄함을 세우지 못하고 한낱 '권력 비리의 방패막이'로 전락한 추미애 장관은 법무부 장관으로서의 자격을 잃은 바 당장 물러나야 한다.

　'청와대 울산시장 선거 개입 의혹' 사건 공소장을 법무부가 숨겼지만, 언론을 통해 결국 드러났다.

　국민들은 청와대가 저지른 범법에 다시 한번 경악하며 왜 정권이 공소장마저 숨기려 했는지 알 만하다.

　71쪽의 범죄를 단 3쪽으로 가리려 한 추미애 장관의 소행이 참으로 초라해 보인다.

　국민들에게는 법을 지키라고 하면서 가장 큰 권력을 가지고 있는 청와대는 법을 지키지 않아도 된다고 말하고 있는 게 대한민국 법무부 장관이라는 사실을 부인할 수 없다.

　추 장관은 국회와 국민에 맞서 공소장을 숨기고 청와대 범죄를 은폐하려 한 그 위법적 책임 역시 져야 할 것이다.

　올 초부터 이어진 '검찰 학살'과 '공소장 은폐' 등 문재인 대통령과 청와대, 추미애 법무부 장관을 통해 이루어진 일련의 행동은 '검찰 개혁'이 아니라 권력 비리 은폐와 수사 방해를 위한 거듭된 무리수였다.

　무리수가 무리수를 낳고, 거짓이 거짓을 낳고 있으며 불법이 불법을 낳고 있는 상황이다.

　국민적 공분과 지탄을 자아낸 추미애 장관이 국민과 맞서려는 문재인 대통령을 빼다 박고 있다.

　법 위배 행위가 반복되지 않도록 할 헌법수호 의지가 없는 것이며 국민의 신임을 배반하고 있는 것이다.

2020. 2. 8.

대통령이 사과하고 고백해야 한다

'청와대 울산시장 선거 개입 의혹' 사건과 관련 검찰이 임종석 전 비서실장에 대한 추가 수사를 진행한 후 총선 이후 신병 처리를 결정할 것으로 알려졌다.

이미 국민들의 관심은 임종석 전 실장을 넘어 문재인 대통령의 관여 여부에 쏠려 있다.

검찰의 수사 초점은 임 전 실장이 아니라 문 대통령에게 맞춰져야 할 것이다.

청와대 8개 조직이 일사불란하게 움직였다. 경찰을 마치 사조직 부리듯이 했다.

이런 '간 큰 일'을 일개 비서실장이 알아서 구상하고 지휘하고 관리했다는 것은 믿기 어렵다.

국민들은 대단히 안이한 생각으로, 절대 해서는 안 될 일을 했을 것으로 추정한다.

그렇다면 국민들에게 솔직히 고백하고 이해를 구하는 것이 '공무원'으로서의 본분일 것이다.

헌법은 공무원을 '국민 전체에 대한 봉사자'로 규정해 그 공익 실현의 의무를 천명하고 있다. 이 의무는 국가공무원법과 공직자윤리법 등을 통해 구체화되어 있다.

대통령과 대통령의 업무를 보좌하는 이들도 공무원이다.

대통령은 헌법과 법률에 따라 권한을 행사해야 한다. 또 그 공무수행은 투명하게 공개해 국민들에게 평가받아야 한다.

잘못을 시인하고 용서를 구한다면 참작이 될 수 있을 것이다.

그러나 계속해서 뭉개고 권력을 휘둘러 막으려 한다면 '가중 처벌' 사유만 늘어날 것이다.

대통령은 침묵으로 넘어가려 해서는 안 된다.

국민 앞에 사과해야 하고 고백해야 하며, 관련된 모든 사람들이 수사에 적극 임하도록 지시하고 필요하다면 자신도 투명하게 임하겠다는 선언을 해야 한다.

이것은 지금 대통령이 해야 할 최소한이다.

2020. 2. 9.

민주주의를 빼앗아 간 이들로부터 민주주의를 되찾아 와야 한다

문재인 대통령과 청와대, 여당에 국민들이 크게 실망하는 것은, 민주화 운동을 했다는 사람들이 민주주의를 농간하고 있기 때문이다.

지난 정권 대통령을 탄핵하며 주장했던 말들도 전혀 지켜지지 않고 있으며, 더 법치를 무너뜨리고 있고, 더 권력을 사유화하고, 더 부패하고 있기 때문이다.

우리 국민들은 철저히 속았다는 생각을 하고 있다.

민주주의를 가장 잘 지킬 줄 알았는데 민주주의를 가장 우습게 보는 사람들이었다.

법에 따라 통치를 할 줄 알았는데 애당초 법을 지켜야 한다는 법의식 자체가 희미한 사람들이었다.

진보 성향의 '민주주의를 위한 변호사 모임' 소속 변호사가 "공소장 내용은 대통령의 명백한 탄핵 사유이고 형사처벌 사안"이라고 밝힌 것을 국민들은 심각하게 받아들인다.

이 변호사는 "민주화 세력은 독재정권을 꿈꾸고 검찰은 반(反)민주주의자들에 저항하는 듯한 초현실"이라고 지적하고 있다.

　진중권 전 교수가, 조국 전 장관이 청문회에서 "나는 사회주의자"라 하던 말을 인용하며 울먹인 이유를 국민들은 알고 있다.

　너무나도 참담하기 때문이다.

　'타는 목마름으로 민주주의'를 외쳤던 그 열정과 열망과 헌신이 이렇게 한순간에 이토록 참담한 몰골로 무너져 내릴 수는 없기 때문이다.

　우리는 민주주의를 빼앗아 간 이들로부터 민주주의를 되찾아 와야 한다.

　그것이 우리가 쟁취한 민주주의고 우리가 지켜 가야 할 민주주의이며, 민주사회를 살아가는 국민의 역할이고 소명이다.

　민주주의를 외치던 이가 민주주의를 모독하고 있는 '초현실'을 국민이 나서 바로잡아야 한다.

2020. 2. 10.

청와대와 대통령에 대한 후속 수사 무력화 시도

　추미애 법무부 장관이 검찰 내 수사와 기소를 분리하겠다고 했는데 '청와대 보호'를 위해 또 사술을 부리고 있다.

　'1, 2차 검찰 학살'과 공소장 은폐에 이어, 도대체 어떤 불법과 편법, 꼼수를 더 고안해 낼지 그 끝을 알 수가 없다.

　윤석열 검찰총장의 손발을 자르고 손가락, 발가락까지 자르더니 이제는 머리와 몸통까지 분리하려는 시도가 아닐 수 없다.

　결국 청와대와 대통령에 대한 후속 수사를 무력화하고, 원천적으로 기소를 막으려는 의도이다.

추 장관은 국민의 눈을 가리려 한 공소장 은폐를 계속 고집하겠다고도 한다.

문재인 정권의 '오만과 독선 바이러스'가 추 장관이라는 대형 '숙주'를 만난 것 같다.

마침 조국 전 장관이 추 장관이 밝힌 검찰 내 수사와 기소 분리에 대해 매우 의미가 있다고 박수를 보낸다 했다.

자중하며 조용히 있어도 모자랄 조 전 장관이 참 뻔뻔스럽다.

아무리 검찰 수사를 뚫을 묘수라 해도 범죄자가 검사 앞에서 대놓고 박수 치며 좋아하는 모습을 국민들이 보고 있어야 하는가.

2020. 2. 12.

에필로그

1

조국의 SNS는 여전히 쉴 새가 없다. 자신에 대한 성찰은 없이 윤석열에 대한 복수심만으로 살고 있는 것 같다. 자신이 박근혜 탄핵 및 수사, 이명박 수사, 소위 '적폐 수사' 당시 앞장서서 촉구했던 것처럼 윤석열을 향한 탄핵과 검찰 수사를 선동한다. 그러면서 자신은 검찰의 피해자라고 시종일관 주장한다. '군부독재'를 연상시키고자 '검부독재'라 칭한다. '대한검국'이니 '검찰공화국'이니 말을 만든다. 상대를 수사하라고 할 때는 검찰을 영웅시하고 자신을 향한 수사에 대해서는 검찰을 악마화한다. '대통령도 감방 보내는 세상'에 자기만 '마녀사냥'을 당했다고 하는 걸 국민들이 듣고 있다.

2

국민들은 민주당의 문제를 개탄한다. 많은 사람들은 86 운동권의 청산을 말한다. 과연 될 수 있을까. 이번 총선에서 얼마나 이루어질 수 있을까. 사실 이미 보았듯이 그들의 문제는 86 운동권에만 그치지 않는다. 그 아래 한참 차이 나는 후배 격인 30대 정치인들조차 오히려 더, 그 위선이나 뻔뻔스러움, 배타성 등이 더하면 더했지 덜하지 않다. 결국 위로부터 보고 배웠기 때문이다. 민주당에서만 번식하는 '뻔뻔스러움의 연대'다. 어찌하면 이런 모습들이 극복이 될 수 있을까. 결국 반성을 통해 가능하다 할 텐데 그 반성이란 자극이 있기 전까지는 어렵고, 그 자극이란 결국 국민들이 줄 수밖에 없을 것이다.

진보 정치권이 가지고 있는 문제점이 극복이 되려면 보수 정치권이 잘해야 한다. 그러나 보수 정치권은 잘하고 있는가. 상대가 못하는 것만 가지고 국민이 철퇴를 가하고 변화가 이루어지는 건 결코 아니다. 보수가 그만 못하다는 인식을 국민들이 갖는다면 결국 차악과 차악의 비교 속에서 같이 심판을 받을 것이다. 최악과 차악이 경쟁하며 국민들에게 선택을 강요하는 사회와 나라에 과연 미래가 있겠는가?

보수 정치권의 문제는 무엇일까. 보수 정치가 진보 정치를 극복할 수 있을까? 생각해 보아야 할 많은 지점들이 있지만 나는 여기서 두 가지 부분만 짚고자 한다. 싸워도 알고 싸워야 할 것이다. 청산! 청산! 목소리만 높인다고 될까.

민주당의 운동권들 정말 문제다. 그들은 썩었다. 그런데 보수 정치권의 사람들이 그들을 제대로 대적하고 있는가. 한 가지 점은 알았으면 한다. 적어도 운동권, 그들은 '자기를 버려 본' 사람들이다. 자신의 이익보다 자신이 옳다고 생각하는 것을 위해 목숨 걸고 자신을 던져 본 사람들이다. 보수 정치권의 사람들은 그렇지 않다. 그런 사람이 없다. 고시 합격해 출세한 관료들이 대부분이다. 거기서 기본적인 근성의 차이가 나온다. 민주당의 운동권들은 그래서 한다면 하고 끈질기고 똘똘 뭉친다. 보수 정치권이 '웰빙'이라는 말을 듣는 것도 마찬가지다. 운동권적 사고라는 것이 문제도 많지만 이들은 기본적으로 자기 머리로 대한민국 현대사에 대해 한 번쯤 생각해 본 사람들이다. 그러다 보니 기본적으로 신념 체계가 강하다. 사회가 어떤 식으로 나아가야 할지에 대해 전략적으로 사고하고, 투쟁을 통해 만들어 보기도 한 사람들이다. 대신 전문성이 떨어지고, 실사구시적이고 합리적인 사고를 하는 데서 미숙하다.

반면 보수 정치권의 사람들은 우리 사회가 만들어 놓은 교육 체계 내에서의 남다른 역사적 소명감이 최대치다. 신념 체계가 그렇게 강하지 않다. 자신의 이익 외에 목숨을 던져 본 적이 없기 때문에 한다면 하는 결기나 끈기도 약하고 대체로 각자도생이다. 각 분야의 최고 인재기 때문에 전문성은 뛰어나지만 전략적인 사고가 미숙하여 소위 '정치 투쟁'이라는 것을 잘 할 줄 모른다. 거대 담론에 대한 선도성과 책임감도 약하다. 실용적이고 합리적인 사고 경향은 생산성에서는 장점이다. 진보 정치권이 잘못을 하고도 물러설 줄 모르는 반면 보수 정치권은 최소한 물러설 줄 안다. 이런 게 차이다. 보수 정치권이 가지고 있는 장점도 있지만 진보 정치권이 가지고 있는 이런 습성과 근성을 알지 못한다면 혹은 때로는 취사선택이 필요한 그 근성과 습성을 획득하지 못한다면 잠깐은 나아 보일 수 있어도 결국 다시 진보에 밀릴 수밖에 없을 것이다. 이는 진보 정치권와 보수 정치권 간에 프로파간다, 의제 설정 및 선점, 프레임 설정 등에서도 역량의 차이를 크게 노정한다.

민주당의 운동권들이 썩었다는 것은 결국 더 심각한 사회적 후과를 남긴다. 사회적 운동을 통해 습득한 결기를 뻔뻔함을 위해 사용하고 있는 것이다. 그들의 변질은 그래서 그 독소가 너무나 강한 것이다. 그들 자신이 이를 진실되고 절실하게 깨닫지 못하고 있고 그 후배들도 그런 점을 지적하고 극복하지 못하고 있다. 그 후배들이라는 이들은 오히려 무늬만 그대로 배워서는 최소한의 진심도 없는 얼치기들이, 모두 되어 있다. 그런 그들이 조국의 '홍위병'이 되고 이재명의 '레밍'이 되는 것은 어쩌면 그리 신기한 일이 아니다.

다른 한 가지는 공감 능력이다. 진보는 그 기반을 사회운동에 두고 있다. 사회운동은 대중과 호흡하는 것이 기본이다. 그래서 진보 정치권은 모든 문제를 접근할 때 혹은 어떤 문제를 처리할 때 사람들이 어떻게 생각할까, 국민들이 어떻게 받아들일까에 대해 같이 고민을 한다. 습관적으로 여론을 살피게 되고 여론에 맞추어 무언가를 하려고 한다. 사전 정지 작업이라는 것이 있고 사후 보강 작업이라는 것이 있다. 그런데 보수 정치권은 그런 게 없다. 그 일의 효과나 성과 위주로 판단하고 어떤 방식이 우위에 있다면 당연히 그런 식으로 해야 한다고 생각하고 만다. 일을 잘하는 것이 중요하지 그 일에 국민들이 공감하고 안 하고는 두 번째다. 일은 여론이 하는 게 아닌 것이다.

그러나 사회가 민주화되면서 국민들의 참여는 더욱 늘어나고 있다. 국민의 지식도 훨씬 풍부해지고 있다. 시민의 참여 속에서 해야 할 일들은 더 늘어나고 있다. 사회가 선진화될수록 국민의 공감대라고 하는 것은 정책 실현에서 훨씬 비중이 커질 수밖에 없다. 국민들도 자신에게 다가오는 느낌에 그 전보다 더 이끌리게 된다. 국민들이 어떻게 느끼는가를 더욱 선제적이고 예리하게 살펴야 하는 것이다. 이성적 사실 관계보다, 감성적 인과 관계나 그 일의 효과성보다 그 일에 대한 상대방의 이해나 공감을 이끌어 내는 부분이 더욱 중요해지고 있다. 이런 것에 진보는 습성상 가깝다. 보수는 상대적으로 취약하다. 그래서 진보는 일을 잘하지 못하고도 국민의 공감을 이끌기도 하고 보수는 일을 잘하고도 국민의 공감에서 실패하거나 패착을 범하기도 하는 경우를 자주 본다. 이런 점에서 보수 정치권이 뚜렷한 발전이 없다면 역시 진보 정치권을 타승하기가 쉽지 않을 것이다.

진보는 환골탈태해야 한다. 보수도 스스로를 따갑게 점검해야 한다. 어느 쪽이든 상대를 비난하며 목소리만 높인다고 국민의 마음을 얻을 수 있는 게 아니며 궁극적으로 사회와 나라를 올바로 이끌 수 있는 게 아니라는 걸 진실로 성찰할 수 있기를 바란다.

3

저 너머 조국 편의 행동을 보고 있으면 너무나 딴 세상이다. 정의로운 것은 정의로운 곳에 부정의한 것은 부정의한 곳에 그 제자리가 있기를 바랄 뿐이다.

낡은 것이 가고 새로운 것이 오고, 그릇된 것이 가고 옳은 것이 오기를 바란다. 그것이 안 된다면 그런 순리를 위해 능히 노력해야 한다. 누군가는 진실로. 우리 아이들에게 자랑스러운 건강한 사회, 더 나은 대한민국을 위해.

미주

1 금붕어는 3초의 기억력이라면서 금방금방 잊어 먹은 일에 많이 비유되고는 한다. 그러나 실제 연구 결과에 따르면 금붕어는 집중력이 인간보다 높고, 기억력도 최소 3개월이라고 한다. 김선엽 기자, "물고기 집중력 9초, 인간은 8초… 금붕어 기억력은 무려 '최소 3개월'", MoneyS, 2016.06.17.

2 홍지인 기자, "조국, 총선 출마 질문에 "비법률적 명예회복의 길도 생각 중"", 연합뉴스, 2023.11.06.

3 박소연·민동훈·박상곤 기자, "인요한 "尹, 소신껏 하라 신호"…'갈등설' 김기현에 견제구", 머니투데이, 2023.11.15.

4 손구민 기자, "임종석·조국, 울산시장 선거개입 무혐의 받았지만…檢 '강한 의심'", 서울경제. 2021.04.13.

5 박태근 기자, "하태경 "조국 文에 서운했나?…엉겁결에 천기누설 SNS 실수"", 동아일보, 2020.08.10.

6 이용경 기자, "[판결] '靑 울산시장 선거개입' 송철호·황운하, 1심서 징역 3년", 법률신문, 2023.11.29. 이대희·권희원 기자, "법원, '靑 울산시장 선거개입' 인정…송철호·황운하 실형(종합)", 연합뉴스, 2023.11.29.

7 이대희·권희원 기자, "법원, '靑 울산시장 선거개입' 인정…송철호·황운하 실형(종합)", 연합뉴스, 2023.11.29.

8 윤태윤 기자, "4년여 수사·재판 지연 끝에 '무더기 실형'…'지연된 정의' 비판도", TV조선, 2023.11.29.

9 박선영 기자, "김기현 "더 늦기 전에 문재인·임종석·조국 수사 재개돼야"", 국민일보, 2023.11.29.

10 조국, 『디케의 눈물』, 다산북스, 2023.08.29. p.38.

11 조선일보, "[사설] 5년 내내 정권 불법 비리 쌓였는데 '적폐 수사'에 화난다는 文", 조선일보, 2022.02.11. 한기호 기자, "朴정부 사람들 수사한 윤석열에 "보수 궤멸" 꾸짖은 유승민…탄핵엔 "배신 아니다"", 디지털타임스, 2021.09.01. YTN, "[뉴스큐] 이상민 "28명 이탈표는 과장, 검찰에도 호의적이지 않아"", YTN, 2023.02.16.

12 조국, 『디케의 눈물』, 다산북스, 2023.08.29. pp.7-8.

13 조국, 『디케의 눈물』, 다산북스, 2023.08.29. p.9.

14 조국, 『디케의 눈물』, 다산북스, 2023.08.29. pp.54-55.

15 조국, 『디케의 눈물』, 다산북스, 2023.08.29. pp.126-127.

16 김기흥 기자, "우원식 "관료, 적폐청산에 무감각…부처별 적폐청산기구 설치"", KBS, 2017.08.30.

17 박정엽 기자, "文대통령 "적폐수사 그만하라는데, 살아있는 수사 통제 안 돼"", 조선일보, 2019.05.02.

18 박경훈 기자, "[與野 촌철살인]"秋, 공소장 비공개", 野 "文, 연관 암시"", 이데일리, 2020.02.08.

19 조국, 『조국의 시간』, 다산북스, 2021.05.31. p.5.

20 조국, 『조국의 시간』, 다산북스, 2021.05.31. pp.5-6.

21 조국, 『조국의 시간』, 다산북스, 2021.05.31. p.15.

22 조국, 『조국의 시간』, 다산북스, 2021.05.31. p.305.

23 조국, 『조국의 시간』, 다산북스, 2021.05.31. pp.147-148.

24 조국, 『조국의 시간』, 다산북스, 2021.05.31. pp.310-311.

25 채널A, "조국의 적은 조국 SNS?… 과거 발언 재소환", 채널A, 2023.06.14.

26 박태근 기자, "조국 "尹 법적 쟁송" 비난에…김근식 "당신이 할 소린 아니지"", 동아일보, 2020.12.17.

27 오경묵 기자, "7년 전 조국 소환한 진중권 "윤석열, 더럽고 치사해도 버텨달라"", 조선일보, 2020.12.16.

28 차현주 기자, "'조국의 적은 조국?' 스스로 발목 잡는 과거 SNS 글", YTN, 2019.08.29.

29 정성호 기자, "조국, 과거 SNS 발언에 발목 잡히나", KBS, 2019.08.20.

30 조국, 『왜 나는 법을 공부하는가』, 다산북스, 2014.06.02. p.31.

31 정성호 기자, "조국, 과거 SNS 발언에 발목 잡히나", KBS, 2019.08.20.

32 허미담 기자, ""조국, 문재인 정부 철학 보여줄 차례" 이준석, 조국 딸 '장학금' 겨냥", 아시아경제, 2019.08.20.

33 정성호 기자, "조국, 과거 SNS 발언에 발목 잡히나", KBS, 2019.08.20.

34 차현주 기자, "'조국의 적은 조국?' 스스로 발목 잡는 과거 SNS 글", YTN, 2019.08.29.

35 최수용 기자, ""조국의 적은 조국"…간담회와 180도 다른 과거 글", TV조선, 2019.09.03.

36 위와 동일.

37 위와 동일.

38 차현주 기자, "'조국의 적은 조국?' 스스로 발목 잡는 과거 SNS 글", YTN, 2019.08.29.

39 최수용 기자, ""조국의 적은 조국"…간담회와 180도 다른 과거 글", TV조선, 2019.09.03.

40 조국, "[기고] '위장'과 '스폰서'의 달인들", 한겨레신문, 2010.08.26.

41 이용경 기자·한수현 기자, "[판결] '자녀 입시비리·감찰 무마 혐의' 조국 전 장관, 1심서 징역 2년", 법률신문, 2023.02.03.

42 이하 인용하는 조국 판결문은 모두 1심 판결문임을 밝힌다. 2심 재판이 진행 중이며, 판결의 결과는 달라질 수 있을 것이다. 판결문은 판례 검색 사이트인 CaseNote에 있는 판결문을 이용했으며, 그대로 인용함을 밝힌다.

43 양지혜 기자, "[단독] 조국 딸 '허위 인턴십' 연루 인사, 정부 산하기관 이직 후 근무태만 논란", 조선일보, 2023.10.24.

44 안상우 기자, "조민 "위조한 적 없다"…母 걱정하며 직접 언론 인터뷰", SBS, 2019.10.04.

45 박태인 기자, "정유라는 판결전 퇴학당했는데…조민은 유죄가 나도 그대로", 중앙일보, 2020.12.24.

46 이재은 기자, "스스로 얼굴 공개한 조민, 父조국 유죄에도 "난 떳떳"", 이데일리, 2023.02.06.

47 최재헌 기자, ""너무 잘 팔려서 죄송"…조국 넘은 조민, 새로 내놓은 책은", 서울신문, 2023.11.18.

48 최재헌 기자, "조국, 의원직 상실 최강욱에 "미안" 딸 조민 기소엔 "화나"", 서울신문, 2023.10.12.

49 황병준 기자, "최강욱, 2년간 피선거권 박탈…내년 총선 출마 못한다", TV조선, 2023.09.18.

50 조재완 기자, "최강욱 "암컷이 나와 설친다"…듣고있던 김용민·민형배는 '박장대소'", 뉴시스, 2023.11.20.

51 김홍범 기자, ""설치는 암컷' 발언 후폭풍…류호정 "진짜 인간 되기는 틀렸다"", 중앙일보, 2023.11.22.

52 이슬기 기자, ""총선 이기면 계엄"·"발목 분질렀어야"…野 의원들 또 '극언'", 한국경제, 2023.11.27.

53 임현범 기자, "與・野, '민형배 탈당'에 "민주주의 파괴"…양향자 "경악 금치 못해", 쿠키뉴스, 2022.04.20.

54 강성휘 기자, "386운동권 맏형… 政-經-官에 끈끈한 네트워크", 동아일보, 2019.09.21.

55 조국, 『왜 나는 법을 공부하는가』, 다산북스, 2014.06.02. p.108.

56 조국, 『왜 나는 법을 공부하는가』, 다산북스, 2014.06.02. pp.109-110.

57 조국, 『왜 나는 법을 공부하는가』, 다산북스, 2014.06.02. pp.111-112.

58 경향신문, ""情報員' 자백강요 가짜학생 私刑", 경향신문, 1984.10.05.

59 김명일 기자, "[단독] 서울대 민간인 고문 사건 피해자 "조국 옹호 유시민, 아직도 궤변으로 선동"", 한국경제, 2019.10.16.

60 김명일 기자, "[단독] 서울대 민간인 고문 사건 피해자 "조국 옹호 유시민, 아직도 궤변으로 선동"", 한국경제, 2019.10.16.

61 YTN, "한동훈 법무부 장관 후보자 청문회 ⑥", YTN, 2022.05.09.

62 디지털뉴스국 기자, "조국 "자유주의자 동시에 사회주의자…사회주의 정책 필요"", 매일경제, 2019.09.06.

63 이태규 기자, "하태경 "조국, 사노맹을 경제민주화로 포장…비겁한 국민 기만행위"[전문]", 서울경제, 2019.08.15.

64 김명지 기자, "운동권 출신 하태경 "조국, 사노맹을 경제민주화로 포장…국민 기만·위선"", 조선일보, 2019.08.15.

65 최찬홍 기자, "은수미 "사노맹에 무례하게 굴지 말라"…황교안 비판", 연합뉴스, 2019.08.14.

66 김명지 기자, "운동권 출신 하태경 "조국, 사노맹을 경제민주화로 포장…국민 기만·위선"", 조선일보, 2019.08.15.

67 길도형 타임라인 대표, "[심층분석] 이재명의 커넥션, 사노맹·정진상·경기동부연합", 미래한국, 2023.01.10.

68 이정호, "체게바라를 좋아했던 청년", 매일노동뉴스, 2021.10.08.

69 이재명 대표에 대한 1차 체포동의안은 총 297표 중 가(체포 찬성) 139표, 부(체포 반대) 138표, 기권 9표, 무효 11표로, 10표 차이로 과반을 달성하지 못했다. 2차 체포동의안은 298표 중 가(체포 찬성) 149표, 부(체포 반대) 136표, 기권 6표, 무효 4표로, 1표 차이로 과반을 달성하여 가결 처리됐다. 이는 출석의원 과반에 해당하는 가결 요건 148표에서 1표 많은 수이다.

70 조선일보, "[사설] 민주당서 나온 "당대표들 도덕성 하나같이 평균 이하" 탄식", 조선일보, 2023.12.06.

71 엄지원·오서연 기자, "이재명, 불체포특권 포기 일축…"오랑캐 침략땐 싸워 격퇴해야"", 한겨레신문, 2023.02.24.

72 이재명 시장, 朴대통령 겨냥 "통치권한을 사이비 교주 딸에게…무당통치국으로 전락했다"

73 장혜원 기자, "[단독] "조국백서는 정치적 자산"이라던 김남국, 정작 집필진에선 빠져", 스카이데일리, 2023.05.07.

74 박지영 기자, "김남국, '이 모 교수'를 '이모'라며 물어…한동훈 "내 딸이 이모가 있었어?"", 조선일보, 2022.05.09.

75 장세희 기자, "[단독] 김남국, 상임위 시간대 200번 넘게 코인 거래", TV조선, 2023.07.19.

76 황성호 기자, "비명 "조국의 강 건넜더니 '남국의 바다'에 빠져"", 동아일보, 2023.05.18.

77 이우연 기자, "'윤석열 탄핵' 주장 김용민 "윤 정권, 총선 결과 따라 계엄 선포할 것"", 한겨레신문, 2023.11.27.

78 이미나 기자, "[법알못] "김용민은 조국 똘마니"…진중권 왜 명예훼손 아닐까", 한국경제, 2021.03.24.

79 SBS, "[정치쇼] 장경태 "국회의원이 300만 원에 지지 바꾸겠나…50만 원은 한 달 밥값도 안 돼"", SBS, 2023.04.19

80 BBS 뉴스, ""조국 딸이 스카이캐슬이라면 한동훈 딸은 '아이비캐슬', 윤핵관 낙마해야"", BBS 뉴스, 2022.05.10.

81 김대철 기자, "[14일 오!정말] 장경태 "조국, 평가받을 방법 결국 정치밖에 없어"", Business Post, 2023.06.14.

82 정채빈 기자, "조국 "김의겸 헛발질? 손흥민 슛하면 다 골 넣나"…金 "이쁘게 봐달라"", 조선일보, 2023.12.11.

83 허욱 기자, "한동훈 李 체포안 설명 때 소리친 野의원 보니…'처럼회'가 주도", 조선일보, 2023.09.22.

84 김세연 기자, "진중권, 한동훈에 고성 항의한 野의원 "저 공천 주세요!로 들리더라"", 매일신문, 2023.09.22.

85 중앙일보, "대통령 탄핵 발의가 총선 승리 전략? 이성 잃은 민주 강경파", 중앙일보, 2023.11.21.

86 이재명·스토리텔링콘텐츠연구소, 『그 꿈이 있어 여기까지 왔다』, 아시아출판사, 2022.02.18. p.116.

87 김지은 기자, "친명 원외 "이재명 체포안 찬성 의원 끝까지 색출, 정치 생명 끊을 것"", 뉴시스, 2023.09.19.

88 박상현 기자, "[단독] '추적 색출' 강위원의 숨겨진 과거..선반기능공 때려죽인 사건", 최보식의 언론, 2023.09.21.

89 정우상 정치부장, "[광화문·뷰] 이재명 숙주 삼아 부활 노리는 한총련", 조선일보, 2023.09.08.

90 연합뉴스, "대법, "한총련은 이적단체" 확정판결", 연합뉴스, 1998.07.30.

91 박상현 기자, "[단독] '추적 색출' 강위원의 숨겨진 과거..선반기능공 때려죽인 사건", 최보식의 언론, 2023.09.21.

92 한재호 기자, "한국대학총학생회연합 5기 의장 강위원씨, 경찰 검거", KBS, 1997.07.02.

93 정우상 정치부장, "[광화문·뷰] 이재명 숙주 삼아 부활 노리는 한총련", 조선일보, 2023.09.08.

94 박재현 기자, "檢, 송영길 지지 의원 21명 실명 법정 화면에 띄웠다", 국민일보, 2023.11.21.

95 이슬비 기자, "한동훈 "송영길같은 운동권이 정치 후지게, 추잡한 추문에도 우월한 척"", 조선일보, 2023.11.11.

96 이슬비 기자, "한동훈 "송영길같은 운동권이 정치 후지게, 추잡한 추문에도 우월한 척"", 조선일보, 2023.11.11.

97 김정환 기자, "이번엔 한동훈보다 두 살 어린 野 유정주가 "정치 후지게 만드는 너"", 조선일보, 2023.11.14.

98 이혜진 기자, "유정주도 "너" 하자… 한동훈 "민주 막말, 나이 문제 아닌 듯"", 조선일보, 2023.11.14.

99 강수련 기자, "한동훈에 "너" 했던 유정주, 하루만에 "혐오 어휘로 부르지 말기 약속"", 뉴스1, 2023.11.15. 김은빈 기자, "한동훈에 '너'라던 유정주 "다같이 혐오어휘 금지 약속할까요"", 중앙일보, 2023.11.15.

100 김혜인 기자, "운동권 때리며 존재감 부각 '류호정'... "최강욱, 인간되기 틀려"", 주간조선, 2023.11.22.

101 홍민성 기자, "윤희숙 "억대 연봉 송영길, 못된 버릇 때문에 돈 못 모은 것"", 한국경제, 2023.11.16.

102 신나리 기자·권구용 기자, "대전 찾은 한동훈 "'여의도 사투리' 아닌 5000만 문법 쓰겠다"", 동아일보, 2023.11.22.

103 이동은 기자, "조국과 연대? 송영길도 "신당"…복잡한 속내 엿보인 민주", 채널A, 2023.11.14.

104 한혜원 기자, "소환앞둔 송영길 '尹퇴진당'은 민주당 친구당…비례 힘모아달라", 연합뉴스, 2023.12.04.

105 김예나 기자, "'돈봉투 의혹' 송영길 12시간째 조사…"빨리 소환하라"더니 '진술거부'", TV조선, 2023.12.08.

106 오문영 기자, "野원내대표 출마 김민석 "이재명 구속돼도 사퇴 이유 아냐"", 머니투데이, 2023.09.25.

107 박경준 기자, "김민석 "꽃길 이낙연은 사쿠라"…비명계 "김민새의 셀프디스"", 연합뉴스, 2023.12.12.

108 김윤나영·윤승민 기자, "막 오른 민주당 원내대표 선거전…박홍근, "문 대통령·이재명 탄압수사 막겠다" 첫 출사표", 경향신문, 2022.03.20.

109 선대식 기자, ""조국 적은 유시민"이란 김건희... 유시민이 어땠길래", 오마이뉴스, 2022.01.18.

110 정철운 기자, "유시민 "언론인들에게 절망감 느낀다"", 미디어오늘, 2019.08.29.

111 이보배 기자, "유시민·김두관 "동양대 총장에 '사실 확인차' 전화"…野 "고발"(종합2보)", 연합뉴스, 2019.09.05.

112 박국희 기자, "최성해 위증 요구한 김두관·유시민…"강요미수 수사대상"", 조선일보, 2020.12.27.

113 김성은 기자, "유시민 "조국 임명으로 文대통령도 참전…리스크 떠안아"", 뉴스1, 2019.09.15.

114 오종탁 기자, "유시민 "윤석열, 지금이라도 검사로서 행동해야"", 시사저널, 2019.09.25.

115 손덕호 기자, "유시민 "조국 주저 앉히려 가족 인질극...동양대件이 그런 작업"", 조선일보, 2019.09.15.

116 이승주 기자, "바른미래 "유시민, 세치혀로 모든 것 정당화…부끄러움 몰라"", 뉴시스, 2019.09.15.

117 윤신원 기자, "검찰 비판한 유시민에 野 "정신줄 놓은 유시민의 궤변에 측은하기까지"", 아시아경제, 2019.09.25.

118 오종탁 기자, "유시민 "윤석열, 지금이라도 검사로서 행동해야"", 시사저널, 2019.09.25.

119 정윤식 기자, "유시민 "검찰 장난칠 수 있어 복제"…野 "범죄집단 취급"", SBS, 2019.09.25.

120 박성진 기자, "유시민 "대통령에 맞선 檢, 위헌적 쿠데타"… 진중권 "조국 도덕성에 문제 있는건 분명"", 동아일보, 2019.09.30.

121 서혜림 기자, "유시민 "윤석열의 난…수사·기소권 휘두르며 대통령과 맞대결"", 연합뉴스, 2019.10.01.

122 손덕호 기자, ""마스크 촛불시위" 비아냥 유시민… 정작 조국은 과거 "마스크 막지 말라"", 조선일보, 2019.08.29.

123 김동하 기자, ""유시민씨, 오버하지 마세요"", 조선일보, 2019.08.29.

124 손덕호 기자, ""마스크 촛불시위" 비아냥 유시민… 정작 조국은 과거 "마스크 막지 말라"", 조선일보, 2019.08.29.

125 김순덕 대기자, "[김순덕의 도발]어용 지식인 유시민·조국의 몰락", 동아일보, 2022.06.18.

126 김명일 기자, "[단독] 서울대 민간인 고문 사건 피해자 "조국 옹호 유시민, 아직도 궤변으로 선동"", 한국경제, 2019.10.16.

127 정희연 기자, "[TV북마크] 고문, 입대, 징역…'대화의 희열2' 청년 유시민의 이야기", 스포츠동아, 2019.04.21.

128 임성수·박상은 기자, "윤석열 검찰총장 일성은 "공정 경쟁질서 확립"", 국민일보, 2019.07.26.

129 임성수·박상은 기자, "윤석열 검찰총장 일성은 "공정 경쟁질서 확립"", 국민일보, 2019.07.26.

130 김자아 기자, "신평 "조국, 장관 후보직 때 물러났다면 지금 대통령 당선인"", 조선일보, 2022.04.06.

131 김지선 기자, "[자막뉴스] 文 "대입제도 전반 재검토해달라"…조국 관련 첫 언급", KBS, 2019.09.01.

132 임순현 기자, "윤석열 검찰총장 "나는 검찰주의자 아닌 헌법주의자"", 연합뉴스, 2019.09.10.

133 김세현 기자, "[전문]文대통령 "묵묵히 견딘 조국, 검찰개혁 절실함 공감 일으켜"", 뉴스1, 2019.10.14.

134 윤다빈 기자, ""조국에 마음의 빚" 文대통령, '조국 임명 밀어붙인 이유' 질문엔…", 동아일보, 2020.01.14.

135 안대규·박재원·이인혁 기자, "추미애 '윤석열 수족' 모두 쳐냈다…검찰 고위직 전격 인사", 한국경제, 2020.01.08.

136 임현주, "尹 "불법 부당한 조치…법에 따라 바로잡을 것"", MBC, 2020.12.16.

137 박형빈 기자, "윤석열, 총장직 8일만에 복귀…'정직 2개월' 정지 결정(종합)", 연합뉴스, 2020.12.24.

138 우빈 기자, "'추다르크' 추미애의 변심, 어제는 맞고 오늘은 틀리다", 법률신문, 2023.07.05.

139 황운하, 중대범죄수사청 설치법 발의…"6대 범죄 수사 전담"

140 박국희 기자, "윤석열 "검수완박은 부패 판치게 하는 부패완판"", 조선일보, 2021.03.03.

141 원성윤 기자, ""마음의 빚" 文, 유죄 판결 닷새만에 조국 전 장관 책 추천", 아이뉴스24, 2023.02.08.

142 박태훈 선임기자, "'출마설' 조국, '그에게 마음의 빚' 문재인과 독주…曺 "뭘 할지 고민"", 뉴스1, 2023.06.11.

143 신혜원 기자, "조국 "검찰독재정권, 대한검국 만들어…명예회복해야"", JTBC, 2023.11.10.

144 배재성 기자, "금태섭 "文 전 대통령, 조국 출마 적절한지 의견 분명히 해야"", 중앙일보, 2023.11.27.